Les Ensembles

Les Ensembles

Monique Nemni

Ph.D. (U. of T.)
Glendon College, York University

Geneviève Quillard

Maîtrise es lettres (Lille), M.A. (U. of T.)
Glendon College, York University

Prentice-Hall of Canada, Ltd., Scarborough, Ontario

Données de catalogage avant publication (Canada)

Nemni, Monique, 1936-
  Les ensembles

  Comprend des bibliographies et index.
  ISBN 0-13-532978-7.

  1. Lectures et morceaux choisis — 1950-
  2. Français (Langue) — Manuels pour
  étudiants non francophones — Anglais.
   I. Quillard, Geneviève, 1945-
  II. Titre.

      PC2117.N4   448.'6'421   C76-017000-2

Prentice-Hall Inc., Englewood Cliffs, New Jersey
Prentice-Hall International, Inc., London
Prentice-Hall of Australia, Pty., Ltd., Sydney
Prentice-Hall of India Pvt., Ltd., New Delhi
Prentice-Hall of Japan, Inc., Tokyo

ISBN 0-13-532978-7

Design/Maher & Garbutt Ltd.

Typesetting/Better Creative Service Ltd.

1 2 3 4 5 BP 80 79 78 77 76

Printed in Canada

Table des matières

Pour l'amour de Dieu 191

Vive la Canadienne 275

Index des contenus linguistiques 347

Préface

Les Ensembles représentent un concept différent de l'enseignement de la langue à un niveau avancé. Partant d'un point de vue
plus "humaniste" de l'éducation, on se propose, dans cette méthode, d'intégrer l'étude systématique de la langue à la discussion
d'idées complexes, dans un contexte canadien.

Les Ensembles s'adressent, par conséquent, à des étudiants
qui ont déjà une certaine connaissance du français, et à qui on
a déjà enseigné, au moins une fois, les éléments linguistiques de
base de la langue. On remarquera le choix intentionnel de "à qui
on a déjà enseigné" plutôt que: "qui ont déjà appris". En effet,
le travail du professeur de langue serait bien simplifié s'il lui suffi-
sait d'enseigner une fois quelque chose pour que les élèves l'apprennent—et le sachent! C'est pourquoi on a évité, dans *Les Ensembles,* la traditionnelle "progression pédagogique" basée exclusivement sur la syntaxe ou la phonétique. Comment deviner,
en effet, au niveau des classes supérieures de l'école secondaire
ou à l'université, d'abord ce que les étudiants savent—étant
donné qu'ils ont très probablement utilisé des manuels différents,
enseignés par des professeurs encore plus différents!—ensuite ce
que les étudiants ont oublié ou mal assimilé?

Abandonnant donc la "progression syntaxiquement pédagogique" comme fil conducteur, progression qui risque d'être
pseudo-scientifique, on a groupé le matériel pédagogique des
Ensembles autour de quatre thèmes:

1. Les animaux ("Pas si bêtes, les bêtes")
2. La famille ("J'aime papa, j'aime maman")
3. La religion ("Pour l'amour de Dieu")
4. La femme canadienne ("Vive la Canadienne")

Chaque thème forme un "ensemble" pédagogique, c'est-à-dire
qu'il sert de lien entre une multitude d'activités linguistiques et
culturelles. Refusant la notion de compartimentage du savoir en
"genres littéraires": poésie, théâtre, etc., ou "linguistique": syntaxe, stylistique, etc.,

a) On a groupé dans chaque ensemble des textes de genres littéraires différents: théâtre, poésie, roman, et même articles de journaux, extraits d'ouvrages scientifiques, etc.

b) L'exploitation pédagogique du matériel d'un point de vue phonétique, syntaxique, stylistique, etc. est basée exclusivement sur les textes choisis et varie donc d'un ensemble à l'autre et d'un texte à l'autre.

c) On a inclus également une liste de livres qui ont trait au thème de l'ensemble.

d) Dans le livre du maître, on suggère des chansons ainsi que des films se rapportant au même thème. N'ont été retenus du point de vue livres, chansons et films que ceux qui semblaient d'un niveau de difficulté approprié.

Vu l'absence de progression syntaxique rigide, les professeurs et les étudiants sont libres de choisir les thèmes, les textes, les exercices, etc., qui leur plaisent ou qui s'adaptent à leurs besoins et les étudier dans l'ordre qui leur convient. C'est dire que la flexibilité des *Ensembles* n'a comme seule limite que l'ingénuosité du professeur ou la persévérance de l'étudiant!

La méthode complète des *Ensembles* comprend: un livre de l'étudiant, des bandes magnétiques et un livre du maître. L'expérience a montré que le matériel pourvu peut former le programme d'une année scolaire.

Remerciements

Nous voulons remercier tous ceux qui nous ont aidées à réaliser cette méthode, en particulier nos collègues au Collège Universitaire de Glendon qui ont bien voulu utiliser les versions expérimentales successives de ce manuel. Leurs remarques judicieuses nous ont été d'un grand secours.

Nous remercions également l'Université York de l'aide financière qu'elle nous a accordée.

Nous voulons tout particulièrement témoigner notre reconnaissance à Monsieur le Professeur Howard Robertson qui, en sa qualité de Directeur du Département d'Etudes Françaises, nous à donné tout l'appui matériel et moral que nous pouvions espérer.

A Colette et Jacqueline Nemni qui nous ont si souvent rendu service, nous voulons également dire merci.

Nous voulons remercier les maisons d'édition qui nous ont autorisés à reproduire les textes suivants:
—Antoine de Saint-Exupéry, ''Rencontre du petit prince et du renard'', *Le petit prince,* ©1943, Harcourt, Brace, Jovanovich, Inc; renouvelé, 1971, par Consuelo de St-Exupéry. Reproduction autorisée par Harcourt, Brace, Jovanovich, Inc.
—Konrad Lorenz, ''Les bêtes dont on rit'' et ''Sang de poisson'', *Il parlait avec les mammifères et les poissons,* Librairie Ernest Flammarion.
—Maurice Quayne, ''Cet increvable cancrelat'', *Lectures pour tous* (revue mensuelle), Paris.
—Yves Thériault, ''Naissance de la première meute de loups'', *Ashini,* autorisation accordée par l'auteur.
—Catherine Valabrègue, ''Planning familial et éducation sexuelle'', *Le Monde.*
—Gérald Fortin, ''Changements socio-culturels dans une paroisse agricole'', *Recherches Sociographiques,* Les Presses de l'Université Laval.
—Marcel Pagnol, ''Marius réclame son fils'', *Fanny,* et ''Mort de Panisse'', *César,* Editions Pastorelly.

—Ringuet, ''Oguinase devient prêtre'', *Trente arpents,* Librairie Ernest Flammarion.

—Jean-Paul Desbiens, ''Crise de la religion'', *Les Insolences du Frère Untel,* Les éditions de l'homme.

—Pierre Schneider, ''Nous sommes tous des sorcières'', *L'Express.*

—Paul-Emile Cardinal Léger, extrait d'un article, Le Cardinal Léger et ses oeuvres, 1971.

—Soeur Sourire, ''Alleluia'', Publication autorisée par les Editions Musicales Intersong-Primavera S. A. (Belgique—Copyright 1961).

—Pierrette Sartin, ''Les femmes canadiennes'', *Le Monde.*

—Suzanne Bernard, ''Quand les vautours . . .'', *Quand les vautours,* Editions du Jour.

—Clémence Desrochers, ''Les jeudis du groupe'', Les Disques Gamma Ltée.

Nous remercions également les firmes qui nous ont permis de reproduire sur bande les extraits et chansons qui suivent:

—Antoine de Saint-Exupéry, ''Rencontre du petit prince et du renard'', *Le petit prince,* interprété par Gérard Philippe et Georges Poujouly, GRT of Canada Ltd.

—Soeur Sourire, ''Alleluia'', Phonogram S. A.

—Clémence Desrochers, ''Les jeudis du groupe'', Les Disques Gamma Ltée.

Illustrations

Pas si bêtes, les bêtes

Plus je connais les hommes et plus j'aime mon chien.
(Diogène)

Table des matières

Rencontre du petit prince et du renard

Contenu linguistique

C'est alors qu'apparut le renard:

— Bonjour, dit le renard.

— Bonjour, répondit poliment le petit prince, qui se retourna mais ne vit rien.

— Je suis là, dit la voix, sous le pommier . . .

— Qui es-tu? dit le petit prince. Tu es bien joli . . .

— Je suis un renard, dit le renard.

3

— Viens jouer avec moi, lui proposa le petit prince. Je suis tellement triste . . .

— Je ne puis pas jouer avec toi, dit le renard. Je ne suis pas apprivoisé.

apprivoiser: to tame

— Ah! pardon, fit le petit prince.

Mais, après réflexion, il ajouta:

— Qu'est-ce que signifie "apprivoiser"?

— Tu n'es pas d'ici, dit le renard, que cherches-tu?

— Je cherche les hommes, dit le petit prince. Qu'est-ce que signifie "apprivoiser"?

— Les hommes, dit le renard, ils ont des fusils et ils chassent. C'est bien gênant! Ils élèvent aussi des poules. C'est leur seul intérêt. Tu cherches des poules?

gênant: qui dérange, qui incommode

— Non, dit le petit prince. Je cherche des amis. Qu'est-ce que signifie "apprivoiser"?

— C'est une chose trop oubliée, dit le renard. Ça signifie "créer des liens . . . "

— Créer des liens?

lien (m.): bond

— Bien sûr, dit le renard. Tu n'es encore pour moi qu'un petit garçon tout semblable à cent mille petits garçons. Et je n'ai pas besoin de toi. Et tu n'as pas besoin de moi non plus. Je ne suis pour toi qu'un renard semblable à cent mille renards. Mais, si tu m'apprivoises, nous aurons besoin l'un de l'autre. Tu seras pour moi unique au monde. Je serai pour toi unique au monde . . .

— Je commence à comprendre, dit le petit prince. Il y a une fleur . . . je crois qu'elle m'a apprivoisé . . .

— C'est possible, dit le renard. On voit sur la terre toutes sortes de choses . . .

— Oh! ce n'est pas sur la Terre, dit le petit prince.

Le renard parut très intrigué:

— Sur une autre planète?

— Oui.

— Il y a des chasseurs, sur cette planète-là?

— Non.

— Ça c'est intéressant! Et des poules?

— Non.

— Rien n'est parfait, soupira le renard.

Mais le renard revint à son idée:

— Ma vie est monotone. Je chasse les poules, les hommes me chassent. Toutes les poules se ressemblent, et tous les hommes se ressemblent. Je m'ennuie donc un peu. Mais, si tu m'apprivoises, ma vie sera comme ensoleillée. Je connaîtrai un bruit de

Le petit prince, dessin de St-Exupéry. Harcourt, Brace, Jovanovich.

pas *(m.): step*

terrier *(m.):earth (of fox)*

pas qui sera différent de tous les autres. Les autres pas me font rentrer sous terre. Le tien m'appellera hors du terrier, comme une musique. Et puis regarde! Tu vois, là-bas, les champs de blé? Je ne mange pas de pain. Le blé pour moi est inutile. Les champs de blé ne me rappellent rien. Et ça, c'est triste! Mais tu as des cheveux couleur d'or. Alors ce sera merveilleux quand tu m'auras apprivoisé! Le blé, qui est doré, me fera souvenir de toi. Et j'aimerai le bruit du vent dans le blé . . .

Le renard se tut et regarda longtemps le petit prince:

— S'il te plaît . . . apprivoise-moi, dit-il!

— Je veux bien, répondit le petit prince, mais je n'ai pas beaucoup de temps. J'ai des amis à découvrir et beaucoup de choses à connaître.

— On ne connaît que les choses que l'on apprivoise, dit le renard. Les hommes n'ont plus le temps de rien connaître. Ils achètent des choses toutes faites chez les marchands. Mais comme il n'existe point de marchands d'amis, les hommes n'ont plus d'amis. Si tu veux un ami, apprivoise-moi!

— Que faut-il faire? dit le petit prince.

— Il faut être très patient, répondit le renard. Tu t'assoiras d'abord un peu loin de moi, comme ça, dans l'herbe. Je te

5

regarderai du coin de l'oeil et tu ne diras rien. Le langage est source de malentendus. Mais, chaque jour, tu pourras t'asseoir un peu plus près . . .

malentendu (m.): misunderstanding

Le lendemain revint le petit prince.

— Il eût mieux valu revenir à la même heure, dit le renard. Si tu viens, par exemple, à quatre heures de l'après-midi, dès trois heures je commencerai d'être heureux. Plus l'heure avancera, plus je me sentirai heureux. A quatre heures, déjà, je m'agiterai et m'inquiéterai: je découvrirai le prix du bonheur! Mais si tu viens n'importe quand, je ne saurai jamais à quelle heure m'habiller le coeur . . . Il faut des rites.

— Qu'est-ce qu'un rite? dit le petit prince.

— C'est aussi quelque chose de trop oublié, dit le renard. C'est ce qui fait qu'un jour est différent des autres jours, une heure, des autres heures. Il y a un rite, par exemple, chez mes chasseurs. Ils dansent le jeudi avec les filles du village. Alors le jeudi est jour merveilleux! Je vais me promener jusqu'à la vigne. Si les chasseurs dansaient n'importe quand, les jours se ressembleraient tous, et je n'aurais point de vacances.

vigne (f.): vineyard

Ainsi le petit prince apprivoisa le renard. Et quand l'heure du départ fut proche:

— Ah! dit le renard . . . Je pleurerai.

— C'est ta faute, dit le petit prince, je ne te souhaitais point de mal, mais tu as voulu que je t'apprivoise . . .

— Bien sûr, dit le renard.

— Mais tu vas pleurer! dit le petit prince.

— Bien sûr, dit le renard.

— Alors tu n'y gagnes rien!

— J'y gagne, dit le renard, à cause de la couleur du blé.

Puis il ajouta:

— Va revoir les roses. Tu comprendras que la tienne est unique au monde. Tu reviendras me dire adieu, et je te ferai cadeau d'un secret.

Le petit prince s'en fut revoir les roses:

— Vous n'êtes pas du tout semblables à ma rose, vous n'êtes rien encore, leur dit-il. Personne ne vous a apprivoisées et vous n'avez apprivoisé personne. Vous êtes comme était mon renard. Ce n'était qu'un renard semblable à cent mille autres. Mais j'en ai fait mon ami, et il est maintenant unique au monde.

Et les roses étaient bien gênées.

— Vous êtes belles, mais vous êtes vides, leur dit-il encore. On ne peut pas mourir pour vous. Bien sûr, ma rose à moi, un passant ordinaire croirait qu'elle vous ressemble. Mais à elle seule elle est plus importante que vous toutes, puisque c'est elle que j'ai arrosée. Puisque c'est elle que j'ai mise sous globe. Puisque c'est elle que j'ai abritée par le paravent. Puisque c'est elle dont j'ai tué les chenilles (sauf les deux ou trois pour les papillons). Puisque c'est elle que j'ai écoutée se plaindre, ou se vanter, ou même quelquefois se taire. Puisque c'est ma rose.

Et il revint vers le renard:

— Adieu, dit-il . . .

— Adieu, dit le renard. Voici mon secret. Il est très simple: on ne voit bien qu'avec le coeur. L'essentiel est invisible pour les yeux.

— L'essentiel est invisible pour les yeux, répéta le petit prince, afin de se souvenir.

— C'est le temps que tu as perdu pour ta rose qui fait ta rose si importante.

— C'est le temps que j'ai perdu pour ma rose . . . fit le petit prince, afin de se souvenir.

— Les hommes ont oublié cette vérité, dit le renard. Mais tu ne dois pas l'oublier. Tu deviens responsable pour toujours de ce que tu as apprivoisé. Tu es responsable de ta rose . . .

— Je suis responsable de ma rose . . . répéta le petit prince, afin de se souvenir.

Antoine de St-Exupéry, *Le petit prince,* Harcourt, Brace, Jovanovich, 1943.

arroser: *to water*

paravent *(m.):* objet qui protège du vent

chenille *(f.):* *caterpillar*

se vanter: *to boast*

Exploitation du texte

I Répondez aux questions suivantes.

1. Quel est le sens ordinaire de ''apprivoiser''? Quel sens le renard donne-t-il à ce mot?
2. Quels avantages y a-t-il à être ''apprivoisé'', d'après le renard?
3. Comment le renard explique-t-il le fait que les hommes n'ont plus d'amis? Etes-vous d'accord avec lui? Justifiez votre réponse.
4. Quels sont les avantages des rites, selon le renard?
5. ''J'y gagne, dit le renard, à cause de la couleur du blé.'' Expliquez.

6. "On ne voit bien qu'avec le coeur. L'essentiel est invisible pour les yeux." Expliquez et discutez.
7. Expliquez ce qui rend la rose du petit prince unique pour lui.
8. Le petit prince était venu sur terre chercher des hommes. Qu'a-t-il trouvé ou appris, selon vous?

*II "C'est alors qu'apparut le renard."
   (phonétique: liaison / absence de liaison)

A. Liaison obligatoire

Lisez à haute voix les phrases suivantes.
1. Mes amis sont arrivés.
2. Ils ont peur de tout.
3. C'est un petit enfant sympathique.
4. Nous n'avons pas d'autres amis.
5. C'est le grand espoir de ma vie.
6. J'ai tout à fait oublié. Ce n'était pas trop important, j'espère.
7. Sort-elle quand il fait froid?
8. J'ai bien aimé cette soirée très agréable.

B. Liaison interdite

Lisez à haute voix les phrases suivantes.
1. Notre maison / est très belle.
2. Il est petit / aussi.
3. Je prendrai un gâteau et / un verre de lait.
4. Vont-ils / arriver bientôt?
5. Mais / oui, je le connais!
6. Quand / est-elle partie?
7. Quelqu'un / a sonné et mes voisins / ont pris la fuite.
8. Quel enfant / intelligent!

*III (phonétique: liaison / absence de liaison)

Lisez à haute voix les phrases suivantes.
1. C'est alors qu'apparut le renard.
2. Les hommes, ils ont des fusils et ils chassent.
3. Ils élèvent aussi des poules.
4. C'est une chose trop oubliée.
5. S'il te plaît . . . apprivoise-moi, dit-il.
6. Si tu veux un ami il faut être très patient.
7. Ta rose est unique au monde.

8. J'en ai fait mon ami et il est maintenant unique au monde.
9. Et il revint vers le renard.
10. L'essentiel est invisible pour les yeux. Les hommes ont oublié cette vérité.

*IV "Je ne suis pour toi qu'un renard semblable à cent mille renards."
   (ne . . . que)

   Répondez aux questions suivantes en utilisant l'expression "ne . . . que" et en suivant les indications données.
      Modèle: De quoi est-ce que le petit prince est responsable? (sa rose)
              Il n'est responsable que de sa rose.

   Commencez:
   1. De quoi est-ce que le petit prince est responsable? (sa rose)
   2. Qu'est-ce que les hommes élèvent? (des poules)
   3. Est-ce que les chasseurs dansent tous les jours? (non, le jeudi)
   4. Est-ce que le petit prince a rencontré un homme? (non, un renard)
   5. Est-ce qu'on voit bien avec les yeux? (non, avec le coeur)
   6. Avec quoi peut-on chasser? (des fusils)
   7. Est-ce que je suis pour toi un garçon spécial? (non, semblable aux autres)
   8. Qu'est-ce qu'il y a sur la planète du petit prince? (une rose)

*V "Je ne mange pas de pain."
   (du, de la, etc. ⟶ de à la forme négative)

Rappel:
   Un, une, du, de la, de l', des ⟶ de (ou d') à la forme négative.

      Comparez: { Je mange du pain.
                 { Je ne mange pas de pain.

                 { Il a une voiture.
                 { Il n'a pas de voiture.

A. Décrivez la vie des Grand.
      Modèle: Grand / avoir / argent.
              Les Grand ont de l'argent.

Une famille comblée

1. Grand / avoir / argent.
2. Ils / employer / chauffeur;
3. ils / posséder / propriété / campagne;
4. ils / acheter / voiture / tous / ans;
5. ils / prendre / vacances / tous / six / mois;
6. ils / boire / champagne / à / tous / repas;
7. ils / faire / ski / Suisse;
8. ils / offrir / et / ils / recevoir / cadeaux / magnifiques;
9. ils / avoir le temps / de / jouir / vie.
10. Ils / avoir / chance.

*B. Mais nous n'avons rien de tout cela . . .
Reprenez les phrases qui précèdent en les mettant à la forme négative.

1. Nous n'avons pas . . .
2. Nous n' . . .

VI " . . . le petit prince . . . se retourna mais ne vit rien."
(les négatifs)

Marcel est un garçon vraiment sympathique.
1. Il sourit toujours.
2. Il est aimable avec tout le monde.
3. Il a toujours quelque chose de gentil à dire.
4. Il raconte souvent des histoires amusantes.
5. Il s'intéresse à tout.
6. Il fait des choses passionnantes.

Voilà pourquoi:
7. Tout le monde apprécie sa compagnie.
8. Tout le monde aime lui faire plaisir.
9. Tout lui réussit.

Par contre, son frère Hervé est très antipathique. Voilà pourquoi . . .
Reprenez les phrases qui précèdent et mettez-les à la forme négative en utilisant rien, personne ou jamais, selon le cas.

VII " . . . vous n'êtes rien encore . . . "
(les négatifs)

Rappel:
J'aime le chocolat et les gâteaux.→Je n'aime ni le chocolat ni les gâteaux.

Je prendrai *une* pomme et *des* raisins.→Je ne prendrai *ni* pomme *ni* raisins.

Complétez le dialogue suivant en utilisant la négation qui convient.

Chez le médecin

Vieux monsieur: Docteur, je voudrais vivre cent ans.

Le docteur: Eh bien, on va essayer . . . Répondez-moi d'abord à quelques questions. Est-ce que vous fumez?

Vieux monsieur: Non, je . . .

Le docteur: Est-ce que vous courez *encore* les femmes?

Vieux monsieur: Non, . . .

Le docteur: Est-ce que vous avez *déjà* éprouvé de très grandes émotions?

Vieux monsieur: Non, . . .

Le docteur: Est-ce que vous prenez *de la* drogue *et des* boissons fortes?

Vieux monsieur: Non, . . .

Le docteur: Est-ce que vous fêtez *toujours* vos anniversaires?

Vieux monsieur: Non, . . .

Le docteur: Est-ce que vous avez vraiment aimé *quelqu'un?*

Vieux monsieur: Non, . . .

Le docteur: Est-ce que *tous vos amis* viennent vous voir?

Vieux monsieur: Non, . . .

Le docteur: Est-ce que *tout* vous passionne?

Vieux monsieur: Non, . . .

Le docteur: Est-ce que vous êtes *toujours* de bonne humeur?

Vieux monsieur: Non, . . .

Le docteur: Est-ce que vous consacrez votre vie *à quelque chose?*

Vieux monsieur: Non, . . .

Le docteur: Alors pourquoi diable voulez-vous vivre cent ans?

VIII "Je ne puis pas jouer avec toi . . ."
(place de la négation)

Rappel:

La place de la négation varie selon la forme du verbe.

A. Si la négation porte sur un verbe à un temps simple:

sujet + *ne* + pronoms objects + négation

> Jacques *ne* chantait *pas*.
> Michel *ne* nous invitera *plus*.
> Jeannette *ne* se lavait *jamais*.

B. Si la négation porte sur un verbe à un temps composé:

sujet + *ne* + pronoms objects + auxiliaire + négation + participe passé

> Pierre *ne* leur a *rien* dit.
> Ils *ne* se sont *pas* arrêtés.

C. Si la négation porte sur un verbe à l'infinitif:

sujet + verbe + *ne* + négation + infinitif

> Sa mère lui a dit de *ne plus* les battre.
> Je ne pouvais pas *ne pas* les inviter!

D. Si la négation porte sur un verbe à la forme interrogative (langue soutenue; forme moins fréquente):

(sujet) + *ne* + verbe (ou auxiliaire) + pronom sujet + négation + (participe passé)

> Les hommes *ne* cherchent-ils *pas* le bonheur?
> *N'*ont-ils *rien* compris?

E. *Rien* et *personne* peuvent être sujets. Ils sont alors suivis de *ne*.
   Jamais peut être en tête de phrase pour mettre plus d'emphase sur la négation.

> *Rien ne* peut lui arriver.
> *Personne n'*ira au théâtre.
> *Jamais* je *ne* les reverrai!

F. Attention à la place de *personne*:

> Je *ne* vois *personne*.
> Je *n'*ai vu *personne*.
> J'ai décidé de *ne* voir *personne*.
> Je *ne* veux voir *personne*.

G. Attention aux niveaux de langue:

> Je *ne* sais *pas* quoi penser. (langue neutre)
> Je *ne* sais quoi penser. (langue soutenue)
> J'sais *pas* quoi penser. (langue familière)

Dans les phrases suivantes mettez à la forme négative les expressions en italique.

1. *Tout est* meilleur que le saumon fumé.
2. L'ours *vit toujours* en troupeau.
3. L'orignal *est* en train de disparaître du Canada.
4. *Tout le monde a mangé* du poisson.
5. Le chameau peut *boire* pendant plusieurs jours.
6. La queue du castor lui *sert*-elle à construire des barrages?
7. *J'ai trouvé* excellentes ces fourmis enrobées de chocolat.
8. Chaque mâle adulte a son propre territoire dans lequel *tout* autre mâle *peut* vivre.
9. Mon médecin m'a dit de *manger* des côtelettes de singe.
10. Le crocodile *est*-il bien adapté au milieu aquatique?

IX *"Je connaîtrai un bruit de pas . . . / . . . je ne saurai jamais à quelle heure . . . "*
   (savoir / connaître)

Rappel:

A. On utilise toujours *savoir* si le verbe est suivi *d'une construction verbale* qui peut être:
   i) un verbe à l'infinitif
   ii) une proposition complétive
   Exemples: Ma mère *sait conduire.*
   Ma mère *sait que tu as téléphoné.*
   où je vais.

B. On utilise toujours *connaître* si le verbe est suivi *d'un nom animé.*
   Exemple: Je *connais* ta *soeur.*

On utilise *généralement connaître* si le verbe est suivi d'un nom inanimé.
   Exemples: Il *connaît* cette *histoire.*
   Il *connaît* l'*Italie.*

On peut utiliser *savoir* + nom inanimé s'il s'agit d'une chose qu'on a apprise ou qu'on peut apprendre.
   Exemples: Je ne *sais* pas ma table de multiplication.
   Il *sait* toujours ses leçons.
   Il *n'a pas su* la réponse.

Complétez les phrases suivantes en utilisant savoir ou connaître selon le cas et en mettant ces verbes à la forme qui convient.

1. Le petit prince veut _____ les hommes.
2. Le renard _____ pourquoi les chasseurs dansent le jeudi.
3. Le renard ne _____ pas la planète où habite le petit prince.
4. Le renard ne _____ pas où habite le petit prince.
5. Le renard ne _____ pas à quelle heure arriverait le petit prince.
6. Le renard pense que les hommes ne _____ pas le prix du bonheur.
7. Tous les renards _____ chasser.
8. Le renard _____ le bruit des pas du petit prince.
9. Est-ce que les hommes _____ que l'essentiel est invisible pour les yeux?
10. Le renard _____ que le petit prince partirait.
11. Le petit prince ne _____ pas le sens du mot "apprivoiser".
12. Le petit prince ne _____ pas quand il reviendra.

X (traduction: savoir / connaître)

Traduisez en français.
1. We did not know she was ill.
2. I know your aunt.
3. I don't know whether he will come.
4. They know what happened.
5. Do you know your country?
6. I knew she would do it!
7. We know how to drive.
8. Do you know this book?

XI "Si tu viens n'importe quand, je ne saurai jamais à quelle heure . . . "
(si + présent / quand + futur)

Comparez: { Si tu viens je serai content.
{ Quand tu viendras je serai content.

Mettez les verbes entre parenthèses à la forme qui convient.
(Mettez toujours le verbe de la principale au futur.)
1. Si tu (vouloir) un ami, tu (devoir) m'apprivoiser.
2. Quand j'(entendre) tes pas, je (être) heureux.
3. Si tu (arriver) à la même heure, je (savoir) quand me préparer.

14

4. Quand tu (partir), tu (revoir) ta rose.
5. Si tu (devenir) mon ami, je (connaître) un bruit de pas différent de tous les autres.
6. Quand tu (être) mon ami, j'(avoir) besoin de toi.
7. Si les chasseurs (se mettre) à danser tous les jours, je (ne plus pouvoir) avoir de vacances.
8. Quand tu (revenir) me dire adieu, je te (faire) cadeau d'un secret.

*XII Lisez les phrases suivantes en ajoutant les articles, les prépositions, etc., et toutes les indications de genre et de nombre qui manquent.
1. _____ bruit de _____ pas m'appellera hors _____terrier.
2. J'ai_____amis_____ découvrir et beaucoup_____ choses _____connaître.
3. _____ fleur _____petit prince est unique _____ monde.
4. Je_____ regarderai_____ coin_____l'oeil et tu _____ diras rien.
5. Il est difficile _____découvrir _____ prix _____ bonheur.
6. Tous _____chasseurs dansent _____ jeudi _____ les filles_____village.
7. On dit_____ tous _____ renards_____ ressemblent, pourtant_____ renard_____ petit prince ne ressemble pas_____ autres renards.
8. Je commence_____ comprendre ce _____vous me dites.
9. Il vient_____ acheter _____ fusil_____tuer les animaux _____mangent ses poules.
10. _____ renard aimera _____bruit _____vent dans _____blé.

XIII (traduction: anglais / français)

Vous avez lu dans le texte:
Viens jouer avec moi. (venir + infinitif)
Plus l'heure avancera plus je me sentirai heureux.
(plus . . . plus)
C'est quelque chose de trop oublié. (quelque chose + de + participe passé)

Traduisez en français.
1. Come and play with me.
2. The more I see him, the more I like him.
3. Will you go and see her?
4. I want something cold.
5. The less she studies, the less she wants to study.
6. She told me something interesting.
7. The more I read this book, the less I understand it.
8. She needs somebody serious.

XIV "Tu reviendras me dire adieu . . . "
    (préfixe re)

Rappel:

En français on utilise fréquemment le préfixe *re* devant les verbes pour exprimer la répétition.

Faites des phrases à l'aide des éléments donnés et en utilisant le préfixe re.

> *Modèle:* Il y a / beaucoup / choses / découvrir / terre.
> Il y a beaucoup de choses à redécouvrir sur la terre.

1. Il y a / beaucoup / choses / découvrir / terre.
2. petit prince / partir (*passé composé*) / hier / planète.
3. Il / ne pas / dire (*futur*) / cela / demain.
4. je / vouloir (*conditionnel*) / prendre / café.
5. Quand / est-ce que / tu / lire (*futur*) / livre?
6. Il / venir (*passé composé*) / le lendemain.
7. Pourquoi / est-ce que / vous / faire / toujours / mêmes erreurs?
8. Je / ne pas / le / voir (*passé composé*) / depuis / départ.

XV "Il eût mieux valu revenir à la même heure . . . "
    (il aurait mieux valu + infinitif)

Rappel:

Dans l'expression "il eût mieux valu . . . ", l'emploi du subjonctif passé caractérise une langue soutenue. Dans une langue plus neutre, on utilise de préférence le conditionnel passé: "il aurait mieux valu . . . "

Répliquez aux phrases suivantes selon le modèle et en utilisant l'un des verbes de la colonne de droite.

Modèle: J'ai écrit à mes parents.

Il aurait mieux valu leur téléphoner.

1. J'ai téléphoné à ma grand-mère.
2. Nous avons grondé notre fils.
3. Ils ont gardé leur maison.
4. Nous avons dansé jusqu'à minuit.
5. Nous sommes restés debout.
6. Nous leur avons dit ce que nous pensions d'eux.

comprendre
s'asseoir
se taire
vendre
se reposer
rendre visite

XVI (mots de la même famille)

Complétez les phrases suivantes avec un mot de la même famille que le mot entre parenthèses et en vous aidant du texte.

Modèle: (s'intéresser) Il n'a aucun_____ à le faire.

Il n'a aucun intérêt à le faire.

1. (soleil) Demain le temps sera_____.
2. (vrai)_____ sort de la bouche des enfants.
3. (lier) Pour se faire des amis, il faut créer

_____ .

4. (heureux) Le _____ des uns fait le des autres.
5. (réfléchir) C'est un problème qui demande beaucoup de

_____ .

6. (partir) La date de son_____ a été repoussée.
7. (voir) L'essentiel est_____pour les yeux.
8. (un) La fleur du petit prince est _____ au monde.

XVII ''Le lendemain revint le petit prince.''
(niveaux de langue)

Rappel:

Dans la phrase: ''Le lendemain revint le petit prince'' on trouve deux caractéristiques d'une langue soutenue.

A. L'inversion du sujet.
B. L'utilisation du passé simple.

Dans une langue plus familière on dirait:

Le lendemain, le petit prince est revenu.

ou Le petit prince est revenu le lendemain.

Identifiez dans chacune des phrases suivantes, les indices d'une langue soutenue. Redites ces phrases dans une langue plus familière.

1. Je ne puis pas jouer avec toi.
2. Comme il n'existe point de marchands d'amis, les hommes n'ont plus d'amis.
3. Il eût mieux valu revenir à la même heure.
4. Ainsi le petit prince apprivoisa le renard.
5. Le petit prince se retourna mais ne vit rien.
6. Si les chasseurs dansaient n'importe quand, je n'aurais point de vacances.
7. Le petit prince s'en fut revoir les roses.
8. C'est alors qu'apparut le renard.

XVIII " . . . *c'est elle que j'ai écouté se plaindre . . .*
(c'est . . . que/c'est . . . qui)

Rappel:
En français, l'expression *c'est . . . que (c'est . . . qui)* est utilisée pour mettre en relief un des éléments de la phrase.

> *Exemple:* Je l'ai arrosée. (langue neutre)
> C'est *elle que* j'ai arrosée. (mise en relief)

A. *Mettez le passage: "Mais à elle seule elle est . . . se taire"*
(pp. 6-7) dans une langue neutre. Remarquez les pronoms relatifs utilisés avec la mise en relief de elle.

B. Redites les phrases suivantes en mettant en relief les expressions en italique.

> *Modèle:* *Il* est venu me voir.
> C'est lui qui est venu me voir.

1. *Il* est venu me voir.
2. J'ai arrosé *ma rose.*
3. *Le temps* que tu as perdu pour ta rose rend ta rose très importante.
4. J'habite *sur une autre planète.*
5. *Le blé* est inutile.
6. *Tu* reviendras me dire adieu.
7. Je *l'*ai mise sous globe.
8. *Je* suis responsable de ma rose.
9. Je *l'*ai écoutée se vanter.
10. *La tienne* est unique au monde.

Compositions écrites

Ecrivez une page sur un des sujets suivants.

1. Après le départ du petit prince le renard rencontre un ami et lui raconte ce qui s'est passé. Ecrivez leur conversation sous forme de dialogue.
2. Le petit prince retourne sur sa planète et va raconter ses aventures à sa rose. Imaginez le dialogue qui a lieu.
3. Pensez-vous que l'histoire du petit prince s'adresse à des enfants ou à des adultes? Justifiez votre point de vue à l'aide d'exemples tirés du texte.

Jeu

La première personne répond à la question posée. La deuxième utilise le dernier mot de la réponse pour commencer une nouvelle phrase. La troisième utilise le dernier mot de la deuxième phrase, etc.

> *Modèle:* Avec quoi fait-on le pain?
> *1ère personne:* On fait le pain avec le blé.
> *2ème personne:* Le blé pousse dans les champs.
> *3ème personne:* Dans les champs on trouve des renards.
> *4ème personne:* Les renards mangent des poules, etc.

1. Avec quoi fait-on le pain?
2. Avec quoi est-ce qu'on chasse?
3. Qu'est-ce qu'on peut arroser?
4. Où poussent les pommes?
5. Que cherche le petit prince?

Déliez-vous la langue

Essayez de dire le plus rapidement possible, sans fautes:

1. Tout chasseur sachant chasser doit savoir chasser sans son chien.
2. Un chasseur ne sachant pas chasser chassa son chien.

Les bêtes dont on rit

Contenu linguistique

Dans la plupart des cas où j'ai ri des animaux, c'est des hommes que je riais, de moi, des spectateurs. L'éthologiste paraît parfois bien ridicule dans ses rapports avec des animaux supérieurs. C'est inévitable comme il est inévitable que son entourage proche ou lointain le tienne pour fou. Si l'on ne m'a pas encore conduit dans une clinique psychiatrique, je le dois uniquement au fait qu'on me considère à Altenberg comme parfaitement inoffensif, réputation que je partage avec l'autre idiot du village. Je vais raconter ici une petite histoire à la décharge des Altenbergeois.

Je fis autrefois des expériences sur de jeunes canards afin de

éthologiste: personne qui étudie le comportement des espèces animales

tenir pour: prendre pour, considérer comme

à la décharge de qn.: pour excuser qn.

frais éclos: qui viennent d'éclore

éclore: to hatch

farouche: shy, timid

couveuse (f.): incubator

oison (m.): petit de l'oie

préalable: previous

se réfugier: to take refuge

nourrice (f.): a person who nurses a child

souche (f.): family, (stock)

quasi: presque

cancaner: to make the sound of a duck

Pentecôte (f.): fête chrétienne célébrée le septième dimanche après Pâques

serrés: placés tout près l'un de l'autre

émettre: to utter sound

découvrir pourquoi les canetons sauvages frais éclos d'une couveuse artificielle se montrent timides et farouches, contrairement aux petites oies cendrées dans le même cas. Les oisons sauvages considèrent immédiatement l'homme qui est le premier être vivant qu'ils rencontrent comme leur véritable maman et le suivent partout avec confiance. Les canetons col-vert, au contraire, ne voulaient rien avoir à faire avec moi. Aussitôt sortis de la couveuse et sans aucune expérience préalable, ils eurent peur de moi, se sauvèrent et se réfugièrent dans le premier coin sombre. A quoi tenait cette différence? Je me rappelai que j'avais un jour fait couver des oeufs de cane col-vert par une cane de Barbarie et que les petits canetons n'avaient pas non plus adopté cette nourrice comme une maman de rechange. A peine secs, ils s'étaient empressés de la quitter et j'avais eu grand-peine à rattraper et à sauver ces canetons qui erraient en pleurant. D'autre part, ayant donné des oeufs de cane col-vert à couver à une grosse cane domestique blanche, j'avais vu les petits canetons suivre cette mère nourricière aussi sagement qu'une mère véritable. Cela devait être dû au son de voix de la cane, car pour ce qui est de l'apparence physique, la cane domestique est encore plus différente d'une cane col-vert que la cane de Barbarie. Mais ce qu'elle avait en commun avec les col-vert, qui sont la souche sauvage de tous nos canards domestiques, ce sont ses expressions vocales que le processus de domestication a laissées quasi inchangées. J'en conclus qu'il me fallait cancaner comme une cane si je voulais me faire obéir de mes petits canetons. "Il se pend une clochette au cou, il fait meuh et le veau le prend pour la vache," écrit Wilhelm Busch qui a toujours raison.

Aussitôt dit, aussitôt fait! Une couvée de canetons sauvages de race pure devait éclore le samedi de la Pentecôte; je mis les oeufs dans la couveuse, pris les petits sous ma garde aussitôt sortis de l'oeuf et lançai dans mon meilleur canard col-vert le cri du conducteur. Pendant des heures, pendant la moitié de la journée. L'appel eut du succès. Les petits canards cette fois-ci me regardèrent avec confiance, je ne leur faisais plus peur, et quand je m'éloignai lentement d'eux, toujours cancanant, ils se mirent docilement à me suivre en petite troupe serrée comme des canetons qui marchent derrière leur mère. Ma théorie se vérifiait on ne peut mieux: les canetons frais éclos possèdent une réaction innée à l'appel, mais non à l'image de leur mère. Tout ce qui émet le cancanement juste sera considéré comme une maman, qu'il s'agisse d'une grosse cane Pékin blanche ou d'un

Konrad Lorenz, prix Nobel de médecine et de physiologie.

homme plus gros encore. Mais il ne faut pas que le substitut maternel dépasse une certaine hauteur! J'avais commencé cette expérience, assis dans l'herbe, et je m'étais écarté des petits canetons sans me relever pour déclencher leur réaction et les amener à me suivre. Mais je ne fus pas plus tôt debout pour me mettre à marcher devant eux qu'ils s'arrêtèrent en regardant de tous les côtés; visiblement ils me cherchaient, mais sans lever la tête vers moi, et ils commencèrent à pousser ces cris perçants des petits abandonnés qui ressemblent à des pleurs. Ils ne pouvaient pas imaginer que leur maman de rechange fût si haut perchée au-dessus d'eux. Je devais donc me déplacer courbé et accroupi si je voulais qu'ils me suivent. Ce n'était pas très commode; plus incommode encore le fait qu'une véritable mère cane cancane sans interruption. Si je cessais, ne fût-ce qu'une demi-minute, mes mélodieux ''quaîhgaigaigaig'', mes canetons allongeaient de plus en plus leurs petits cous, ce qui correspond exactement à la mine allongée d'un enfant qui a du chagrin, et si je ne me remettais pas aussitôt à cancaner, leurs pleurs éclataient bruyamment. Mon silence devait leur faire croire que j'étais mort ou que je ne les aimais plus. Il y avait de quoi pleurer. Mes cane-

s'écarter de: s'éloigner de

déclencher: *to start, to set*

si haut perché au-dessus d'eux: tellement haut placé par rapport à eux

courber: *to bend*

s'accroupir: *to squat, to crouch*

commode: facile, simple

mine *(f.):* *appearance, look*

pupille (f.): ward

tons col-vert étaient donc, contrairement aux petits de l'oie cendrée, des pupilles très exigeants et fatigants: qu'on se représente ce que peuvent être deux heures de promenade avec de tels enfants, toujours accroupi et courbé et cancanant sans interruption! . . .

Konrad Lorenz, *Il parlait avec les mammifères et les poissons,* Flammarion, 1968.

Exploitation du texte

I. Répondez aux questions suivantes.
1. Selon Lorenz, de quelle réputation jouit l'éthologiste?
2. Qui est-ce que les petites oies cendrées considèrent comme leur mère?
3. Quelle a été l'attitude des canetons col-vert vis-à-vis de Lorenz?
4. Comment Lorenz explique-t-il le fait que les canetons col-vert aient suivi la cane domestique mais non la cane de Barbarie?
5. Quelle théorie du comportement animal est-ce que Lorenz essaie de prouver dans l'expérience ci-dessus?
6. Pourquoi Lorenz devait-il se déplacer accroupi?
7. Pourquoi l'auteur ne pouvait-il pas cesser de cancaner?

Il " . . . il est inévitable que son entourage proche ou lointain le tienne pour fou."
(phonétique: absence de nasalité / nasalité)

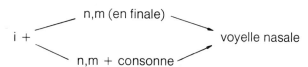

Exemples: vin, faim, impossible, cinq

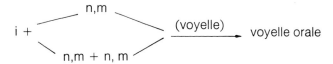

Exemples: immense, final, immortel, inoubliable

A. Lisez à haute voix les mots suivants.

1. image	9. fini
2. imbécile	10. important
3. imposer	11. inoffensif
4. implorer	12. inné
5. insecte	13. inertie
6. fin	14. incendie
7. inévitable	15. indien
8. immédiatement	

B. Donnez le contraire des mots suivants.

1. partial	6. capable
2. modéré	7. assouvi
3. dépendance	8. changé
4. commode	9. utile
5. parfait	10. intéressant

C. Lisez à haute voix les phrases suivantes.
1. Viens ici immédiatement.
2. Il a cancané sans interruption pendant deux heures.
3. Elle a des yeux inexpressifs.
4. Traite-moi d'ingrate si tu veux.
5. C'est un homme infatigable.
6. Beaucoup de personnes ont peur des innovations.
7. Son retard commence à m'inquiéter.
8. Il habite un immeuble de trente étages.

*III (phonétique: absence de nasalité / nasalité)

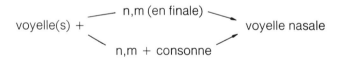

Exemples: bon, pain, chanter

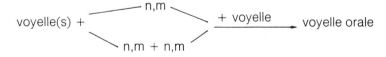

Exemples: énerver, anniversaire, immense

Lisez à haute voix les phrases suivantes.
1. Prends-le! Il faut que tu le prennes.
2. On m'a donné une glace énorme.

3. Un homme et une femme se promènent ensemble.
4. C'est bon, les pommes!
5. Viens! Je veux que tu viennes.
6. Ils sont intelligents. Ils travaillent intelligemment.
7. Est-ce que les Canadiens et les Italiennes s'entendent bien?
8. Vous devriez les attendre patiemment.

*IV (phonétique: absence de nasalité / nasalité)

   Lisez à haute voix les phrases suivantes. Attention aux nasales.
1. Il est inévitable que son entourage proche ou lointain le tienne pour fou.
2. On me considère comme parfaitement inoffensif.
3. Les canetons sauvages se montrent timides contrairement aux petites oies cendrées.
4. Les oisons sauvages considèrent immédiatement le premier être vivant qu'ils rencontrent comme leur véritable maman.
5. Quand je m'éloignai lentement d'eux, toujours cancanant, ils se mirent docilement à me suivre.
6. Tout ce qui émet le cancanement juste sera considéré comme une maman.
7. J'en conclus qu'il me fallait cancaner comme une cane pour faire obéir mes canetons.
8. Je m'étais écarté des petits canetons sans me relever pour déclencher leur réaction.
9. Les canetons allongeaient leurs cous, ce qui correspond exactement à la mine allongée d'un enfant qui a du chagrin.
10. Les canetons étaient donc des pupilles très exigeants et fatigants.

V "Dans la plupart des cas où j'ai ri des animaux . . . "
   (le passé composé avec l'auxiliaire avoir)

En classe

Premier jour de classe. Le soir, en rentrant à la maison, Claire raconte à sa mère comment s'est passé le cours d'allemand. Complétez le dialogue suivant en mettant le verbe entre parenthèses à la forme qui convient.

Claire: Après être entré dans la classe, le professeur M. Richard nous (dire) bonjour. Ensuite il nous (parler) de lui, pendant un quart d'heure. Tu sais, maman, il paraît qu'il (vivre) en Allemagne pendant cinq ans.

Mère:	Ah? Est-ce que ce pays lui (plaire)?
Claire:	Oui, beaucoup. C'est là qu'il (apprendre) l'allemand et qu'il (connaître) sa femme.
Mère:	Tout ceci est très intéressant, mais dis-moi est-ce que vous (travailler)?
Claire:	Oui, bien sûr. Nous (prendre) nos livres, nous les (ouvrir) à la page quinze, et Catherine (lire) le texte.
Mère:	Est-ce qu'elle (avoir) des difficultés à lire le texte?
Claire:	Non, pas vraiment. Elle (faire) quelques fautes, mais c'est tout! Ensuite M. Richard (poser) plusieurs questions sur le texte . . .
Mère:	Et tu (répondre) j'espère!
Claire:	Non; d'ailleurs personne ne (savoir) répondre à ces questions, ce qui (décevoir) le pauvre M. Richard!
Mère:	Est-ce que vous lui (demander) de répéter les questions?
Claire:	Oui, mais il (ne pas pouvoir) le faire, parce que le cours était terminé.
Mère:	Est-ce qu'il vous (donner) du travail avant de partir?
Claire:	Oui, il (demander) à tous les élèves de relire le texte et d'écrire un résumé.
Mère:	Est-ce que tu (écrire) ce résumé?
Claire:	Je (commencer) à le faire à l'école, mais je (ne pas finir).
Mère:	Eh bien, mets-toi au travail maintenant.

VI (révision du passé composé avec l'auxiliaire être)

Quelle famille!

M. et Mme Lepage ont eu beaucoup d'enfants qui ont tous eu un sort très différent.

Complétez les phrases suivantes en mettant les verbes à la forme qui convient.

1. Marie / se marier / avec / vétérinaire.
2. Jean / entrer / séminaire / douze ans.
3. Cécile / partir / étudier / Londres.
4. Chantal / rester / vivre / chez / parents.
5. Lucile / devenir / religieuse.
6. Clément / arriver à / entrer / université.
7. Anne / mourir / à l'âge / quatre ans.
8. Patrick / aller / travailler / Stockholm.
9. Bernadette / se mettre à / faire / de / politique.
10. Françoise / tomber enceinte / seize ans.

*VII *"Je fis autrefois des expériences sur de jeunes
    canards . . . "*
    (passé simple et passé composé)

Rappel:

Le passé simple est un temps qui appartient à la langue
soutenue. Lorsqu'on parle on utilise le passé composé.

*Dans les phrases suivantes mettez les verbes au passé
composé. Attention à la place des adverbes.*

Commencez:
1. Je fis autrefois des expériences sur de jeunes canards.
2. Ils eurent peur de moi, se sauvèrent et se réfugièrent dans le
   premier coin sombre.
3. L'appel eut bientôt du succès.
4. Quand je m'éloignai d'eux, ils se mirent docilement à me
   suivre.
5. Je ne mis pas les oeufs dans la couveuse.
6. Je me rappelai que j'avais fait couver des oeufs de cane
   col-vert par une cane de Barbarie.
7. Ils s'arrêtèrent et commencèrent à pousser des cris
   perçants.
8. Je ne leur fis plus peur.
9. J'en conclus qu'il me fallait cancaner comme une cane.

VIII " . . . j'avais un jour fait couver des oeufs . . . "
    (plus-que-parfait)

Auxiliaire *avoir* ou *être* à l'imparfait + participe passé→plus-que-parfait

Mettez les verbes entre parenthèses au plus-que-parfait.
1. Konrad Lorenz a constaté que les canetons col-vert (ne pas
   adopter) cette nouvelle nourrice.
2. Ils (s'empresser) de la quitter.
3. Lorenz (avoir) grand-peine à rattraper les canetons qui
   (s'enfuir).
4. Pourtant, il (voir) des petits canetons sauvages suivre une
   cane domestique.
5. Pour prouver sa théorie Lorenz (commencer) son
   expérience assis dans l'herbe, et il (s'écarter) des petits
   canetons, mais il (ne pas se relever) pour déclencher leur
   réaction, et les amener à le suivre.

6. Ensuite il (se taire) et son silence leur (faire) croire qu'il les (quitter).
7. Les canetons pleuraient parce qu'ils (perdre) leur mère.

IX " . . . j'avais un jour fait couver des oeufs de cane col-vert par une cane de Barbarie . . . "
(faire + infinitif: tour factitif)

Rappel:

En français, il est fréquent d'utiliser la structure *faire + infinitif* pour exprimer le fait que l'action est effectuée par une personne (ou un animal!) autre que le sujet.

Comparez: { J'ai peint les murs.
{ J'ai *fait peindre* les murs.

J'ai tout fait faire

Jacques a acheté une maison il y a quelques mois. Son ami Pierre vient lui rendre visite. Complétez le dialogue suivant selon le modèle et en utilisant le tour factitif.

Modèle: *Pierre:* C'est toi qui as peint les murs?
Jacques: Non, j'ai fait peindre les murs.

Commencez:
Pierre: C'est toi qui as peint les murs?
Jacques: Non, j'ai fait peindre les murs.
Pierre: C'est toi qui as construit le garage?
Jacques: Non, j'ai . . .
Pierre: C'est toi qui as mis l'électricité?
Jacques: Non, . . .
Pierre: C'est toi qui as fait la cheminée?
Jacques: Non, . . .
Pierre: C'est toi qui as décoré ton intérieur?
Jacques: Non, . . .
Pierre: C'est toi qui as abattu les arbres du jardin?
Jacques: Non, . . .
Pierre: C'est toi qui as planté les fleurs?
Jacques: Non, . . .
Pierre: C'est toi qui a tondu le gazon?
Jacques: Non, . . .
Pierre: Alors, tu n'as pas du tout travaillé!
Jacques: Si, j'ai_____ les autres! Tu crois que c'est facile?

X " . . . je ne leur faisais plus peur . . . "
(faire + nom)

Rappel:

En français moderne, les noms *doivent* être précédés d'un prédéterminant *(un, le, mon, ce,* etc.). Ceci n'était pas le cas en vieux français. *(Exemple:* Pierre qui roule n'amasse pas mousse.) Il existe en français moderne quelques expressions fréquentes qui ont gardé la forme ancienne.

Comparez: J'ai fait *le* plein (le ménage, l'addition, mes devoirs).
J'ai *fait peur* aux canetons.

Voici quelques expressions utilisant le verbe *faire* + nom (sans prédéterminant).

faire peur	faire mal
faire confiance	faire suite
faire attention	faire preuve (de)
faire pitié	faire boule de neige
faire face	faire plaisir

Faites une phrase d'une dizaine de mots avec chacune des expressions ci-dessus.

XI (mots outils)

Lisez le passage suivant en ajoutant les articles, les prépositions, etc. et toutes les indications de genre et de nombre qui manquent.

1. Dans _____ plupart _____ cas où j'ai ri d'_____ animal, c'est de _____ homme que je riais.
2. Si on ne m'a pas encore conduit dans _____ clinique psychiatrique, je _____ dois uniquement _____ fait que j'ai _____ réputation d'être inoffensif.
3. _____ couvée _____ canetons sauvages _____ race pure devait éclore _____ samedi de _____ Pentecôte.
4. Pendant plus _____ heure, pendant _____ moitié de _____ journée, j'ai lancé _____ cri _____ conducteur.
5. J'ai prouvé que _____ théorie est vraie: _____ caneton frais éclos possède _____ réaction innée __ __ appel, mais non _____ l'image de _____ mère.
6. Toutefois, _____ substitut maternel ne doit pas dépasser _____ (certain) hauteur.

29

7. Si on cesse _____ cancaner, chaque caneton allonge ____ plus _____ plus _____ (petit) cou, ce _____ correspond à _____ mine (allongé) _____ enfant qui a _____ chagrin.

XII " . . . je m'étais écarté des canetons sans me
   relever . . . "
   (traduction: anglais / français)

> without crying = sans pleurer (*sans* + infinitif)
> without a coat = sans manteau (*sans* + nom)
> with courage = avec courage (*avec* + nom)
> with a book = avec un livre (*avec* + article + nom)

Traduisez en français les phrases suivantes en vous aidant des exemples ci-dessus.
1. His wife greeted him with joy.
2. Without friends life is very unpleasant.
3. I share this reputation with the other idiot of the village.
4. Will you help me? With pleasure.
5. He left without saying goodbye.
6. They fought with courage.
7. Lorenz can talk with animals.
8. The ducklings without any previous experience were afraid of me.
9. The ducklings followed him everywhere with confidence.
10. Can we go there without getting lost?
11. They were looking for me without raising their heads toward me.
12. A real mother duck quacks without stopping.

XIII "Il y avait de quoi pleurer."
   (avoir de quoi + infinitif)

A. *Complétez les phrases suivantes en utilisant l'expression "il y a de quoi" au temps voulu et en utilisant un des verbes suggérés.*

> *Modèle:* Mon silence devait leur faire croire que je ne les aimais plus.
> Il y avait de quoi pleurer.

1. Vous trouvez cela drôle!
2. Ce film était vraiment très triste.

3. Quel désordre!
4. Ton frigidaire est vraiment bien garni.
5. Puis il a pris un grand couteau.
6. Sa cave était bien remplie.

pleurer
rire
faire
avoir peur
manger
boire

B. *Imaginez des situations dans lesquelles on pourrait utiliser les répliques suivantes.*
   1. Il y a de quoi se tirer une balle dans la tête!
   2. Il n'y avait pas de quoi se fâcher!
   3. Il n'y a pas de quoi lui faire la tête!
   4. Il n'y a pas de quoi fouetter un chat!
   5. J'ai de quoi vivre pendant un mois.
   6. Il n'y a pas de quoi.

XIV *" . . . il fait meuh et le veau le prend pour la vache . . . "*
(les animaux et leurs cris)

Remplacez les tirets par le nom de l'animal qui convient. Donnez, quand il existe, et si vous le pouvez, le nom des petits de ces animaux.

   Modèle: Il fait *meuh* et on le prend pour_____ .
   Il fait meuh et on le prend pour *une vache.*
   (Le petit de la vache est le veau.)

   1. Il fait *miaou*, et on le prend pour_____.
   2. Il fait *cocorico*, et on le prend pour_____.
   3. Il fait *coin coin*, et on le prend pour_____.
   4. Il fait *oua, oua*, et on le prend pour_____.
   5. Il fait *hi-han*, et on le prend pour_____ .
   6. Il fait *bê . . . bê*, et on le prend pour_____.
   7. Il fait *cui . . . cui*, et on le prend pour_____ .
   8. Il fait *mê . . . mê*, et on le prend pour_____.
   9. Il fait *cot . . . cot . . . cot*, et on le prend pour_____ .

XV *" . . . ayant donné des oeufs de cane col-vert . . . "*
(le monde animal)

Citez le nom d'un animal ou d'une famille d'animaux qu'on peut associer avec les substantifs donnés.

   Exemple: un oeuf: une cane (une poule, les oiseaux, les reptiles, etc.)

1. un oeuf	7. des cornes *(f.)*
2. un bec	8. des plumes *(f.)*
3. des écailles *(f.)*	9. une queue
4. une trompe	10. une bosse
5. des ailes *(f.)*	11. une carapace
6. des griffes *(f.)*	12. un museau

XVI Répondez aux questions suivantes en imitant le plus possible la réponse que vous entendrez et en utilisant les indications données.

1. Les canetons avaient-ils adopté la cane de Barbarie?
   Non / adopter / nourrice / maman de rechange.
2. Pourquoi n'a-t-on pas encore envoyé l'auteur dans une clinique psychiatrique?
   dû / fait / considérer / parfaitement / inoffensif.
3. L'éthologiste a-t-il parfois un comportement étrange?
   oui / inévitable / entourage / lointain / tenir pour fou.
4. Quelle est la théorie que l'auteur essaie de vérifier?
   auteur / tout / émet / cancanement / considéré / maman.
5. Pourquoi les canetons suivaient-ils la cane domestique blanche?
   cela / devoir / son / voix / cane.
6. Comment l'auteur avait-il commencé son expérience?
   s'asseoir / herbe / s'écarter / canetons / sans / relever / déclencher / réaction.
7. Quelle phrase de Wilhelm Busch l'auteur cite-t-il dans ce passage?
   se pendre / clochette / cou / veau / prendre pour / vache.
8. Que se passait-il lorsque Lorenz arrêtait de cancaner?
   canetons / pleurer / car / silence / faire croire / mort / ou / ne plus aimer.

Compositions écrites

Ecrivez une trentaine de lignes sur un des sujets suivants

1. Faites un résumé de l'anecdote citée par Lorenz. Acceptez-vous la théorie de Lorenz? Justifiez votre réponse.
2. Si vous deviez vous transformer en animal, lequel choisiriez-vous? Pourquoi? Expliquez.
3. Vous avez peut-être observé un animal d'assez près. Quelles sont les caractéristiques du comportement de cet animal qui vous ont le plus frappé? Développez.

(Suggestions: Cet animal montre-t-il son approbation ou sa désapprobation d'une manière quelconque? Que fait-il quand son maître rentre chez lui (ou sort de chez lui)? Réagit-il de façon particulière à certains bruits, certaines personnes ou à d'autres animaux?

4. Pensez-vous qu'il soit important d'étudier le comportement des animaux? Donnez vos raisons.

Jeu: "Jacques a dit"

Un étudiant est le meneur du jeu. Il dit: Jacques a dit: Levez la tête.

(Tout le monde lève la tête.)

Le meneur peut demander alors à un étudiant en particulier:

Jacques a dit: "Qu'est-ce que tu fais?"

L'étudiant doit alors répondre: "Je lève la tête."

Si quelqu'un fait un mouvement requis mais non précédé de "Jacques a dit" il est éliminé. De même, il ne faut répondre qu'aux questions précédées de "Jacques a dit".

Suggestions:

cancaner	marcher
rire	s'arrêter
pleurer	lever la tête
s'asseoir	se percher
s'éloigner	se courber
s'écarter	s'accroupir
se relever	allonger le cou
être debout	

Cet increvable cancrelat

Contenu linguistique

Depuis 350 millions d'années qu'il existe, il n'a jamais été embarrassé pour assurer sa subsistance. Aujourd'hui, il trouve son bonheur non seulement dans les cuisines, mais aussi dans les machines à calculer et les téléviseurs!

Le coriace cancrelat a son petit côté fragile. Il redoute le chaud et froid. En dehors de cela, il supporte le gel sans broncher. Vous pouvez même le congeler. Sitôt dégelé, il redémarre. Ce n'est pas l'hiver qui pourra venir à bout de lui.

On se demande d'ailleurs ce qui peut bien venir à bout d'un cancrelat. Pas la faim, en tout cas. Un cancrelat qui se respecte est capable de se passer complètement de nourriture pendant trente jours au minimum, et d'atteindre les deux mois s'il trouve à boire. Ce n'est pas non plus la soif: il peut rester cinq mois

increvable: qu'on ne peut pas tuer

coriace: *tough*

cancrelat *(m.): cockroach*

redouter: *to dread,*

gel *(m.): frost*

sans broncher: *without blinking an eyelid*

congeler: *to freeze*

redémarrer: *to start running again*

venir à bout (de): vaincre

34

sans liquide à condition d'avoir quelque chose à se mettre sous la dent. On peut évidemment essayer de l'écraser du pied, mais cet individu, pourtant singulièrement **plat** de naissance, trouve le moyen de s'aplatir davantage encore sous la **semelle**, pour reprendre ensuite son volume normal et s'enfuir d'un air dégagé.

En fait, le cancrelat est un modèle de vitalité. Il est par exemple capable de supporter un **taux** d'accélération dix fois supérieur à celui que peut endurer l'homme . . . Par ailleurs, il est capable de résister à des doses de radiation cent fois supérieures à celles que peut tolérer l'homme, ce qui fait de lui un sérieux candidat à la survie en cas de conflit nucléaire.

plat: flat
semelle (f.): sole

taux (m.): rate

3500 variétés du même animal

Dire le cancrelat, c'est généraliser. En fait, c'est comme chez les antilopes, on est nombreux dans la famille. Trois mille cinq cents variétés de cancrelats, de toutes tailles et de toutes couleurs, galopent à travers le monde, la plupart à la campagne ou dans les bois.

Le cancrelat, c'est la blatte.

Une blatte est plate, c'est connu. Ce que l'on sait moins, c'est que cette blatte plate est capable de voler! Il est, bien sûr, **peu courant** de voir les **cafards** voleter d'un mur à l'autre, ou les cancrelats venir vous **vrombir** aux oreilles, mais c'est théoriquement possible. La blatte est pourvue d'ailes normalement constituées, mais elle s'estime tellement **douée** sous le rapport de la vitesse sur pattes, qu'elle ne les sort jamais de leur **étui**.

La blatte préfère se servir de ses longues pattes **barbelées**.

peu courant: peu fréquent
cafard (m.): blatte
vrombir: to buzz

doué: gifted

étui: (m.): case
barbelé: barbed

Au menu: colle, savon, cirage

A part cela, c'est un insecte élégant et longiligne, avec des yeux oblongs, légèrement en croissant, qui lui font un visage rieur. Vus de près, ces yeux ultra-sensibles montrent de multiples facettes. Souvent, la blatte, qui aime bien savoir ce qui se passe au plafond, utilise les yeux simples qu'elle possède sur le sommet de son **crâne**.

Mais ses instruments de perception par excellence, ce sont ses antennes, longues, minces, finement articulées, curieusement implantées au coin des yeux, et qui lui servent à la fois de

colle (f.): glue
cirage (m.): shoe polish

crâne (m.): skull

Cancrelat femelle portant son oothèque.

nez et d'oreilles, tout en lui permettant de circuler au radar dans la complète obscurité.

Telle est l'intéressante compagne qui ne demande qu'à partager notre vie et surtout s'asseoir à notre table. Le moins qu'on puisse dire, c'est qu'elle possède un appétit aussi solide qu'éclectique car elle est capable de dévorer tout ce qui tombe à sa portée. On voit les cancrelats du Grand Nord s'attaquer au poisson séché, et d'autres se régaler de cirage. Il en est qui servent de détachants en dégustant les taches de gras sur les vêtements, d'autres qui envahissent les bouteilles ayant contenu de l'huile, avalent le savon dans la salle de bains, se promènent dans les bureaux pour manger la colle blanche, s'empiffrent de peinture, se glissent à l'intérieur des machines à calculer ou des caisses enregistreuses, dont le lubrifiant les attire, et vont même jusqu'à coloniser les téléviseurs, où ils trouvent chauffage central et riche provision de paraffine. Ils sont si affamés ces cancrelats, qu'on en voit dévorer leurs propres oeufs! Certains ont même des estomacs capables de décomposer la cellulose, et n'hésiteraient pas à se nourrir d'allumettes.

Il arrivait, autrefois, que des sacs remplis de riz ou de céréales, embarqués à bord de navires assurant de longues navigations, apparaissent à l'arrivée, aussi gonflés qu'au départ. Seulement, ils étaient à présent gonflés de cancrelats, qui

se régaler: faire un bon repas

détachant *(m.):* *stain remover*

s'empiffrer *(fam.):* manger sans modération
caisse *(f.):* **enregistreuse:** *cash register*
lubrifiant: *lubricating oil*
affamé: *famished*

gonflé: *swollen*

avaient pris la place du contenu d'origine après l'avoir entièrement avalé.

En cas de faim extrême, la blatte perd toute mesure, sinon même toute prudence. Si vous la laissiez faire, elle mangerait sous votre nez, dans votre assiette. C'est, paraît-il, ce qui se produisait pendant le dur hiver terminal de la guerre de Corée, alors que les hommes étaient aussi affamés que mal ravitaillés. Il arrivait couramment aux GIs de trouver des cancrelats dans leur ration réglementaire.

—La première semaine, assure l'un deux, vous jetiez le contenu de votre gamelle. La semaine suivante, vous retiriez seulement les cancrelats. La troisième semaine, vous les avaliez avec le reste. C'était tout de même des protéines! La dernière semaine, vous rattrapiez ceux qui se sauvaient pour les remettre dans votre nourriture!

Trente-six bébés dans le sac

Malgré son appétit il arrive au cancrelat de vivre d'amour et d'eau fraîche. Le coeur a ses raisons que l'estomac ne connaît pas.* C'est d'ordinaire la femelle qui prend l'initiative. Quatorze jours après sa dernière mue, cette intéressante femelle, perchée sur ses hautes pattes, se met à rechercher les garçons! On pourrait s'attendre à des débordements effrénés. Et pourtant, l'union se déroule sous le signe de la plus extrême délicatesse. Timides, gênés, poussés par une exquise pudeur, les amants se joignent à reculons, et s'aiment, sans oser se regarder, en une union-express dépourvue de fantaisies.

Peu de temps après, ainsi qu'il est d'usage en pareil cas, le ventre de la dame s'arrondit. Au bout d'une semaine, un corps jaunâtre montre le nez à l'extrémité, et semble s'efforcer de sortir de son logement. Est-ce déjà le nouveau-né qui apparaît? Non: c'est ce curieux réceptacle à bébés, qu'on trouve chez certains insectes, et qu'on appelle oothèque —sorte de sac dans lequel la mère entrepose ses oeufs, et qu'elle trimbale partout plusieurs semaines durant, ce qui lui rend difficile l'exercice de la course à pieds.

Lorsqu'elle en a assez, elle dépose son oothèque dans un coin, s'en remettant à la bonne nature pour la suite. Il arrive parfois qu'épuisée par cet effort, elle rende au Créateur son âme maternelle, sans avoir la consolation de voir naître ses enfants.

*Le coeur a ses raisons que l'estomac ne connaît pas: allusion à la citation célèbre: "Le coeur a ses raisons que la raison ne connaît point." (Pascal)

Glossary (left margin):

avaler: *to swallow*

perdre toute mesure: *to lose control completely*

ravitaillé: (dans l'armée) nourri, approvisionné

gamelle (f.) (milit.): *mess tin*

mue (f.): pour un animal, l'action de changer de carapace, de poils, etc.

débordement (m.) effréné: *outburst of unbridled passion*

à reculons: en marche arrière

trimbaler (fam): transporter

s'en remettre à: *to leave it to*

épuisé: *exhausted*

rendre son âme: mourir

L'oothèque ainsi abandonnée prend vite une couleur brune. On dirait un petit grain de café qui est divisé intérieurement en deux parties égales, dont chacune contient dix-huit oeufs allongés et blanchâtres, alignés l'un contre l'autre dans un ordre méticuleux. Trente-six bébés en perspective!

Dès qu'elle s'est rétablie des efforts exigés par le transport permanent de son oothèque, la nouvelle maman se hâte d'oublier la chair de sa chair, et se met sans retard à la recherche de nouvelles amours. Elle peut ainsi avoir cinq amourettes dans l'année. Et, comme elle se moque visiblement du planning familial, chacune d'elles aboutit à la mise en circulation de trente-six petits cancrelats, soit cent-quatre-vingts bébés par an pour une blatte plate de bonne constitution.

C'est dire si les blattes de toutes variétés sont nombreuses! Récemment, dans un seul bâtiment de caserne qui venait d'être nettoyé, les Russes en ont, paraît-il, récolté un bon demi-million! On les trouve partout, dans les appartements, les caves, les entrepôts; les bateaux et les ports en sont particulièrement infestés.

c'est dire si: ça montre combien

bâtiment (m.): **de caserne** (f.): (military) barrack

entrepôt (m.): warehouse

Décidé à nous enterrer

Le cancrelat n'est jamais las. Jamais las de zigzaguer, jamais las d'être toujours là, depuis trois cent cinquante millions d'années qu'il existe, tel quel, offrant toujours l'aspect qu'il avait au moment de ses lointaines origines.

las: fatigué

Le moins qu'on puisse dire, c'est qu'il a droit à notre respect. Lorsque parurent sur terre les reptiles de toutes dimensions qui devaient dominer l'ère secondaire, il était là pour les saluer, suivre leur carrière d'un oeil critique et les accompagner au cimetière. Il était encore là pour voir naître et triompher les mammifères, toujours là pour accueillir l'homme, se montrant aussi à l'aise parmi les sables sahariens que dans le Grand Nord, bien décidé à nous enterrer comme il a enterré les autres.

Cette résistance à toute épreuve, jointe à ses facultés de reproduction accélérée, font du cancrelat un sujet de laboratoire rêvé, bien que, sur ce point, on ne lui ait jamais demandé son avis. Il sert à toutes sortes de recherches médicales. On peut même l'équiper d'électrodes et l'expédier dans le Cosmos pour voir ce qu'il dira. Revers de la médaille: ces qualités exceptionnelles rendent bien incertaines les chances qu'on peut avoir de se débarrasser de son encombrante petite personne. Il finit

revers (m.) **de la médaille:** the other side of the coin

se débarrasser (de): to get rid of

porter le deuil:*to mourn*

même par s'adapter plus ou moins aux insecticides de toutes sortes qu'on invente à son intention, et fait naître des générations nouvelles capables de leur résister. En somme, il faut se résigner d'avance. Lorsque l'homme disparaîtra de la planète, le cancrelat sera toujours là pour porter son deuil!

Maurice Quayne, *Lectures pour tous*, Janv. 1972.

Exploitation du texte

I Répondez aux questions suivantes.

1. Est-ce qu'il est facile de se débarrasser des cancrelats? Pourquoi?
2. Donnez un ou deux exemples montrant que le cancrelat possède toujours une très grande vitalité.
3. Pourquoi est-ce que le cancrelat ne se sert pas de ses ailes?
4. Décrivez les traits physiques du cancrelat.
5. Faites une liste des aliments variés dont peuvent se nourrir les blattes.
6. Quel changement d'attitude s'est produit chez les soldats pendant la guerre de Corée? Pourquoi?
7. Qu'est-ce qui se passe lorsque vient la saison des amours?
8. Est-ce que la femelle semble beaucoup s'intéresser à ses petits? Expliquez.
9. Pourquoi le nombre de blattes est-il si élevé?
10. Pourquoi l'auteur écrit-il que le cancrelat "a droit à notre respect"?
11. Le cancrelat est utilisé pour diverses recherches. Lesquelles? Pourquoi?
12. Trouvez plusieurs éléments qui rendent ce texte amusant.

*II " . . . il est capable de résister à des doses de radiation . . . "
(phonétique: prononciation de quelques consonnes écrites)

Rappel:

Certains mots qui s'écrivent presque de la même manière en anglais en en français ont des consonnes bien distinctes dans ces deux langues. Ainsi *dose* se prononce avec un [s] en anglais et un [z] en français. Parfois, une consonne qui se prononce dans une langue ne se prononce pas dans l'autre: *psychiatre* se prononce avec un [p] initial en français; par contre, dans *sculpture* on ne prononce pas le [p].

Lisez les phrases suivantes. Attention, certaines consonnes se prononcent parfois de la même manière dans les deux langues!

1. Je ne prends jamais ni dessert ni alcool.
2. Il lui manque des bases en mathématiques pour devenir architecte, mais il pourrait devenir archéologue ou chimiste.
3. J'ai observé son comportement: son état psychique est lamentable. On devrait l'envoyer chez le psychiatre.
4. Je pense que l'anarchie est un concept politique absurde: on ne peut pas vivre dans le chaos.
5. L'orchestre a joué une symphonie de Mozart, mais le rythme était mauvais. Les musiciens jouaient comme des robots.
6. En tout cas, je ne compte plus suivre de cours de psychologie. Je n'ai aucune aptitude pour cette science.
7. C'est exact. Les jurés ont trouvé que l'accusé avait un comportement suspect. Ils l'ont donc condamné.
8. D'après notre système hiérarchique, il faut faire preuve de respect envers ses supérieurs.

III *"Un cancrelat . . . est capable de se passer complètement de nourriture . . . "*
   (verbes pronominaux)

Complétez les phrases suivantes en utilisant l'un des verbes de la colonne de droite au temps voulu. Attention aux accords!

1. Elles _____ à notre table et ont commencé à manger.
2. Je _____ toujours lorsque je dîne chez eux.
3. Le ventre de la dame _____ au bout d'un certain temps.
4. Tous les matins tu _____ près des navires.
5. Nous _____ ce qui peut venir à bout d'un cancrelat.
6. Beaucoup de choses _____ depuis notre départ.
7. Ils _____ tellement qu'ils ne pouvaient pas passer un jour séparés.
8. Vous _____ supérieur aux autres mais vous ne l'êtes pas.
9. Les cancrelats arrivent à _____ n'importe où.
10. Le mâle et la femelle _____ à reculons.

s'arrondir
se demander
s'asseoir
se régaler
se produire
se promener
s'estimer
se joindre
s'aimer
se glisser

IV "Un cancrelat qui se respecte est capable de se passer de
    nourriture . . ."
    (divers emplois des verbes pronominaux)

Rappel:
    Il est fréquent de penser que les verbes pronominaux sont des
    verbes pour lesquels l'action est réfléchie ou réciproque.
        Exemple: Il se regarde dans le miroir.
                Philippe et Colette se voient souvent.

    Mais il existe d'autres emplois des verbes pronominaux qu'il
    est important de connaître.

A. Le verbe pronominal a un sens différent du verbe non
    pronominal correspondant.
        Exemples: Nous avons passé une semaine à Edmonton.
                Nous n'avons plus de beurre. Tant pis! Nous
                nous en passerons.
                L'action se passe en Chine.

    *Complétez les phrases suivantes en utilisant le verbe qui
    convient à la forme voulue.*
    1. (passer; se passer; se passer de)
        a) Le cancrelat peut_____ liquide pendant cinq mois.
        b) Rien d'intéressant ne _____(*passé composé*) depuis
           ton départ.
        c) Ils_____ nous voir demain.
    2. (agir; il s'agit de)
        a) Ils _____(*présent*) toujours sans réfléchir.
        b) Dans ce livre,_____ une belle infirmière qui tombe
           amoureuse d'un beau médecin.
    3. (entendre; s'entendre)
        a) Parle plus fort: il (ne pas)_____bien.
        b) Comme ils (ne pas) _____ du tout, ils ont décidé de
           divorcer.
    4. (attendre; s'attendre à)
        a) Tiens! Je (ne pas)_____(*imparfait*) à vous trouver ici.
        b) Nous les_____(*passé composé*) pendant deux
           heures.
    5. (douter; se douter de)
        a) Agissons vite pendant qu'il ne _____ rien.
        b) Je_____qu'il vienne. Il n'avait pas l'air décidé.

6. (servir; se servir de)
   a) Ils nous _____ (*passé composé*) des escargots à l'ail. C'était délicieux.
   b) Est-ce que tu _____ un dictionnaire quand tu écris en français?
7. (aller; s'en aller)
   a) Il est tard. Je dois _____ tout de suite.
   b) Nous _____ (*futur*) au cinéma dimanche.
8. (mettre; se mettre à)
   a) Pour aller au théâtre, elle _____ (*passé composé*) sa plus jolie robe.
   b) En entendant cela, ils _____ (*passé composé*) à rire.
9. (faire; se faire à)
   a) Mes parents comptent retourner en Italie. Ils (ne pas) _____ la vie au Canada.
   b) Qu'est-ce que tes parents _____ (*imparfait*) au Canada?

B. Le pronom est obligatoire. La forme non pronominale n'existe pas.

> *Exemple:* Elle s'est évanouie quand elle a appris qu'elle avait gagné cent mille dollars.

Traduisez en français.
1. The tiger got away.
2. Hurry up! We're late.
3. The birds flew away.
4. You should not make fun of them.
5. He'll be sorry one day.

C. Le verbe pronominal remplace la forme avec *on* ou la forme passive anglaise.

> *Exemples:* On apprend le français difficilement.
> Le français s'apprend difficilement.
>
> Il est fou. On le voit.
> Il est fou. Ça se voit.

Transformez les phrases suivantes pour utiliser un verbe pronominal.
1. Il ne veut pas le quitter. *On le comprend.*
2. Voyons! Des gros mots, *on ne les dit pas* en public!
3. En France *on vend du* vin dans toutes les épiceries.
4. *On peut faire* ce gâteau au beurre ou à l'huile.

42

5. Traîter ses parents comme ça, *on n'a jamais vu ça!*
6. En français, *on ne prononce pas* la plupart des consonnes finales.
7. *On écrit* "dîner" avec un *n* en français et deux *n* en anglais. C'est idiot!
8. Mettre ses doigts dans le nez, *on ne fait pas ça.*
9. *On ne peut pas expliquer* sa passion pour les animaux.
10. Des gens comme nous, *on n'en trouve pas* souvent.

V "Certains . . . n'hésiteraient pas à se nourrir d'allumettes."
(à / de)

Complétez les phrases suivantes en mettant les verbes entre parenthèses au temps voulu, et en ajoutant les prépositions.
    Modèle: Demain nous (s'efforcer) tuer tous les cancrelats qui sont dans l'entrepôt.

Commencez:

1. Demain nous (s'efforcer_____) tuer tous les cancrelats qui sont dans l'entrepôt.
2. Quand nous nous sommes approchés, le cheval (se mettre _____) galoper.
3. Est-ce que vous pouvez (se passer_____) nourriture pendant longtemps?
4. Pendant huit jours il (se nourrir_____) racines.
5. Quelquefois les gros insectes (s'attaquer_____) petits insectes.
6. Tu (se moquer_____) planning familial et maintenant tu le regrettes.
7. Si vous (s'attendre_____) des débordements effrénés, vous serez déçu.
8. Tous les oiseaux (se servir_____) leurs ailes pour voler.
9. Quand ils ont vu ces sacs pleins de cancrelats, ils (se hâter _____) les jeter à l'eau.
10. Je (s'en remettre__) vous.

VI (mots de la même famille)

En vous aidant du texte, complétez les phrases suivantes en utilisant un mot de la même famille que le mot entre parenthèses.

1. (courir) Les épreuves de _____ à pied sont épuisantes.
2. (gel) A peine _____ il se sauve à toute vitesse.
3. (tache) Il faut que j'aille acheter du _____ .
4. (insecte) Il résiste aux _____ les plus puissants.
5. (effort) L'oiseau _____ de voler, mais ne réussissait pas.
6. (naître) Les enfants sont abandonnés dès leur _____ .
7. (plat) On ne peut pas les écraser car ils _____ sous la semelle.
8. (loin) Le cancrelat se rappelle ses _____ origines.

VII (contraires)

Transformez les phrases suivantes en remplaçant les mots ou expressions en italique par leur contraire (que vous trouverez dans le texte).
1. Il *est mort* l'année dernière.
2. Les sacs étaient pleins *au départ*.
3. Il faudrait *dégeler* la viande.
4. Vu de *loin* cet insecte paraît beau.
5. Les hommes étaient *bien* ravitaillés.
6. Je l'ai vu *apparaître* sous la porte.
7. La *première* semaine nous ne les mangions pas.
8. On pourrait s'attendre à des débordements *modérés*.

VIII ''Sitôt dégelé, il redémarre.''
(le mouvement; l'action de manger)

Trouvez dans le texte:
A. *toutes les expressions qui expriment un mouvement.*
     Exemples: Il *redémarre* aussitôt.
              On peut l'*écraser* du pied, etc.

B. *toutes les expressions qui expriment l'action de manger.*
     Exemples: il *s'empiffre* de peinture.
              il n'a rien à *se mettre sous la dent.*

Expliquez chacune de ces expressions, puis mettez-les dans des phrases.

IX (synonymes avec sens plus fort)

Dans les phrases suivantes remplacez les mots ou expressions en italique par des mots ou expressions exprimant la même idée avec plus de force.

1. Je suis fatigué. J'ai *couru* toute la journée.
2. Elle a tellement faim qu'elle *mange* tout ce qu'on lui donne.
3. Les hommes *avaient faim*.
4. Cet effort l'a *beaucoup fatiguée*.
5. Le transport de l'oothèque *demande* beaucoup d'efforts.
6. Il faut *accepter* le fait que le cancrelat est increvable.

X (traduction: français / anglais)

Traduisez en anglais.

1. On peut évidemment essayer de l'écraser du pied, mais cet individu, pourtant singulièrement plat de naissance, trouve le moyen de s'aplatir davantage sous la semelle.
2. La blatte est pourvue d'ailes normalement constituées, mais elle s'estime tellement douée sous le rapport de la vitesse sur pattes, qu'elle ne les sort jamais de leur étui.
3. Il en est qui servent de détachant en dégustant les taches de gras sur les vêtements, d'autres qui envahissent les bouteilles ayant contenu de l'huile, s'empiffrent de peinture et vont même jusqu'à coloniser les téléviseurs.

*XI *Répondez aux questions suivantes en utilisant les indications données et en imitant le mieux possible la réponse que vous entendrez.*

1. Est-ce que la soif peut venir à bout d'un cancrelat?
   Non / il / pouvoir / rester / cinq mois / liquide / à condition / quelque chose / se mettre / dent.
2. Le cancrelat est-il plus robuste que l'homme?
   Oui / capable / supporter / taux / accélération / dix / supérieur / celui / pouvoir / endurer / homme.
3. Est-ce qu'il existe une seule variété de cancrelat?
   Non / il / exister / 3,500 / variété / tailles / couleurs / qui / galoper / travers / monde.
4. Est-ce que la blatte a bon appétit?
   Moins / pouvoir / dire / c'est / elle / posséder / appétit / solide / éclectique / car / capable / dévorer / tout / tomber / portée.
5. Qu'est-ce que les GIs faisaient des cancrelats au bout d'un certain temps?
   Dernier / semaine / rattraper / se sauver / remettre / nourriture.
6. Qu'est-ce que c'est que l'oothèque?

Etre / sac / mère / entreposer / oeufs / et / trimbaler / partout.

7. A quoi ressemble l'oothèque quand elle a été abandonnée?
Prend / brune / on / dire / café / diviser / intérieurement / partie / égal.

8. Est-ce que le cancrelat est un bon sujet de laboratoire?
Oui / résistance / épreuve / faire / sujet / rêvé / bien que / ce point / ne pas demander / avis.

Compositions orales

1. *(Cette scène se passe pendant l'hiver en Corée. John est là depuis quelques mois. David vient d'arriver.)*

John: Etre / heure / dîner. / Venir / manger / moi?
David: plaisir.
John: Où / venir?
David: petite / ville / Floride.
(Quelques minutes plus tard, à table, devant leur assiette de soupe.)
John: Ce / être / eau / pas / soupe! / Où / légumes? / viande?
David: Tu / raison / vraiment / pas bon.
John: Nous / pourtant / besoin / énergie!
David: Oh! / Dieu! / cancrelat / ma / soupe!
John: Vite / attraper!
David: Tu / fou? / Envie / vomir!
John: *(Il rattrape le cancrelat et le plonge dans sa soupe.)*
Enfin / protéines!
David: Plus / faim.
John: Mais / plus / cancrelat / soupe! / Tu / plus / bête / penser! / petit / insecte! / pas / insecte / Floride?
David: Si / pas / soupe.
John: Ecoute! / manger soupe. / Tu / regretter / pas beaucoup / manger.
David: Pas pouvoir. / Envie / vomir.
John: Moi aussi / dégouté / avant. / Après / manger / cancrelats / être / dans / soupe. / Maintenant / je / courir / cancrelats / pour / manger / bonnes / protéines./ Tout / monde / faire / moi.   / Toi aussi / tu / voir (*futur*). / Maintenant / faire / effort. / guerre / dure!
David: Ça / ne rien faire. / Peut-être / demain / je / plus / habitué. / Maintenant / impossible.

John: Alors / donner / soupe!

David: plaisir! / "Home / home." / Où / bons / hamburgers / MacDonald's?

2. L'utilisation des insecticides telle qu'on la conçoit aujourd'hui vous semble-t-elle justifiée? Discutez ce problème sous forme de débat.

Mots croisés

	1	2	3	4	5	6	7
I							
II					■		
III					■	■	
IV				■			■
V						■	
VI				■			
VII		■	■			■	

Horizontalement

I. Animal à deux bosses.

II. Capitale européenne créée par Romulus—Métal précieux.

III. Les chiens et les chats ne sont pas_____.

IV. Il faut savoir les règles de grammaire_____coeur. La première femme.

V. Terre qu'on peut cultiver.

VI. Lettres dans "deuil"—Savoir dessiner est un_____.

VII. C'est par lui qu'on commence à compter.

Verticalement

1. Animal laid qui ressemble à une grenouille.

2. Animal à pinces, très cher au restaurant.

3. Officier du grade le plus élevé dans la marine.

4. Ils sont à moi.

5. Grand cerf qu'on appelle orignal au Canada.

6. Voyelles de "alors".—Animal souvent utilisé pour prendre des poissons.

7. Vase à flancs arrondis—Pronom objet.

Naissance de la première meute de loups

(légende indienne)

Contenu linguistique

Il y a bien des centaines et des milliers d'années auparavant, ma forêt n'était habitée que par les bêtes. L'homme n'y était pas encore venu. Si les bêtes avaient des ennemis aucun n'était ce bipède imprévisible, hypocrite et inventif qui vint par la suite.

Cette absence de l'homme ne rendait pas la forêt plus sûre pour les espèces animales. Chacune avait quand même son destin ordonné.

Ce fut ainsi que les loups s'unirent en meutes, une année de disette où les proies faciles avaient été décimées trop rapidement.

sûr: *safe, secure*

meute *(f.):* *pack*

disette *(f.):* manque de nourriture

proie *(f.): prey*

décimer: faire mourir

48

porc-épic (m.): porcupine

orignal (m.): moose

grève (f.): shore

dans les parages (m. pl.): dans les environs

taillis (m.): thick bushes

sabot (m.): hoof (of horse, etc.)

carotide (f.): artère qui conduit le sang du coeur à la tête

s'agripper: saisir en serrant, s'accrocher

hurler: to howl

bondir: to leap

des alentours (m. pl.): des environs

Le premier *pack*, affirment nos chants, fut organisé dans les environs du lac Kakush, le lac des Porcs-Epics. Huala, un jeune loup très habile et très intelligent, vit un jour un orignal de grande taille qui buvait le long de la grève. Huala avait faim. Et il savait que d'autres loups dans les parages avaient faim aussi. Caché dans un buisson il flaira longtemps l'odeur, observa la bête, calcula ses chances.

Mais Huala était intelligent et à sa bravoure il joignait la sagesse. Voyant que l'orignal allait repartir et se perdre dans les grands taillis, il eut soudain l'idée d'appeler d'autres loups à son aide. Mais comment faire? Huala ne connaissait qu'un appel portant assez loin, c'était celui du mâle appelant la femelle. Appel de printemps, qui étonnerait sûrement toutes les louves dans les parages et qui intriguerait les mâles.

L'orignal s'agitait. Dans quelques instants il repartirait. Huala se sentait impuissant à attaquer cette bête énorme qui pouvait l'écraser à coups de sabots. Et si le loup s'élançait vers la carotide de la bête, s'y agrippait et tenait bon, l'animal saignant à mort en secouant son grand cou puissant pouvait assommer Huala contre les pierres ou contre les troncs d'arbres.

Non, il fallait de l'aide, il fallait que tous les loups viennent. Désespérément, Huala se mit à hurler. L'orignal bondit aussitôt vers la forêt, mais Huala, hurlant toujours, partit à sa poursuite.

Il n'y eut d'abord dans la forêt, aux hurlements du loup, qu'un silence étonné. Toutes les bêtes s'étaient tues, écoutant cet appel que personne n'aurait cru entendre un jour d'octobre.

Puis, très loin, une femelle dialogua. Huala reconnut la voix d'une toute jeune louve, une voix un peu timide qui interrogeait plus qu'elle ne répondait.

Mais ce premier chant rituel qui devait maintenant devenir traditionnel provoqua chez d'autres louves des alentours la même curiosité. Bientôt, la voix des mâles interrogea aussi. Et soudain ce fut un concert. Sur tous les sommets, au fond de toutes les vallées, une trentaine de loups entreprirent une longue discussion avec Huala. Pendant ce temps le jeune loup poursuivait toujours l'orignal.

L'une des bêtes comprit-elle ce que voulait Huala? Un instinct anima-t-il les loups? La légende ne le dit pas. Il est une seule chose dont nous sommes sûrs: les loups et les louves vinrent à l'appel d'Huala. Bientôt, ils couraient tous à ses côtés et ce n'était pas un loup seulement qui poursuivait le grand orignal,

Meute de loups.

mais une meute entière, affamée, féroce qui se hâtait désormais en silence . . . Huala avait pris la tête du *pack*.

L'orignal fut atteint au bord d'un autre lac. La meute entière se rua sur lui. Il ne resta, la faim assouvie, que quelques ossements dispersés sur la grève.

Quand le *pack* eut dormi Huala lui tint à peu près ce langage:

— Vous aviez faim, je vous ai appelés et vous avez mangé. Si vous voulez, ce sera ainsi chaque nuit.

Les louves, admiratrices, fixaient leurs grands yeux sur ce jeune mâle à la belle assurance. Les loups plus vieux que Huala, ou moins audacieux, tinrent conseil. Il y eut des dissidences. Un vieux loup se sépara de la nouvelle meute et s'en alla solitaire et mécontent.

— Je serai votre chef, dit Huala, jusqu'au jour où je ne pourrai plus découvrir de gibier pour vous.

Ainsi naissait la première meute . . .

Huala, selon la légende, fut le premier loup-chef de la première meute, dont les exploits sont chantés dans les langues indiennes et qui a inspiré tant de jeunes braves de la race rouge.

Plus tard, quand les premiers hommes à la peau cuivrée sont apparus en forêt, d'autres meutes de loups se formèrent. Il y eut des centaines de *packs* qui chassèrent dans toute la forêt du

affamé: qui souffre de la faim

se ruer: *to rush, to jump*

assouvir: *to satisfy one's hunger*

ossements *(m. pl.):* bones

gibier *(m.): game*

cuivré: bronzé

se blottir: se mettre
à l'abri, en sûreté

nord. Mais il y eut aussi les *packs* d'hommes, un jeune chef à leur tête, tout comme les loups. Et les bêtes cachées, blotties pour ne pas être tuées, se demandèrent souvent lequel des deux *packs* était le plus cruel, celui des loups ou celui des hommes.

Yves Thériault, *Ashini,* Fides, 1961.

Exploitation du texte

I Répondez aux questions suivantes.
1. Quand se passe cette légende?
2. Qui était Huala et quelles qualités est-ce qu'il possédait?
3. Où et comment est-ce que Huala a rencontré l'orignal?
4. Pourquoi est-ce que Huala a appelé les autres loups?
5. Quel effet l'appel de Huala aurait-il sur les loups et les louves? Expliquez.
6. Est-ce que Huala aurait pu attaquer tout seul l'orignal? Développez.
7. Qu'est-ce que Huala a fait lorsque l'orignal est parti dans la forêt?
8. Quelle a été la première réaction des bêtes quand elles ont entendu le cri de Huala? Qu'est-ce qui s'est passé ensuite? Développez.
9. Où et comment a eu lieu la mort de l'orignal?
10. Comment Huala est-il devenu le chef de la meute?
11. Est-ce que Huala devait rester le chef jusqu'à sa mort?
12. Qu'est-ce qui s'est passé lorsque les hommes sont venus vivre en forêt?

II "Il n'y eut d'abord . . . aux hurlements du loup . . . "
   (phonétique: h aspiré / h muet)

Rappel:

La consonne écrite *h* ne se prononce jamais en français standard. Dans la plupart des cas, tout se passe comme si le *h* n'existait pas. On dit alors, fréquemment, que le *h* est muet. On met *l', cet, bel*, etc. et on fait la liaison comme pour n'importe quel mot commençant par une voyelle.

Exemples: cet͜ homme; nous͜ habitons; un *bel͜* hiver.

Dans d'autres cas, bien qu'on ne prononce pas le *h* écrit, on ne fait pas la liaison et on utilise *le, ce, beau,* etc. comme si le mot commençait par une consonne. On dit alors que le *h* est *aspiré.* (Au Canada français, on entend parfois le *h* aspiré.)

Exemples: les / héros; en / haut; un *vieux* / Hollandais.

A. h muet

Lisez à haute voix les phrases suivantes. Faites les changements nécessaires.

1. Est-ce que tu aimes (la) histoire?
2. Nous connaissons beaucoup (de) honnêtes gens qui sont très heureux.
3. Jules est un (beau) homme.
4. Regarde ce (vieux) hippopotame couché sur (la) herbe!
5. (Je) hésite. Je ne sais pas encore où (je) habiterai (ce) hiver.
6. Je trouve que (la) héroïne de ce roman se (habille) drôlement et qu'elle a trop (de) habitudes curieuses.

B. h aspiré

Lisez à haute voix les phrases suivantes.

1. Prête-moi ta hache pour que je coupe du bois.
2. Le Premier Ministre n'est pas à la hauteur de la situation. C'est honteux!
3. Vous haïssez le homard? C'est curieux. Moi, j'adore ça.
4. Nous avons eu des haricots verts après les hors-d'oeuvre.
5. Les héros se moquent de la hiérarchie sociale.
6. Dans notre immeuble, il y a des Hollandais en haut et des Hongrois en bas.

*III (phonétique: h aspiré / h muet)

Lisez à haute voix les phrases suivantes.

1. Ma forêt n'était habitée que par les bêtes.
2. Les hommes sont hypocrites et inventifs.
3. Huala, le héros de cette légende, est un loup très habile.
4. Huala partit à la poursuite de l'orignal en hurlant.
5. Il n'y eut d'abord dans la forêt, aux hurlements du loup, qu'un silence étonné.
6. La meute affamée se hâtait en silence.

IV ''La meute entière se rua sur lui.''
   (verbes pronominaux)

   Complétez les phrases suivantes à l'aide d'un verbe pris dans
   la colonne de droite. Attention aux temps des verbes et aux
   accords des participes passés.
   1. Ils _____ car ils étaient en retard.
   2. La meute _____ à manger l'orignal après l'avoir tué.
   3. Tu as tellement travaillé que tu dois _____ fatigué.
   4. Je _____ s'il reviendra nous voir.
   5. Toutes les rues se ressemblent et nous _____ toujours.
   6. Elles sont parties seules et elles _____ à nous à Québec.
   7. J'ai entendu dire que vous _____ de votre mari bientôt.
   8. A chaque fois que je vais chez eux leur chien _____ sur
      moi.
   9. La petite fille avait tellement peur qu'elle _____ au bras de
      son père.
   10. Tout d'un coup les voix _____ _____ .

se taire
s'élancer
se sentir
se hâter
se joindre
se séparer
se mettre
se perdre
se demander
s'agripper

*V ''L'homme n'y était pas encore venu.''
   (plus-que-parfait)

   Mettez ''Avant cette époque'' devant les phrases suivantes, en
   faisant tous les changements nécessaires.
        Modèle: L'homme n'y vient pas encore.
                 Avant cette époque, l'homme n'y était pas
                 encore venu.

   Commencez:
   1. L'homme ne vient pas encore.
   2. Les loups s'unissent en meute.
   3. Huala se sent impuissant à attaquer cette bête.
   4. Les loups n'entendent pas ce hurlement.
   5. Les loups entreprennent une longue discussion avec Huala.
   6. Ils courent à ses côtés.
   7. Huala prend la tête du *pack*.
   8. Les vieux loups tiennent conseil.

VI (expressions synonymiques)

   Remplacez les mots en italique par des expressions prises
   dans le texte.

1. Il savait que d'autres loups *dans les environs* avaient faim aussi.
2. Il savait que son appel *étonnerait* les mâles.
3. Cette bête *très grande* pouvait l'écraser.
4. Si le loup *se jetait sur* la carotide de l'animal et s'y *accrochait*, l'animal pouvait l'assommer.
5. Huala se mit à *crier de toutes ses forces.*
6. Cet appel provoqua chez d'autres louves *des environs* la même curiosité.
7. Une trentaine de loups *ont commencé* une longue discussion avec Huala.
8. Le jeune loup *courait derrière* l'orignal.
9. La faim *satisfaite*, il ne resta que quelques *os*.
10. Ce sera *comme cela* chaque nuit.

VII (les animaux dans la langue)

Rappel:

Il est fréquent dans une langue d'emprunter des mots de la vie courante pour former de nouvelles expressions qui perdent souvent le sens des mots d'origine. Les noms d'animaux ont constitué une des sources les plus riches dans l'élaboration d'expressions nouvelles.

> *Exemples:* J'ai une faim de *loup.*
> Il faut hurler avec les loups.

Complétez les phrases suivantes en utilisant des noms d'animaux. (Ces expressions s'utilisent aussi bien en France qu'au Canada.)

1. La salle était déserte. Il n'y avait pas un _____.
2. Il faisait un froid de _____.
3. La classe était si tranquille qu'on entendait les _____ voler.
4. Il n'a pas de suite dans les idées. Il saute toujours du _____ à _____.
5. Taisez-vous, nom d'un _____!
6. Non, je ne veux pas jouer avec toi. J'ai d'autres _____ à _____.
7. Il est d'une drôle d'humeur. Je me demande quelle _____ l'a piqué!
8. Cette femme dit toujours du mal des gens. C'est une langue de _____.

Suggestions:
un chien
un chat
un loup
une vache
un coq
un âne
un canard
une poule
une mouche
une vipère

9. Le voleur est entré dans la chambre à pas de _____.

10. Ils se détestent. Ils sont toujours comme _____ et _____.

VIII (les animaux dans la langue canadienne-française)

Complétez chacune des phrases de la section A en utilisant une expression de la section B. Les phrases obtenues s'utilisent surtout au Canada.

A.

1. Cesse de bouder. Pourquoi fais-tu _____?
2. Impossible de se débarrasser de ce vendeur. C'est _____.
3. Jacques est achalant comme _____.
4. Elle va à toutes les messes. C'est _____.
5. _____, mais il va se venger.
6. Il est écornifleux comme _____.
7. Il fait si froid que j'ai _____.
8. Il a très mauvais caractère. _____.

B.

1. un vrai rat d'église
2. une mouche à marde (merde)
3. la face de boeuf
4. il est souvent en bebite
5. une belette
6. la bebite aux doigts
7. une vraie teigne
8. il s'est fait faire un coup de cochon

IX (les animaux dans la langue: anglais / français)

Rappel:

Les expressions contenant des noms d'animaux sont fréquentes en français et en anglais, mais on ne se réfère pas toujours au même animal.

Traduisez les phrases suivantes.

1. She was shedding crocodile tears.
2. It is so cold that I have goose pimples.
3. Don't put the cart before the horse.
4. He is the black sheep of the family.
5. We always look for a scapegoat.
6. He is gentle as a lamb.

7. It is a hundred miles from here, as the crow flies.
8. What a chicken! Everything scares him.
9. He'll give me a present when pigs have wings.
10. What an ass!

X "L'orignal bondit aussitôt vers la forêt . . . "
   (mouvement et bruit)

   Trouvez dans le texte:
   A. toutes les expressions qui expriment un mouvement.
         Exemple: "ils couraient tous à ses côtés . . . "

   B. toutes les expressions qui expriment un bruit:
         Exemple: "Huala ne connaissait qu'un appel portant
                   assez loin . . . "
   Mettez ces expressions dans des phrases.

XI (quelques contraires)

   En vous aidant du texte, donnez le contraire des mots ou
   expressions en italique.
   1. Cet homme a beaucoup d'amis.
   2. La mort de l'orignal était prévisible.
   3. Vous avez toujours l'air content.
   4. Je voudrais qu'il m'interroge.
   5. C'était une jeune louve.
   6. Il parle tout le temps.
   7. Ainsi mourait le premier chef.
   8. Votre fille est très timide.

XII (mots de la même famille)

   En vous aidant du texte, complétez les phrases suivantes en
   utilisant des mots de la même famille que les mots entre
   parenthèses.
   1. (mille) Ce monument a été construit il y a des _____ d'an-
      nées.
   2. (prévoir) L'homme est un animal_____ .
   3. (brave) La _____ de Huala était exceptionnelle.
   4. (appeler) Les louves ont été intriguées par l'_____ de
      Huala.
   5. (poursuivre) Huala est parti à ___ ___ de l'orignal.
   6. (hurler) On a entendu dans la forêt les _____du loup.
   7. (curieux) Ce cri a éveillé ___ ___des autres loups.

56

8. (prendre) Les loups ____ ____ (*passé composé*) une longue discussion avec Huala.
9. (faim) La meute _____ se hâtait en silence.
10. (audace) Les louves _____ fixaient leurs grands yeux sur Huala.

XIII Répondez aux questions suivantes en utilisant les indications données et en imitant le mieux possible la réponse que vous entendrez.

1. Est-ce que les loups avaient des ennemis?
   Si / ennemi / aucun / être / bipède / hypocrite / homme.
2. Quand est-ce que les loups se sont unis en meutes?
   Ils / s'unir / meute / année / disette / proies / faciles / décimé / rapidement.
3. Qu'est-ce que le loup a vu?
   Il / voir / orignal / taille / boire / long / grève.
4. Qu'est-ce que le loup a fait?
   Caché / buisson / flairer / odeur / observer / bête / calculer / chances.
5. Pourquoi est-ce que le loup n'a pas hurlé?
   Il / savoir / appel / étonner / louves / parages / intriguer / mâles.
6. Pourquoi est-ce que Huala n'a pas attaqué l'orignal?
   Se sentir / impuissant / attaquer / bête / qui / pouvoir / écraser / coup / sabots.
7. Quel effet a produit l'appel d'Huala?
   Il / avoir / d'abord / que / silence. / Toutes / bêtes / se taire / écouter / appel / personne / croire / entendre / jour / octobre.
8. Qui est Huala?
   Selon / légende / Huala / premier / loup-chef / premier / meute / exploits / chantés / langues / indiennes.

Composition orale

''Les bêtes se demandèrent lequel des deux *packs* était le plus cruel, celui des loups ou celui des hommes.''
Discutez cette citation sous forme de débat.

Composition écrite

Selon cette légende, l'homme est un ''bipède imprévisible, hypocrite et inventif''. Qu'en pensez-vous?

Testez vos connaissances en zoologie

1. Le rhinocéros est:
   a) carnivore
   b) herbivore
   c) omnivore.

2. La girafe a des taches:
   a) partout, sauf sur les oreilles et les pattes
   b) jusqu'au genou
   c) partout.

3. Combien de liquide est-ce que la trompe de l'éléphant peut contenir?
   a) trois à quatre litres
   b) près de quinze litres
   c) six à huit litres.

4. Comment se comparent les poids du rhinocéros et de l'éléphant?
   a) l'éléphant est plus lourd
   b) ils sont pareils
   c) ça dépend des variétés.

5. La panthère mange les chiens, les moutons, les chèvres, les porcs, les poules, les antilopes et les oiseaux, mais pas . . .
   a) d'hommes
   b) de singes
   c) de zèbres.

6. Comment est-ce que l'éléphant dort?
   a) assis
   b) couché à l'ombre
   c) debout.

7. L'éléphant dort . . .
   a) deux à quatre heures
   b) huit à douze heures
   c) quand il peut.

8. L'hippopotame sort de l'eau la nuit . . .
   a) parce qu'il ne veut pas être vu
   b) parce qu'il ne supporte pas le soleil
   c) pour mieux attraper les animaux.

9. Que font les ours blancs en hiver?
     a) ils hibernent tous dans un profond terrier
     b) les femelles hibernent et les mâles émigrent vers le sud
     c) les mâles hibernent et les femelles émigrent vers le sud
       avec leurs petits.

10. Le guépard *(cheetah)*, qui est l'animal le plus rapide du
    monde, peut atteindre, sur une courte distance . . .
     a) 100 kilomètres à l'heure
     b) trente-cinq kilomètres à l'heure
     c) soixante kilomètres à l'heure.

Jacqueline Nemni

Le corbeau et le renard

Maître Corbeau sur un arbre perché,
Tenait en son bec un fromage;
Maître Renard, par l'odeur alléché,
Lui tint à peu près ce langage:
"Hé! bonjour, monsieur du Corbeau,
Que vous êtes joli! que vous me semblez beau!
Sans mentir, si votre ramage
Se rapporte à votre plumage,
Vous êtes le phénix des hôtes de ces bois."
A ces mots, le Corbeau ne se sent pas de joie;
Et pour montrer sa belle voix,
Il ouvre un large bec, laisse tomber sa proie.
Le Renard s'en saisit, et dit: "Mon bon monsieur,
Apprenez que tout flatteur
Vit aux dépens de celui qui l'écoute:
Cette leçon vaut bien un fromage, sans doute."
Le Corbeau, honteux et confus,
Jura, mais un peu tard, qu'on ne l'y prendrait plus.

La Fontaine, (1621-1695) *Fables*, Livre I.

allécher: attirer, tenter

ramage (m.): langage, chant des oiseaux

se rapporter: aller avec, ressembler à

phénix (m.): personne unique en son genre

hôte (m.): (ici) habitant

ne pas se sentir de joie: être sur le point de s'évanouir de joie

proie (f.): *prey*

jurer: *to swear*

on ne l'y prendra plus: on ne le prendra plus au piège

Exploitation du texte

1. *Répondez aux questions suivantes.*
   a) Pourquoi le renard est-il venu parler au corbeau?
   b) Comment le renard arrive-t-il à son but?
   c) D'après le contexte, expliquez le sens de la phrase: "Apprenez que tout flatteur vit au dépens de celui qui l'écoute . . . "
   d) Pourquoi le corbeau est-il si honteux à la fin de la fable?

FABLES

CHOISIES,

MISES EN VERS

Par M. de la Fontaine.

A PARIS,

Chez DENYS THIERRY, ruë faint Jacques,
à l'Enfeigne de la Ville de Paris.

M. DC. LXVIII.

AVEC PRIVILEGE DV ROY.

Première page de l'édition des Fables *de 1668.*

2. Dans cette fable quels sont les traits de caractère attribués au renard et ceux attribués au corbeau?
3. Faites un bref résumé de la fable en n'employant que le style indirect.
4. Pourquoi selon vous l'auteur a-t-il utilisé le dialogue?
5. Quelles sont les sources du comique dans cette fable?
6. D'après vous cette fable (telle que l'a présentée l'auteur) est-elle morale?

A propos des Fables de La Fontaine

On fait apprendre les fables de La Fontaine à tous les enfants, et il n'y en a pas un seul qui les comprenne; et s'ils les comprenaient ce serait encore pire, car la morale en est tellement mêlée et si disproportionnée à leur âge qu'elle les conduirait plus au vice qu'à la vertu.

mêlé: mixed

Je dis qu'un enfant ne comprend pas les fables qu'on lui fait apprendre, parce que l'instruction qu'on en veut tirer force à y faire entrer des idées qu'il ne peut comprendre, et que le style même de la poésie lui rend plus difficiles à concevoir . . .

recueil (m.): volume comprenant des poèmes, nouvelles, etc.

Je ne connais dans tout le recueil de La Fontaine que cinq ou six fables où brille la naïveté puérile au plus haut degré: de ces cinq ou six je prends pour exemple la première de toutes parce que c'est celle dont la morale est celle que les enfants comprennent le mieux, celle qu'ils apprennent avec le plus de plaisir, enfin celle que pour cela même l'auteur a mise par préférence à la tête de son livre. En lui supposant réellement comme but d'être comprise des enfants, de leur plaire et de les instruire, cette fable est certainement son chef-d'oeuvre. Qu'on me permette donc de la suivre et de l'examiner en peu de mots.

puéril: *childlike*

chef-d'oeuvre (m.): *masterpiece*

Le corbeau et le renard
Fable

Maître Corbeau sur un arbre perché,
Maître! Que signifie ce mot en lui-même? Que signifie-t-il devant un nom propre? Quel sens a-t-il dans ce contexte? Qu'est-ce qu'un corbeau? Qu'est-ce qu'*un arbre perché*? l'on ne dit pas: *sur un arbre perché*; l'on dit: *perché sur un arbre*. Par consé-

quent il faut parler des inversions de la poésie; il faut dire ce que c'est que prose et que vers.

Tenait en son bec un fromage.

Quel fromage? Etait-ce un fromage de Suisse, de Brie, ou de Hollande? Si l'enfant n'a point vu de corbeaux, que gagnez-vous à lui en parler? S'il en a vu comment concevra-t-il qu'ils tiennent un fromage dans leur bec? Faisons toujours des images d'après nature.

ne . . . point:
ne . . . pas

Maître Renard par l'odeur alléché,

Encore un maître! Mais pour celui-ci c'est avec raison: il est maître des tours de son métier. Il faut dire ce que c'est qu'un Renard et distinguer son vrai naturel du caractère de convention qu'il a dans les fables.

tour *(m.): trick*

Alléché. Ce mot n'est pas utilisé. Il faut l'expliquer: il faut dire qu'on ne s'en sert plus qu'en vers. L'enfant demandera pourquoi l'on parle autrement en vers qu'en prose. Que lui répondrez-vous?

Alléché par l'odeur d'un fromage! Ce fromage tenu par un corbeau perché sur un arbre devait avoir beaucoup d'odeur pour être senti par le Renard dans un taillis ou dans son terrier! Est-ce ainsi que vous donnez à votre élève cet esprit de critique judicieuse qui sait discerner la vérité du mensonge dans les narrations d'autrui?

taillis *(m.): thick bush*
terrier *(m.): earth (of fox)*
discerner: différencier
autrui: les autres

Lui tint à peu près ce langage:

Ce langage! Les Renards parlent donc? Ils parlent donc la même langue que les corbeaux? Sage instituteur fais attention: pèse bien ta réponse avant de la faire. Elle est plus importante que tu ne le penses.

instituteur *(m.):* professeur à l'école primaire
peser: examiner avec attention

Eh! bonjour, monsieur du Corbeau!

Monsieur! titre que l'enfant voit ridiculiser, même avant qu'il sache que c'est un titre d'honneur. Ceux qui disent *Monsieur du Corbeau* auront beaucoup de difficulté à expliquer ce *du.*

Que vous êtes joli! que vous me semblez beau!

Redondance inutile. L'enfant voyant répéter la même chose en d'autres termes apprend à parler d'une manière peu précise. Si vous dites que cette redondance est un art de l'auteur et entre dans le dessein du Renard qui veut paraître multiplier les éloges avec les paroles, cette excuse sera bonne pour moi, mais non pour mon élève.

éloge *(m.):* compliment

Sans mentir, si votre ramage

Sans mentir! on ment donc quelquefois? Où en sera l'enfant, si vous lui apprenez que le Renard ne dit, *sans mentir,* que parce qu'il ment?

Se rapporte à votre plumage,

Se rapporte! Que signifie ce mot? Apprenez à l'enfant à comparer des qualités aussi différentes que la voix et le plumage; vous verrez comme il vous comprendra!

Vous êtes le phénix des hôtes de ces bois.

Le phénix! Qu'est-ce qu'un phénix? Nous voici tout à coup jetés dans la menteuse antiquité; presque dans la mythologie. *Les hôtes de ces bois!* Quel discours imagé! Le flatteur ennoblit son langage et lui donne plus de dignité pour le rendre plus séduisant. Un enfant comprendra-t-il cette finesse? Sait-il seulement, peut-il savoir ce que c'est qu'un style noble et un style bas?

A ces mots, le Corbeau ne se sent pas de joie;

Il faut avoir éprouvé déjà des passions bien vives pour sentir cette expression proverbiale.

éprouver: sentir, ressentir
vif: fort

Et pour montrer sa belle voix,

N'oubliez pas que pour comprendre ce vers et toute la fable, l'enfant doit savoir ce que c'est que la belle voix du corbeau.

Il ouvre un large bec, laisse tomber sa proie.

Ce vers est admirable par son harmonie. Je vois un grand vilain bec ouvert; j'entends tomber le fromage à travers les branches: mais ces sortes de beautés sont perdues pour les enfants.

Le Renard s'en saisit et dit: Mon bon monsieur,

Voilà donc déjà la bonté transformée en bêtise: assurément on ne perd pas de temps pour instruire les enfants.

bêtise *(f.): stupidity*

Apprenez que tout flatteur

Maxime générale; nous n'y sommes plus.

nous n'y sommes plus: *we don't follow any more*

Vit aux dépens de celui qui l'écoute.

Jamais enfant de dix ans ne comprit ce vers-là.

Cette leçon vaut bien un fromage, sans doute.

Ceci se comprend et la pensée est très bonne. Cependant il y a encore bien peu d'enfants qui sachent comparer une leçon à un fromage et qui ne préfèrent le fromage à la leçon. Il faut donc leur faire comprendre que ce propos n'est qu'une raillerie. Que de finesse pour des enfants.

Le Corbeau, honteux et confus,
  Autre pléonasme; mais celui-ci est inexcusable.

Jura, mais un peu tard, qu'on ne l'y prendrait plus.
  Jura! Quel est le maître sot qui ose expliquer à l'enfant ce que c'est qu'un serment?

Passons maintenant à la morale. Je demande si c'est à des enfants de six ans qu'il faut apprendre qu'il y a des hommes qui flattent et mentent pour leur profit? On pourrait tout au plus leur apprendre qu'il y a des railleurs qui se moquent des petits garçons, et de leur sotte vanité; mais le fromage gâte tout; on leur apprend moins à ne pas le laisser tomber de leur bec qu'à le faire tomber du bec d'un autre.

Suivez les enfants apprenant leurs fables, et vous verrez que quand ils sont en état d'en faire l'application ils en font presque toujours une contraire à l'intention de l'auteur, et qu'au lieu de corriger le défaut dont on veut les guérir, ils préfèrent le vice avec lequel on profite des défauts des autres. Dans cette fable les enfants se moquent du corbeau, mais ils sympathisent tous avec le Renard. On n'aime point s'humilier; ils prendront toujours le beau rôle, c'est le choix de l'amour-propre, c'est un choix très naturel. Or quelle horrible leçon pour l'enfance! . . .

Mais peut-être faut-il une morale en paroles et une en actions dans la société, et ces deux morales ne se ressemblent point. La première est dans le catéchisme où on la laisse; l'autre est dans les fables de La Fontaine pour les enfants.

Composons, Monsieur de La Fontaine. Je promets, moi, de vous lire, de vous aimer, de m'instruire dans vos fables; car j'espère ne pas me tromper sur leur objet. Mais pour mon élève, permettez que je ne le laisse pas en étudier une seule, jusqu'à ce que vous m'ayez prouvé qu'il est bon pour lui d'apprendre des choses dont il ne comprendra pas le quart.

Jean-Jacques Rousseau (1712:1778), *Emile*, Livre II.

Exploitation du texte

Répondez aux questions suivantes.

1. D'après Rousseau, qu'arriverait-il si les enfants comprenaient les *Fables*?
2. Donnez deux raisons pour lesquelles Rousseau pense que les enfants ne comprennent pas les *Fables*.
3. Pourquoi Rousseau a-t-il choisi d'analyser ''Le Corbeau et le Renard''?
4. A plusieurs reprises Rousseau critique:
   a) l'utilisation du langage poétique
   b) le manque de réalisme (selon lui les images ne sont pas faites ''d'après nature'').

   Relevez les passages où Rousseau fait l'une ou l'autre de ces deux critiques. Etes-vous d'accord avec lui? Justifiez votre réponse.
5. D'après Rousseau, est-ce que les enfants tirent profit de la morale des *Fables*? Pourquoi?
6. Est-ce que Rousseau apprécie les *Fables* de La Fontaine? Justifiez votre réponse à l'aide d'exemples tirés du texte.
7. Les critiques de Rousseau vous semblent-elles justifiées? Développez.

Les papillons

De toutes les belles choses
Qui nous manquent en hiver,
Qu'aimez-vous mieux?—Moi, les roses;
—Moi, l'aspect d'un beau pré vert;
—Moi, la moisson blondissante,
Chevelure des sillons;
—Moi, le rossignol qui chante;
—Et moi, les beaux papillons!

pré (m.): meadow
moisson (f.): crop
sillon (m.): furrow
rossignol (m.): nightingale

Le papillon, fleur sans tige,
Qui voltige,
Que l'on cueille en un réseau;
Dans la nature infinie,
Harmonie
Entre la plante et l'oiseau! . . .

tige (f.): stem, stalk (of plant)
voltiger: voler çà et là
réseau (m.): filet

Quand revient l'été superbe,
Je m'en vais au bois tout seul:
Je m'étends dans la grande herbe,
Perdu dans ce vert linceul.
Sur ma tête renversée,
Là, chacun d'eux à son tour,
Passe comme une pensée
De poésie ou d'amour! . . .

linceul (m.): shroud

Malheur, papillons que j'aime,
Doux emblème,
A vous pour votre beauté! . . .
Un doigt, de votre corsage,
Au passage,
Froisse, hélas! le velouté! . . .

froisser: to rumple, to ruffle

Une toute jeune fille
Au coeur tendre, au doux souris,
Perçant vos coeurs d'une aiguille,
Vous contemple, l'oeil surpris:
Et vos pattes sont coupées
Par l'ongle blanc qui les mord,
Et vos antennes crispées
Dans les douleurs de la mort! . . .

Gérard de Nerval (1808-1855), *Poèmes*.

souris *(m.)*
(archaïque): sourire

percer: faire un
trou dans

aiguille *(f.): needle*

ongle *(m.):*
fingernail

crisper: se
renfermer, se
contracter

Je vous parle de chien à homme

Préparation à l'écoute

I Complétez les phrases suivantes à l'aide d'un mot pris dans la colonne de droite (à la forme qui convient).

1. En français on ne parle pas de la bouche ou des jambes d'un chien, mais de _____ et de _____ .
2. Un chien ne parle pas, il _____ .
3. Il vient de faire _____ à son ami: il lui a caché sa bicyclette.
4. Ce soldat a vendu des secrets à l'ennemi. C'était _____ .
5. Votre fils fait tout ce que vous lui demandez de faire! Si seulement ma fille était aussi _____ que lui!
6. Quand nous mangeons de la viande, nous donnons toujours _____ à notre chien.

obéissant
aboyer
un os
une gueule
un traître
une farce
une patte

II Expliquez les expressions en italique.

1. Jacques s'est mis en colère contre sa soeur et lui *a donné un coup de pied.*

2. Il a dit une bêtise et aussitôt il *a rougi de honte.*
3. C'est toujours moi qui fais tout ici. *J'en ai assez.*
4. Ils nous avaient invité à passer la fin de semaine chez eux, et ils nous *ont reçus à bras ouverts.*
5. Quand j'étais petit et que j'étais fâché contre mon frère, je lui *tirais la langue!*

Questions sur l'écoute

Répondez aux questions suivantes.

1. Qu'est-ce que ce chien cherche? Pourquoi?
2. Qu'est-ce que ce chien pense des autres chiens?
3. Qu'est-ce que ce chien doit faire le matin?
4. Quelle sorte de farce ce chien a-t-il l'intention de faire?
5. Quelle est l'attitude de Mademoiselle Lili envers son chien?
6. Qu'est-ce que ce chien aimerait faire quand toute la famille est en train de manger? Est-ce qu'il peut le faire? Pourquoi?
7. Qu'est-ce que ce chien trouve particulièrement humiliant?
8. Citez quelques raisons qui expliquent pourquoi ce chien n'aime pas la télévision.
9. Qu'est-ce que ce chien fera peut-être un jour?
10. D'après ce chien, comment les hommes pourraient-ils arriver à mieux comprendre les chiens?
11. Que pensez-vous de l'expression, ''mener une vie de chien''?
12. Que pensez-vous de l'attitude des Canadiens vis-à-vis des animaux?

Jacques-Yves Cousteau: le roi des plongeurs

Préparation à l'écoute

Complétez les phrases suivantes à l'aide d'un des mots de la colonne de droite, à la forme qui convient.

1. Les_____nous permettent de respirer.

De gauche à droite, Philippe Cousteau, Jacques Cousteau et Colin Mounier, à bord du ''Calypso'' pendant qu'ils exploraient l'Antarctique.

2. Est-ce que vous croyez qu'il y a vraiment des _____ volantes?
3. Avec un _____ autonome on peut aller loin et rester assez longtemps sous l'eau.
4. Les hommes de science ont mis _____ un appareil spécial qui _____ des _____ de renseignements importants.
5. Ils ont _____ trois ans au Japon, en _____.
6. Les _____ peuvent flotter sur l'eau.
7. J'aime boire le Coca-Cola avec une _____ .
8. Le contraire de ''à cause de'' est ''_____''.
9. Certains pays souffrent de famine à cause de la sécheresse et d'autres à cause des _____ .
10. _____ est plus petite qu'un bateau.

une soucoupe
au point
un tas
un poumon
une barque
une paille
un scaphandre
fournir
vivre
une inondation
L'Extrême-Orient
grâce à
une bouée

Questions sur l'écoute

I Complétez les phrases suivantes en vous aidant de l'écoute.
(Il y a souvent plus d'un mot qui manque.)
1. Le commandant Cousteau fait de la plongée _____ _____ plus de trente ans.

2. Il a essayé_____ à travers une _____ comme _____
   les_____dans les romans.
3. Il_____ est pas arrivé parce que c'est impossible.
4. Cousteau était dans une _____avec un vieux _____.
5. Le pêcheur a _____ signe _____ Cousteau de _____.
   Il est remonté _____ avec un poisson. A cet _____
   poissons font _____.
6. Au_____de ses plongées, Cousteau a du faire_____
   à un_____ nombre de difficultés.
7. C'est ce_____ de problème _____ Cousteau s'est
   _____ à étudier.
8. Vous savez qu'en ce moment l'homme est _____de
   chercher dans _____les ressources qu'il ne _____
   trouver_____.

II Répondez aux questions suivantes.
1. Racontez l'expérience faite par Cousteau à quatorze ans.
   Qu'est-ce qu'il a découvert?
2. Quel incident, en Extrême-Orient, a éveillé la curiosité de
   Cousteau?
3. Quels sont les deux inconvénients du scaphandre autonome?
4. Qu'est-ce que c'est que ''Calypso''? ''Diogène''?
5. A quoi servent les soucoupes plongeantes? les maisons
   sous l'eau?
6. Est-ce qu'il est dangereux de vivre plusieurs semaines sous
   l'eau? Justifiez votre réponse.
7. Dites pourquoi les travaux de Cousteau ont des applications
   pratiques.
8. Quelle est la recherche de l'équipe de Cousteau qui pourrait
   modifier les conditions de vie sur terre?
9. Avez-vous jamais fait de la pêche sous-marine ou avez-vous
   longtemps nagé sous l'eau? Racontez votre expérience.
10. Faites un exposé sur le sujet: ''Le Canada et la recherche
    sous-marine''.

Et si les singes se mettaient à parler?

Sarah la guenon ''parle'' à l'aide des symboles qu'elle a appris.

Préparation à l'écoute

Expliquez les mots en italique.
1. Fais attention! Une *abeille* vient d'entrer dans la voiture. Elle pourrait te piquer!
2. Pour communiquer avec son frère, qui est *sourd-muet*, elle a été obligée d'apprendre à ''parler'' avec ses mains.
3. On dit que l'homme descend du *singe*. Moi je crois qu'on devrait dire que l'homme descend de la *guenon*.
4. Quelle est la différence entre un *carré* et un rectangle? Dans un carré tous les côtés sont égaux.
5. Si tu es méchant, tu seras puni, mais si tu es gentil, tu seras *récompensé*.

6. Quels sont les *traits* caractéristiques de votre personnalité?
7. Il a toujours des histoires *marrantes* à raconter.

Questions sur l'écoute

I Mettez V (vrai), F (faux) ou O (on ne sait pas) devant les énoncés suivants.

___ 1. Les singes ont des cordes vocales qui leur permettent de parler.

___ 2. Les Premack sont cousins.

___ 3. Sarah, la guenon, avait cinq ans quand les Premack ont commencé leur expérience.

___ 4. La banane était représentée par un carré de plastique jaune.

___ 5. La pomme était représentée par un triangle de plastique bleu.

___ 6. Sarah ne pouvait pas dire de quelle couleur était une pomme.

___ 7. Sarah ne peut pas faire des phrases à la forme négative.

___ 8. Si Sarah prend la pomme, Marie la récompense.

___ 9. Marie récompense Sarah en lui donnant une banane.

___10. Monique pense que les singes pourraient apprendre les temps des verbes.

II Répondez aux questions suivantes.
1. Quel fait est-ce que Monique apprend à Geneviève? Comment est-ce que Geneviève réagit? Pourquoi?
2. Est-ce qu'il faut articuler des mots pour ''parler''? Expliquez.
3. Comment est-ce que les Premack ont commencé l'expérience?
4. Expliquez comment Sarah a appris la grammaire.
5. Qu'est-ce qui arrivait si Sarah disait: ''lave pomme''?
6. Qu'est-ce qui prouve que Sarah sait décomposer les traits distinctifs d'un objet?
7. Qu'est-ce qu'on peut conclure de cette expérience? Etes-vous d'accord? Justifiez.
8. Est-ce que vous pensez qu'il est vraiment possible d'apprendre à ''parler'' aux animaux? Expliquez.
9. Est-ce que vous voudriez que les animaux puissent parler? Justifiez votre réponse.

Konrad Lorenz: Prix Nobel de médecine

Préparation à l'écoute

I Il est parfois plus facile de comprendre des ouvrages scientifiques publiés en français que des romans français, parce que les termes scientifiques sont souvent les mêmes, ou presque les mêmes, dans les deux langues. Il suffit de s'habituer à une prononciation différente.

Lisez à haute voix les expressions et les phrases suivantes: (le sens en est presque évident).
1. refléter les conditions de vie
2. interpréter les résultats qu'on obtient
3. influencer la psychologie et la biologie
4. provoquer de nombreuses controverses
5. acquérir un territoire
6. garantir la conservation de l'espèce
7. les animaux qui survivent sont les mieux adaptés
8. avoir des inhibitions
9. se manifester sous des formes ritualisées
10. transmettre un héritage génétique
11. les analyses sont rigoureuses
12. faire des généralisations suspectes
13. sa thèse s'est révélée fausse
14. le caractère inné de l'agressivité

II Dans l'écoute que vous entendrez, on mentionnera, entre autres, les auteurs et les ouvrages suivants:
1. Parmi les ouvrages de Lorenz, on peut citer: *Il parlait avec les mammifères et les poissons* et *Les huit péchés capitaux de notre civilisation.*
2. Alexandre Alland a publié un livre intitulé *La dimension humaine: réponse à Konrad Lorenz.*
3. Erich Fromm a écrit *The Anatomy of Human Destructiveness.*

III Expliquez en français ou en anglais les mots en italique.
1. Selon vous, quel oiseau est le plus beau, *le corbeau* ou *l'oie*?

2. Il a *consacré* sa vie à essayer de *réduire* la misère humaine.
3. Vous devriez modifier votre *comportement* pour *empêcher* que votre équilibre psychique soit *rompu*.
4. Ils n'ont pas *réagi* assez vite à l'attaque et ils ont été vaincus.
5. S'ils ne cessent pas de se battre, leur agressivité *mènera à la disparition* de l'humanité.

Questions sur l'écoute

Répondez aux questions suivantes.
1. Qui est Konrad Lorenz? Donnez quelques détails biographiques cités dans l'écoute.
2. Quelle est la différence fondamentale entre l'éthologie et l'étude des animaux telle qu'elle se faisait avant Lorenz?
3. Quelle est la théorie de Lorenz à propos de l'agression chez l'homme? Sur quoi fonde-t-il sa thèse?
4. Quels sont les reproches faits par Alland, Fromm et Tinbergen à Lorenz et sa théorie?
5. Un autre homme de science, Skinner, a appliqué à l'homme les résultats de ses études du comportement animal. Avez-vous entendu parler de lui? Faites un résumé sur la vie et l'oeuvre de ce psychologue.
6. Selon vous, peut-on faire une analogie entre le comportement de l'homme et le comportement animal? Justifiez votre point de vue.
7. D'après vous, est-ce que la guerre répond à un besoin biologique d'agressivité chez l'homme ou est-ce qu'on peut l'attribuer à d'autres causes? Développez votre réponse.
8. La S.P.A. (Société Protectrice des Animaux) se révolte contre certaines expériences scientifiques qui font souffrir ou mourir les animaux. Qu'en pensez-vous?

La pilule pour les chats et les chiens

Dans des cages de la Société Protectrice des Animaux, des chiens et des chats attendent d'être adoptés.

Préparation à l'écoute

I Mettez la lettre qui correspond à la traduction anglaise des mots français.

__1. le bétail	a)	to cure
__2. l'entretien	b)	waste, refuse
__3. guérir	c)	to rot
__4. l'engrais	d)	cattle
__5. pourrir	e)	upkeep
__6. les déchets	f)	whereas
__7. ainsi	g)	manure
__8. alors que	h)	thus, for instance

II Expliquez en anglais ou en français les mots en italique.

1. Son chat est mort et elle l'a *enterré* dans son jardin.
2. C'est un homme bizarre qui a toujours des idées *farfelues*.
3. Combien lui as-tu donné? . . . Cent dollars? C'est une grosse *somme* d'argent.

4. Son état *s'aggrave* chaque jour. J'estime qu'on devrait lui faire *subir cette opération* le plus vite possible.
5. On utilise de la viande *hachée* pour faire des hamburgers.
6. Nous avons un grand *parterre de fleurs* entouré d'une belle *pelouse*.

Questions sur l'écoute

I Mettez V (vrai) ou F (faux) devant les énoncés suivants.

___ 1. En Amérique du Nord il y a peu de gens qui utilisent des méthodes contraceptives.

___ 2. Les auteurs ont écrit cet article pour s'amuser.

___ 3. Il y a plus d'un chat (ou d'un chien) pour deux personnes, aux Etats-Unis.

___ 4. Il y a moins de quatre cent quinze bébés qui naissent toutes les heures.

___ 5. La Société Protectrice des Animaux recueille tous les animaux abandonnés.

___ 6. Les chats et les chiens consomment six milliards de livres de nourriture par an.

___ 7. On tue chaque année vingt millions de chats et de chiens.

___ 8. On vend beaucoup de pilules contraceptives pour animaux.

___ 9. Les chattes et les chiennes refuseraient de prendre la pilule, si on leur demandait leur avis.

___ 10. La contraception est le meilleur moyen de résoudre le problème de la surpopulation animale.

II Complétez les phrases suivantes en vous aidant au besoin de l'écoute.

1. Ils prennent la pilule_____ parce qu'ils ont _____ conscience du problème de la surpopulation,_____ pour des raisons plus personnelles.

2. On se rend _____ que le problème s'aggrave rapidement.

3. Beaucoup de chats errent dans les rues et _____ de faim et de froid ou_____ par une voiture, mais certains sont recueillis par une _____ charitable.

4. Les réserves de nourriture ne sont pas_____ et on commence à avoir de_____ difficultés à_____ face à la demande.

5. La population canine _____ à elle seule des tonnes d'excréments.

6. Les animaux adopteraient cette solution si on leur demandait leur _____ .

7. Certaines personnes frémissent _____ à l'idée que leur "enfant" puisse devenir un _____ asexué.

8. _____ qu'en disent tous ceux qui refusent de rendre leur animaux stériles, il est certain que la contraception _____ le problème d'une manière _____ .

III Répondez aux questions suivantes.

1. Trois hommes ont écrit un article dans une revue scientifique. Qui étaient ces trois hommes? Quelle question posaient-ils? Comment ont-ils répondu à cette question?

2. D'après les auteurs de l'article, qu'est-ce qui est en train de se produire aux Etats-Unis? Pourquoi?

3. Qu'est-ce qui arrive aux animaux abandonnés?

4. Donnez trois raisons pour lesquelles la surpopulation animale cause de graves problèmes économiques.

5. Quels sont les effets de la surpopulation animale sur l'environnement?

6. Qu'est-ce qu'on fait des animaux, quand ils sont morts?

7. Citez deux façons de limiter les naissances chez les animaux.

8. Les hommes sont-ils prêts à faire stériliser leurs animaux? Pour quelles raisons?

9. Quelles expériences ont été faites sur des rats?

10. Etes-vous pour ou contre la contraception pour les animaux? Justifiez votre réponse.

11. D'après vous, le gouvernement d'un pays a-t-il le droit de limiter le nombre d'animaux dans ce pays? Développez.

La chèvre de M. Seguin

A M. Pierre Gringoire, poète lyrique à Paris.

Tu seras bien toujours le même, mon pauvre Gringoire!

Comment! on t'offre une place de chroniqueur dans un bon journal de Paris, et tu as l'audace de refuser . . . Mais regarde-toi, malheureux garçon! Regarde cette face maigre qui crie la faim. Voilà pourtant où t'a conduit la passion des belles rimes! Est-ce que tu n'as pas honte, à la fin?

Fais-toi donc chroniqueur, imbécile! fais-toi chroniqueur!

Non? Tu ne veux pas? Tu prétends rester libre à ta guise jusqu'au bout . . . Eh bien, écoute un peu l'histoire de la chèvre de M. Seguin. Tu verras ce que l'on gagne à vouloir vivre libre.

M. Seguin n'avait jamais eu de bonheur avec ses chèvres.

Il les perdait toutes de la même façon: un beau matin, elles cassaient leur corde, s'en allaient dans la montagne, et là-haut le loup les mangeait. Ni les caresses de leur maître, ni la peur du loup, rien ne les retenait. C'était, paraît-il, des chèvres indépendantes, voulant à tout prix le grand air et la liberté.

Le brave M. Seguin, qui ne comprenait rien au caractère de ses bêtes, était consterné. Il disait:

— C'est fini; les chèvres s'ennuient chez moi, je n'en garderai pas une.

Cependant il ne se découragea pas, et, après avoir perdu six chèvres de la même manière, il en acheta une septième; seulement, cette fois, il eut soin de la prendre toute jeune, pour qu'elle s'habituât mieux à demeurer chez lui.

Ah! Gringoire, qu'elle était jolie la petite chèvre de M. Seguin! qu'elle était jolie avec ses yeux doux, sa barbiche de sous-officier, ses sabots noirs et luisants, ses cornes zébrées et ses longs poils blancs qui lui faisaient une cape! et puis, docile, caressante, se laissant traire sans bouger, sans mettre son pied dans l'écuelle. Un amour de petite chèvre . . .

consterné: accablé, atterré

barbiche (f.): petite barbe

sabot (m.): *hoof (of animal)*

écuelle (f.): *bowl*

80

M. Seguin avait derrière sa maison un clos entouré d'aubépines. C'est là qu'il mit la nouvelle pensionnaire. Il l'attacha à un pieu, au plus bel endroit du pré, en ayant soin de lui laisser beaucoup de corde, et de temps en temps il venait voir si elle était bien. La chèvre se trouvait très heureuse et broutait l'herbe de si bon coeur que M. Seguin était ravi.

— Enfin, pensait le pauvre homme, en voilà une qui ne s'ennuiera pas chez moi!

M. Seguin se trompait, sa chèvre s'ennuya.

Un jour, elle se dit en regardant la montagne:

— Comme on doit être bien là-haut! Quel plaisir de gambader dans la bruyère, sans cette maudite longe qui vous écorche le cou! . . . C'est bon pour l'âne ou pour le boeuf de brouter dans un clos! . . . Les chèvres, il leur faut du large.

A partir de ce moment, l'herbe du clos lui parut fade. L'ennui lui vint. Elle maigrit, son lait se fit rare. C'était pitié de la voir tirer tout le jour sur sa longe, la tête tournée du côté de la montagne, la narine ouverte, en faisant Mé . . . tristement.

M. Seguin s'apercevait bien que sa chèvre avait quelque chose, mais il ne savait pas ce que c'était. Un matin, comme il achevait de la traire, la chèvre se retourna et lui dit dans son patois:

— Ecoutez, monsieur Seguin, je me languis chez vous, laissez-moi aller dans la montagne.

— Ah! mon Dieu! . . . Elle aussi! cria M. Seguin stupéfait, et du coup il laissa tomber son écuelle; puis, s'asseyant dans l'herbe à côté de sa chèvre:

— Comment, Blanquette, tu veux me quitter!

Et Blanquette répondit:

— Oui, monsieur Seguin.

— Est-ce que l'herbe te manque ici?

— Oh! non! monsieur Seguin.

— Tu es peut-être attachée de trop court; veux-tu que j'allonge la corde?

— Ce n'est pas la peine, monsieur Seguin.

— Alors, qu'est-ce qu'il te faut? qu'est-ce que tu veux?

— Je veux aller dans la montagne, monsieur Seguin.

— Mais, malheureuse, tu ne sais pas qu'il y a le loup dans la montagne . . . Que feras-tu quand il viendra? . . .

— Je lui donnerai des coups de corne, monsieur Seguin.

— Le loup se moque bien de tes cornes. Il m'a mangé des

biques autrement encornées que toi . . . Tu sais bien, la pauvre vieille Renaude qui était ici l'an dernier? une maîtresse chèvre, forte et méchante comme un bouc. Elle s'est battue avec le loup toute la nuit . . . puis, le matin, le loup l'a mangée.

— Pauvre Renaude! . . . Ça ne fait rien, monsieur Seguin, laissez-moi aller dans la montagne.

— Bonté divine! . . . dit M. Seguin; mais qu'est-ce qu'on leur fait donc à mes chèvres? Encore une que le loup va me manger . . . Eh bien, non . . . je te sauverai malgré toi, coquine! et de peur que tu ne rompes ta corde, je vais t'enfermer dans l'étable, et tu y resteras toujours.

coquine: wretch, devil

Là-dessus, M. Seguin emporta la chèvre dans une étable toute noire, dont il ferma la porte à double tour. Malheureusement, il avait oublié la fenêtre, et à peine eut-il le dos tourné, que la petite s'en alla . . .

à double tour: very well locked (tightly)

Quand la chèvre blanche arriva dans la montagne, ce fut un ravissement général. Jamais les vieux sapins n'avaient rien vu d'aussi joli. On la reçut comme une petite reine. Les châtaigniers se baissaient jusqu'à terre pour la caresser du bout de leurs branches. Les genêts d'or s'ouvraient sur son passage, et sentaient bon tant qu'ils pouvaient. Toute la montagne lui fit fête.

genêt (m.): furze

Tu penses, Gringoire, si notre chèvre était heureuse! Plus de corde, plus de pieu . . . rien qui l'empêchât de gambader, de brouter à sa guise . . . C'est là qu'il y en avait de l'herbe! jusque par-dessus les cornes, mon cher! . . . Et quelle herbe! Savoureuse, fine, dentelée, faite de mille plantes . . . c'était bien autre chose que le gazon du clos. Et les fleurs donc! . . . toute une forêt de fleurs sauvages débordant de sucs capiteux! . . .

suc (m.): sap
capiteux: qui monte à la tête
soûl: ivre
se vautrer: to sprawl
talus (m.): slope

La chèvre blanche, à moitié soûle, se vautrait là-dedans les jambes en l'air et roulait le long des talus, pêle-mêle avec les feuilles tombées et les châtaignes . . . Puis, tout à coup, elle se redressait d'un bond sur ses pattes. Hop! la voilà partie, la tête en avant, tantôt sur un pic, tantôt au fond d'un ravin, là-haut, en bas, partout . . . On aurait dit qu'il y avait dix chèvres de M. Seguin dans la montagne.

C'est qu'elle n'avait peur de rien, la Blanquette.

Elle franchissait d'un saut de grands torrents qui l'éclaboussaient au passage de poussière humide et d'écume. Alors, toute ruisselante, elle allait s'étendre sur quelque roche plate et se faisait sécher par le soleil . . . Une fois, s'avançant au bord

éclabousser: to splash
écume (f.): froth

d'un plateau, elle aperçut en bas, tout en bas dans la plaine, la maison de M. Seguin avec le clos derrière. Cela la fit rire aux larmes.

— Que c'est petit! dit-elle; comment ai-je pu tenir là-dedans?

Pauvrette! de se voir si haut perchée, elle se croyait au moins aussi grande que le monde . . .

Tout à coup le vent fraîchit. La montagne devint violette; c'était le soir.

— Déjà! dit la petite chèvre; et elle s'arrêta fort étonnée.

En bas, le champs étaient noyés de brume. Le clos de M. Seguin disparaissait dans le brouillard, et de la maisonnette on ne voyait plus que le toit avec un peu de fumée. Elle écouta les clochettes d'un troupeau qu'on ramenait, et se sentit l'âme toute triste . . . puis ce fut un hurlement dans la montagne:

— Hou! hou!

Elle pensa au loup; de tout le jour la folle n'y avait pas pensé. Au même moment une trompe sonna bien loin dans la vallée. C'était ce bon M. Seguin qui tentait un dernier effort.

— Hou! hou! . . . faisait le loup.

— Reviens! reviens! . . . criait la trompe.

Blanquette eut envie de revenir; mais en se rappelant le pieu, **se faire à:** *to get* la corde, la haie du clos, elle pensa que maintenant elle ne pou- *accustomed to* vait plus se faire à cette vie, et qu'il valait mieux rester.

La trompe ne sonnait plus.

La chèvre entendit derrière elle un bruit de feuilles. Elle se retourna et vit dans l'ombre deux oreilles courtes, toutes droites, avec deux yeux qui reluisaient . . . C'était le loup.

Enorme, immobile, il était là regardant la petite chèvre blanche **déguster:** *to taste* et la dégustant par avance. Comme il savait bien qu'il la mangerait, le loup ne se pressait pas; seulement, quand elle se retourna, il se mit à rire méchamment.

— Ha! ha! la petite chèvre de M. Seguin; et il passa sa grosse **babines** *(f. pl.):* langue rouge sur ses babines.
pendulous lips of
animals Blanquette se sentit perdue . . . Un moment, en se rappelant l'histoire de la vieille Renaude, qui s'était battue toute la nuit pour être mangée le matin, elle se dit qu'il vaudrait peut-être mieux se **se raviser:** *to* laisser manger tout de suite; puis, s'étant ravisée, elle tomba en *change one's mind* garde, la tête basse et la corne en avant, comme une brave chèvre de M. Seguin qu'elle était . . . Non pas qu'elle eût l'espoir de tuer le loup,—les chèvres ne tuent pas le loup,—mais seule-

ment pour voir si elle pourrait tenir aussi longtemps que la Renaude.

Alors le monstre s'avança, et les petites cornes entrèrent en danse.

Ah! la brave chevrette, comme elle y allait de bon coeur! Plus de dix fois elle força le loup à reculer pour reprendre haleine. Pendant ces trêves d'une minute, la gourmande cueillait en hâte encore un brin de sa chère herbe; puis elle retournait au combat, la bouche pleine . . . Cela dura toute la nuit. De temps en temps la chèvre de M. Seguin regardait les étoiles danser dans le ciel clair, et elle se disait:

— Oh! pourvu que je tienne jusqu'à l'aube . . .

L'une après l'autre, les étoiles s'éteignirent. Blanquette redoubla de coups de cornes, le loup de coups de dents . . . Une lueur pâle parut dans l'horizon . . . Le chant d'un coq enroué monta dans le lointain.

— Enfin! dit la pauvre bête, qui n'attendait plus que le jour pour mourir; et elle s'allongea par terre dans sa belle fourrure blanche toute tachée de sang.

Alors le loup se jeta sur la petite chèvre et la mangea.

Adieu, Gringoire!

L'histoire que tu as entendue n'est pas un conte de mon invention. Si jamais tu viens en Provence, nos ménagers te parleront souvent de la cabro de moussu Seguin, que se battégue touto la neui emé lou loup, e piei lou matin lou loup la mangé.*

Tu m'entends bien, Gringoire:

E piei lou matin lou loup la mangé.

Alphonse Daudet, (1840-1897), *Les lettres de mon moulin.*

---

trève (f.): *respite*
brin (m.): *shoot*

enroué: *hoarse*

---

*la chèvre de monsieur Seguin, qui se battit toute la nuit avec le loup, et puis, le matin, le loup l'a mangée. (en provençal)

Au chant de l'alouette

Ile d'Orléans

Assez Lent

On m'en - voie - t'a l'ar - bre c'est pour y cueil - lir,

On m'en - voie - t'a l'ar - bre c'est pour y cueil - lir,

Je n'ai pas cueil - li, j'ai cher - ché des nids. Au

chant de l'a - lou - et - te, je veil - le, je dors, j'é -

cou - te l'a - lou - et et puis je m'en - dors.

2. Je n'ai pas cueilli, j'ai cherché des nids. *(bis)*
   J'ai trouvé la caill' assise sur son nid.

3. J'ai trouvé la caill' assise sur son nid, *(bis)*
   J'lui marchai sur l'ail' et j'la lui rompis.

4. J'lui marchai sur l'ail' et j'la lui rompis, *(bis)*
   Elle me dit: ''Pucell', retire-toi d'ici!''

5. Elle me dit: ''Pucell', retire-toi d'ici!'' *(bis)*
   —''Je n'suis pas pucell', tu en as menti!''

Livres suggérés

Jacques-Yves Cousteau, *Le monde du silence,* Le livre de poche (moyen)

Joseph Kessel, *Le lion,* Le livre de poche, 1958. (moyen)

Konrad Lorenz, *Il parlait avec les mammifères et les poissons,* Flammarion, 1968. (moyen)

Antoine de Saint-Exupéry, *Le petit prince,* Gallimard, 1946. (facile)

J'aime papa, j'aime maman

On subit ses frères, mais on choisit ses amis.
(Voltaire)

Table des matières

Planning familial et éducation sexuelle

Contenu linguistique

main-d'oeuvre *(f.):*
workers

à priori: à l'avance

Le planning familial en Afrique? Quelle idée pensera-t-on, dans des pays sous-peuplés où les machines agricoles sont rares, où les plantations et les cultures manquent de main-d'oeuvre, où la stérilité est une calamité! Aussi, lorsque là délégation du Mouvement français pour le planning familial, dont je faisais partie, envoyée en mission dans cinq pays de l'Afrique francophone, Cameroun, Togo, Dahomey, Côte-d'Ivoire et Sénégal, commença ses entretiens, ce fut avec des personnalités a priori méfiantes, si ce n'est réticentes. Le planning familial était, pour elles, synonyme de limitation des naissances.

Or, en Afrique, il ne peut s'agir que d'espacement des naissances, dans un but préventif ou thérapeutique. Partout la mortalité infantile est très élevée, et ce n'est pas sans rapport avec des accouchements trop rapprochés. Quantité de femmes sont enceintes, alors qu'elles portent encore le dernier bébé sur le dos, et, entre les co-épouses, c'est la course aux enfants. Dès que l'une attend un bébé, l'autre se croit obligée d'être enceinte rapidement et l'on voit des femmes aller consulter anxieusement le gynécologue si deux ans se sont écoulés sans une nouvelle grossesse.

La polygamie vient d'être interdite en Côte-d'Ivoire et va l'être peu à peu dans tous les pays d'Afrique, mais l'application de la loi n'est pas pour demain. Tout d'abord, quel serait le statut des co-épouses actuelles? D'autre part, les hommes qui vivent sous le régime de la polygamie ne sont pas prêts à abandonner les avantages qu'ils y trouvent. Parmi les plus évolués, certains ne veulent plus d'une femme qui leur soit imposée par des convenances familiales ou d'un niveau culturel très inférieur au leur. Ils sont, cependant, encore obligés d'accepter un mariage traditionnel, ont un enfant avec la femme qui leur a été destinée, puis s'en choisissent une autre, à leur goût.

L'insécurité des femmes

Je n'ai pas rencontré de femme qui n'aurait pas préféré être la seule épouse. Certaines acceptent la polygamie parce qu'elles l'ont vécue chez leurs parents comme un signe de richesse et de puissance, mais la plupart s'y résignent. Toutes les femmes vivent dans un état permanent d'insécurité sur le plan affectif et matériel. Leurs maris sont tenus de leur assurer la nourriture, ainsi qu'à leurs enfants, mais elles sont parfois démunies de tout argent de poche. Beaucoup s'ennuient, puisque leur mari partage la semaine entre chacune de ses épouses, et bien qu'une femme infidèle risque d'être répudiée, la tentation est grande de céder à un homme qui lui offre un peu de distraction et quelques petits cadeaux.

Parmi les adolescents et les jeunes hommes, beaucoup sont favorables à la monogamie. Ils voient là une possibilité d'accéder à de meilleures conditions d'existence et de mieux éduquer leurs enfants.

méfiant: qui ne fait pas confiance

accouchement (m.): act of giving birth

enceinte: pregnant

grossesse (f.): pregnancy

évolué: cultivé, éclairé, indépendant

être tenu de: être obligé de

démuni d'argent: sans argent

infidèle: unfaithful

céder: to yield

90

à la portée de: *within reach*

dot *(f.): dowry*

jadis: autrefois

Si un grand nombre d'hommes ont encore trois femmes légitimes, ce n'est pas à la portée de tous. Se marier est coûteux *costly* en raison de la dot élevée que le jeune homme doit remettre à la famille de sa fiancée. Jadis, la dot était symbolique, peu à peu elle est devenue pour les familles le moyen de s'enrichir. Il arrive *occurs* qu'une jeune fille soit enlevée *elevée* par un garçon qui n'a pas les *carried off* moyens de la payer.

subvenir (à): *to provide for*

Si une jeune fille a un enfant, elle cherche un autre homme qui subvienne à son existence; cet homme lui donne un autre enfant, puis l'abandonne à son tour. On voit des femmes avoir ainsi successivement quatre, cinq enfants, ou plus, tous de pères différents, dans l'espoir, toujours déçu, que l'un d'eux les fera *will be* vivre. Parfois, l'homme marié en vient à abandonner femme et *comes to the point* enfants. Submergé par les tracas matériels, il prend une épouse stérile et revient parfois plus tard auprès de la mère de ses *avec* enfants, quand ceux-ci sont déjà grands.

tracas *(m.): worry, trouble*

Dans un tel contexte familial et social, comment le planning familial est-il perçu? Que ce soit en ville ou en brousse, lorsque *imparfait* nous disions à une femme qui avait beaucoup d'enfants qu'il existe des moyens d'espacer les naissances, éventuellement de ne plus avoir d'enfants, sa surprise était intense, puis elle manifestait le plus vif intérêt pour nos propos. "Et votre mari, demandions-nous, serait-il d'accord?" La plupart des femmes répondaient par l'affirmative. Je me souviens de ce douanier qui, à la frontière du Togo et du Dahomey, nous demanda l'objet de notre voyage et ne nous laissa pas partir avant d'avoir été éclairé sur toutes les méthodes contraceptives, tant il était émerveillé d'apprendre leur existence.

Mais comment diffuser aux masses une information sérieuse sur les méthodes de planning familial? Il est sans doute trop tôt pour utiliser la radio: le planning ne se vend pas comme un produit de consommation courante, il faut une adhésion de la part de celui qui utilise ses services qui ne peut s'obtenir que par le dialogue. La télévision est peu répandue et le problème serait le même. Il y a en revanche diverses institutions où l'éducation de la population pourrait se faire: en particulier les consultations de Protection maternelle et infantile (P.M.I.) et les écoles d'enseignement ménager. Dans les centres de P.M.I. nous avons vu des queues interminables de jeunes mères venir faire peser leur bébé et recevoir des conseils de diététique dont elles ont grand besoin. L'enfant est en effet sevré le plus tard possible et passe brusquement du lait maternel au riz mêlé de poisson séché au soleil avant d'être salé. Si le médecin de la P.M.I. avait aussi des connaissances en méthodes d'espacement des naissances, on verrait rapidement s'améliorer la santé des mères et des enfants.

Mme Tsanga, ministre adjoint de la santé publique au Cameroun, pense que les femmes parviendront peu à peu à convaincre les hommes de la nécessité de la régulation des naissances. Quand elles participeront à la vie économique et politique de leur pays, elles en viendront à sevrer les enfants plus tôt. Actuellement, la tradition veut que le mari n'ait pas de rapports sexuels avec sa femme tant qu'elle allaite un bébé, et il n'est pas rare de voir un enfant de deux ans têter encore sa mère. Mais si l'homme n'a plus qu'une seule épouse et si la femme se met à travailler hors du foyer, il faudra bien remplacer l'espacement des naissances dû à l'abstinence du couple pendant la période d'allaitement, par d'autres méthodes.

Des jeunes filles très ignorantes

Lorsque nous débattions des divers inconvénients ou avantages des méthodes contraceptives, nos interlocuteurs en venaient toujours à l'usage que les jeunes filles en feraient. Contrairement

---

vif: grand

propos (m.): paroles

enseignement (m.) ménager: cours où on apprend la cuisine, la couture, etc.

queue (f.): line

sevrer: to wean

parvenir (à): arriver à

têter: sucer le lait de la mère

à ce que l'on croit souvent, les mères africaines ne donnent à leur fille aucune information sur la vie génitale et sexuelle avant les quelques jours qui précèdent son mariage, et un grave problème se pose actuellement avec l'afflux des jeunes filles qui viennent à la ville pour travailler ou pour étudier. Affranchies de l'autorité des parents, elles jouissent soudain d'une liberté à laquelle elles n'ont pas été préparées. Elles arrivent avec très peu d'argent et risquent de céder finalement au premier garçon qui leur promet un pagne neuf ou une sortie au cinéma. De nombreuses adolescentes se font avorter dans des conditions déplorables qui peuvent entraîner une stérilité définitive et les mènent parfois au suicide. Certaines gardent l'enfant et, si leur famille ne les rejette pas, elles retournent au village pour confier le bébé à leur mère aussitôt après l'accouchement. Mais il est rare qu'un enfant survive en brousse s'il n'est pas allaité au sein; et beaucoup de bébés ainsi transplantés meurent. Si la jeune mère essaie d'élever seule son enfant, on revient au cas évoqué plus haut de la femme matériellement démunie de tout, et qui ne tarde pas à avoir d'autres enfants de pères différents.

Les gouvernements africains hésitent encore à prendre des positions précises sur la régulation des naissances de crainte de choquer trop brutalement les mentalités, mais ils appuient les expériences qui commencent çà et là. C'est ainsi qu'au Sénégal, à la maternité de l'hôpital de Djourbel, ville en pleine expansion, à 150 kilomètres de Dakar, où afflue la population rurale des environs, toutes les femmes seront, après leur accouchement, initiées aux diverses méthodes contraceptives. Dans certains pays, des associations pour le planning familial se sont constituées, en particulier au Mali et au Sénégal et bientôt au Dahomey.

Catherine Valabrègue (Vice-Présidente du Mouvement français pour le planning familial), *Le Monde,* 14 août, 1971.

affranchi: libéré

pagne *(m.):* vêtement d'étoffe ou de feuilles qui sert de culotte ou de jupe

avorter: *to abort*

entraîner: mener à

confier: *to entrust*

de crainte de: de peur de

çà et là: *here and there*

Exploitation du texte

I Répondez aux questions suivantes.

1. Pourquoi l'idée de planning familial en Afrique semble-t-elle curieuse, à première vue?

2. Quelles sont les raisons qui rendent difficile l'interdiction immédiate de la polygamie en Afrique?
3. Pourquoi les femmes vivent-elles "dans un état permanent d'insécurité sur le plan affectif et matériel"?
4. Quels sont les facteurs qui rendent difficile la diffusion des méthodes de planning familial? Comment peut-on remédier à ces difficultés?
5. En quoi la tradition aide-t-elle à espacer les naissances? Pourquoi doit-on chercher d'autres méthodes?
6. Quels sont les problèmes posés par l'afflux des jeunes filles dans les villes?
7. Quels sont les obstacles que rencontrerait un Mouvement de Libération de la Femme (MLF) en Afrique?
8. Pensez-vous que l'homme ait également besoin d'être libéré? Justifiez votre point de vue.
9. Où se trouvent le Cameroun, le Togo, le Dahomey, la Côte-d'Ivoire et le Sénégal? Donnez quelques détails géographiques, historiques, économiques et politiques sur ces pays.
10 L'idée de planning familial se justifie-t-elle au Canada? Expliquez.

*II (phonétique: [sjɔ̃ɔͨsjon])

Lisez à haute voix les phrases suivantes.
1. C'est une bonne solution.
2. Je veux que tu solutionnes ce problème.
3. Quelle passion!
4. La peinture, ça me passionne!
5. Tu aimes les révolutions?
6. Il veut qu'on révolutionne le monde!
7. Y a-t-il une ou deux nations canadiennes?
8. Les élections nationales ont lieu tous les quatre ans.

*III (phonétique: [sjɔ̃ɔͨsjon]

Lisez à haute voix les phrases suivantes.
1. La délégation est partie en mission en Afrique.
2. Le planning familial n'est pas la limitation des naissances.
3. L'application de la loi n'est pas pour demain.
4. Les hommes sont encore obligés d'accepter un mariage traditionnel.

5. Les femmes cèdent aux hommes qui leur offrent un peu de distraction.
6. Le planning ne se vend pas comme un produit de consommation courante.
7. Il y a des institutions où l'éducation de la population pourrait se faire.
8. De nombreuses adolescentes se font avorter dans des conditions déplorables.

IV " . . . *la tradition veut que le mari n'ait pas de rapports . . . "*
   (subjonctif après les verbes de volonté et de souhait)

Rappel:

Pour avoir le radical du subjonctif, le plus souvent on part de la forme pour *ils* du présent de l'indicatif. En fait, dans la langue *orale,* la forme du subjonctif pour *je, tu, il* et *ils* est exactement la même que celle de *ils* du présent de l'indicatif du verbe correspondant. La plupart des verbes irréguliers suivent également cette règle:

Verbe	Présent de l'indicatif	Subjonctif
er: marcher	Ils marchent [marʃ]	Que je marche [marʃ]
ir: finir	Ils finissent [finis]	Que je finisse [finis]
re: vendre	Ils vendent [vãd]	Que je vende [vãd]
sortir	Ils sortent [sɔrt]	Que je sorte [sɔrt]
tenir	Ils tiennent [tjɛn]	Que je tienne [tjɛn]
dire	Ils disent [di:z]	Que je dise [di:z]

Voici quelques verbes fréquents qui ont un radical irrégulier au subjonctif:

aller: que j'aille, que nous allions
avoir: que j'aie, que nous ayons
être: que je sois, que nous soyons
faire: que je fasse
pouvoir: que je puisse
savoir: que je sache
vouloir: que je veuille, que nous voulions

Roméo où es-tu?

A l'agence matrimoniale. Mademoiselle Exigences cherche un mari—mais pas n'importe lequel.

Complétez le dialogue suivant selon le modèle.

    Modèle: Il faut / être / beau.

            Il faut qu'il soit beau.

Directeur:	Oui, Mademoiselle, nous nous spécialisons dans les cas difficiles, mais nous avons toujours réussi — jusqu'à présent . . . Décrivez-moi l'homme que vous aimeriez épouser.
Mlle Exigences:	Il faut / être / beau / et il faut / il / être / grand.
Directeur:	Très bien. Et . . . sa classe sociale?
Mlle Exigences:	Je veux / il / avoir / argent; / je voudrais même / il / avoir / beaucoup / argent.
Directeur:	Pourquoi?
Mlle Exigences:	Ben, voyons! J'aimerais simplement / il / pouvoir / me / offrir / tout / je veux.
Directeur:	Je vois. Est-ce que vous l'aimeriez sportif?
Mlle Exigences:	Ah certainement! J'exige / il / savoir / jouer / tennis / golf, etc. / et qu'il / en / faire / régulièrement.
Directeur:	Et du point de vue caractère?
Mlle Exigences:	Alors là, j'ai beaucoup de choses à dire, mais en résumé je souhaite / il / avoir / bon caractère / et / qu'il me / comprendre. / J'ai envie / il / être follement amoureux / moi / et qu'il / me / rendre / très heureuse. Il faut / nous / avoir / même / goûts / et que / nous / faire / tout / ensemble. / J'exige / il / me / dire / tout.
Directeur:	Hum . . . Et quels devraient être ses rapports avec sa famille?
Mlle Exigences:	Ah, je n'aimerais pas / il / vouloir / les / voir / tout / temps / ni que / ses parents / venir / chez nous / trop souvent. J'accepte / il / aller / chez eux / une fois / mois / et qu'il / leur / écrire / temps / temps. C'est tout. Où est-ce que je vais rencontrer l'homme de ma vie?
Directeur:	Probablement au musée des oiseaux rares . . .

V "Il arrive qu'une jeune fille soit enlevée . . . "
  (subjonctif après les verbes impersonnels)

Que faire?

Vos amis Michèle et Gérald veulent se marier. Ils ont dix-neuf ans. Qu'est-ce que vous leur conseillez?

Chaque étudiant peut donner le conseil qu'il veut (mais la réponse doit contenir un subjonctif).

Suggestions:
1. Il vaudrait mieux / vous / réfléchir / un peu plus.
2. Bravo! Il faut / vous / nous / inviter / mariage.
3. Il serait préférable / vous / attendre / d'avoir / plus / argent.
3. Il est indispensable / vous / aller / voir / curé (pasteur, rabbin . . .)
5. Il est urgent / vous / acheter / alliances *(wedding rings)*.
6. Il est possible / vous / faire / là / bêtise.
7. Il vaudrait mieux / vous / finir / d'abord / études.
8. Il faudrait / vous / chercher / appartement.
9. Il est urgent / vous / apprendre / faire / cuisine.

VI *"Madame Tsanga pense que les femmes parviendront . . . "*
(indicatif / subjonctif)

Viendra, viendra pas . . .

Vous avez rendez-vous avec des amis pour aller au cinéma. Tout le monde est là sauf Marcel. Chacun fait des suppositions pour expliquer son absence.

Prenez un segment de la colonne A et un segment de la colonne B. Faites tous les changements nécessaires.

Attention:

On n'utilise pas toujours le subjonctif avec les segments de la colonne A.

  Exemple: Je doute qu'il vienne.
      Je crois qu'il viendra.

A	B
Je doute qu'	Il viendra.
Je crois qu'	Il est simplement en retard.
Je pense qu'	Il a oublié.
Il est possible qu'	Il s'est trompé de jour.
Il est peu probable qu'	
Je suis convaincu(e) qu'	
J'espère qu'	
Je ne pense pas qu'	
Il se peut qu'	

VII " . . . de crainte de choquer . . . les mentalités"
   (de + infinitif / que + subjonctif)

Rappel:

Quand le verbe de la subordonée a le même sujet que la principale, on emploie l'infinitif et non le subjonctif.
   Exemple: Il veut partir. (He wants to leave.)
            Il veut que je parte. (He wants me to leave.)

Traduisez en français.
   1. I study to succeed.
   2. I'll explain to him so that he understands.
   3. He gave me everything before he left.
   4. I want to speak to them before they leave.
   5. I would like to be rich.
   6. I would like you to be rich.
   7. He left without saying goodbye.
   8. She smokes without her parents knowing it.
   9. She is always afraid to make mistakes.
   10. She is afraid I'll tell her what I think.

*VIII " . . . elle est devenue . . . le moyen de s'enrichir."
   (passé composé et futur de quelques verbes)

   Les verbes irréguliers suivants sont extraits de l'article. Mettez les verbes entre parenthèses au passé composé et au futur.
      Modèle: (faire)
               Je ne lui_____ pas encore_____de
               remarques, mais je lui en_____ s'il continue.
               Je ne lui *ai* pas encore *fait* de remarques, mais
               je lui en *ferai* s'il continue.

   1. (faire) Je ne lui __ai__ pas encore __fait__ de remarques,
      mais je lui en __ferai__ s'il continue.
   2. (voir) Nous ne les __avons__ pas encore __vues__ mais je
      pense que nous les __verrons__ demain.
   3. (vivre) J'__ai vécu__ chez ma tante pendant trois ans, mais je
      ne __vivrai__ jamais plus chez elle.
   4. (venir) Il nous aime beaucoup. Il __est venu__ nous voir hier, et il
      __viendra__ nous voir demain.
   5. (dire) Elle nous __a dit__ ce qu'elle pensait d'eux. Mais est-
      ce qu'elle le __dira__ à n'importe qui?

6. (recevoir) Elles _ont_ déjà _reçu_ quelques conseils de diététique. Elles en_recevront_d'autres plus tard.
7. (parvenir) Les femmes ne _sont_ pas encore _parvenues_ à convaincre leurs maris, mais elles y_parviendront_ un jour.
8. (croire) Nous vous_avons cru_une fois, mais nous ne vous _croirons_ plus.

*IX (verbes)

Lisez les phrases suivantes, en mettant les verbes aux temps qui conviennent.
1. Le ministre adjoint de la santé publique pense que les femmes (parvenir) peu à peu à (convaincre) les hommes de la nécessité de la régulation des naissances.
2. Quand elles (participer) à la vie économique et politique du pays, elles en (venir) à (sevrer) les enfants plus tôt.
3. En effet, il (falloir) bien (remplacer) l'espacement des naissances par d'autres méthodes.
4. A l'avenir, l'éducation de la population (pouvoir) se faire dans les centres de P.M.I.
5. Lorsque les mères (venir) faire (peser) leurs bébés, elles (recevoir) aussi bien des conseils de diététique que des connaissances en méthodes d'espacement des naissances.
6. On (voir) rapidement (s'améliorer) la santé des mères et des enfants.

*X (mots outils)

Lisez le passage suivant en ajoutant les articles, les prépositions etc. et toutes les indications de genre et de nombre qui manquent.
1. _Le_ planning (familial) _en_ Afrique? C'est_une_ (mauvais) idée dans _des_ pays où _la_ stérilité est _une_ calamité.
2. _Les_ hommes qui vivent sous _le_ régime de _la_ polygamie ne sont pas (prêt) à abandonner _les_ avantages qu'_ils_ y trouvent.
3. _La_ polygamie est _un_ signe _de_ richesse et _de_ puissance.
4. _La_ dot qui était symbolique est devenue _un_ moyen de s'enrichir.
5. _La_ mère (africain) ne donne à _sa_ fille (aucun) information sur _la_ vie (sexuel) avant _les_

99

quelques jours qui précèdent _sou_ mariage.

6. _Des_ conditions déplorables de l'avortement peuvent entraîner _une_ stérilité (définitif) et mener _au_ suicide.

XI "... ce n'est pas sans rapport avec des accouchements trop rapprochés."
(stylistique: tournures négatives)

Rappel:

Vous avez lu dans le texte: "L'application de la loi n'est pas pour demain." On aurait pu dire par exemple, "L'application de la loi va beaucoup tarder à venir." Il est commun en français d'utiliser la forme négative pour exprimer une idée positive.

A. Dites autrement les phrases suivantes en utilisant une négation. Modifiez la structure de la phrase au besoin.
    Exemples: Ça va bien, merci.
              Ça ne va pas trop mal, merci.
              (Au Canada, on dit même: "Ça ne va pas trop pire.")

              Cette idée a des avantages.
              Cette idée n'est pas sans avantages.

1. Ça va bien, merci.
2. Cette décision a du mérite.
3. Ce qu'il dit est intelligent.
4. La fin de la polygamie va beaucoup tarder à venir.
5. Ce projet a des défauts.
6. Il est fréquent de voir des enfants de deux ans têter leur mère. _Il n'est pas seul_
7. Cette jeune fille est bien. _mal_ _n'est pas sans rapports_
8. La mortalité infantile très élevée a un rapport avec des accouchements trop rapprochés.

B. Répliquez aux phrases suivantes en utilisant une tournure négative.
    Modèle: Comme je suis riche!
            C'est possible, mais tu n'en es pas moins bête.

1. Comme je suis riche!
2. Excuse-moi, je ne l'ai pas fait exprès.
3. Il a toujours de mauvaises notes.

100

4. Tu as dormi pendant douze heures!
5. Tu as toujours le sourire.
6. Tu touches un très bon salaire.
7. Je ne voulais pas avoir cet accident!
8. Il mange beaucoup trop!

Suggestions:
coupable
gros
pessimiste
maigre
responsable
intelligent
pauvre
fatigué
laid
inexcusable

XII (traduction: français / anglais)

Traduisez en anglais les phrases suivantes.

1. Or, en Afrique, il ne peut s'agir que d'espacement des naissances, dans un but préventif ou thérapeutique.

2. La polygamie vient d'être interdite en Côte-d'Ivoire et va l'être peu à peu dans tous les pays d'Afrique, mais l'application de la loi n'est pas pour demain.

3. Leurs maris sont tenus de leur assurer la nourriture, ainsi qu'à leurs enfants, mais elles sont parfois démunies de tout argent de poche.

4. Je me souviens de ce douanier qui, à la frontière du Togo et du Dahomey, nous demanda l'objet de notre voyage et ne nous laissa pas partir avant d'avoir été éclairé sur toutes les méthodes contraceptives, tant il était émerveillé d'apprendre leur existence.

5. Actuellement, la tradition veut que le mari n'ait pas de rapports sexuels avec sa femme tant qu'elle allaite un bébé, et il n'est pas rare de voir un enfant de deux ans têter encore sa mère.

6. Mais si l'homme n'a plus qu'une seule épouse et si la femme se met à travailler hors du foyer, il faudra bien remplacer l'espacement des naissances dû à l'abstinence du couple pendant la période d'allaitement, par d'autres méthodes.

7. Lorsque nous débattions des divers inconvénients ou avantages des méthodes contraceptives, nos interlocuteurs en venaient toujours à l'usage que les jeunes filles en feraient.

8. Si la jeune mère essaie d'élever seule son enfant, on revient au cas évoqué plus haut de la femme matériellement démunie de tout, et qui ne tarde pas à avoir d'autres enfants de pères différents.

XIII Répondez aux questions suivantes en imitant le plus possible la réponse que vous entendrez et en utilisant les indications données.

1. Pourquoi est-ce que ça semble curieux de parler de planning familial en Afrique?
   Parce que / Afrique / machine / agricole / rare / plantations / manquer / main-d'oeuvre.
2. Quelle était l'attitude des personnalités africaines vis-à-vis de la délégation française?
   Elles / à priori / méfiant / réticent.
3. Qu'est-ce qui prouve que les femmes sont inquiètes si elles n'ont pas beaucoup d'enfants?
   Consulter / gynécologue / deux ans / s'écouler / sans / grossesse.
4. Quelle est l'attitude des femmes vis-à-vis de la polygamie?
   Certaines / accepter / représenter / signe / richesse / puissance / mais / plupart / se résigner.
5. Quels sont les devoirs du mari?
   Il / tenu / assurer / nourriture / femme / ainsi que / enfants.
6. Est-ce que tous les hommes ont trois épouses légitimes?
   Pas / portée / tous.
7. Qu'est-ce qui se passe quand un homme n'a pas les moyens de payer la dot de la jeune fille qu'il aime?
   Arriver / que / garçon / enlever / jeune fille / ne pas pouvoir / payer.
8. Que fait souvent un homme qui a trop de tracas matériels?
   Il / abandonner / femme / enfants, / prendre / épouse / stérile / puis / revenir / auprès / première / femme / quand / enfants / déjà / grands.
9. Pourquoi est-ce qu'on ne peut pas vendre le planning comme tout autre produit de consommation?
   Falloir / adhésion / part / celui / utiliser / services / qui / ne / s'obtenir / par / dialogue.
10. Quelle est l'opinion du ministre adjoint de la santé publique au Cameroun à propos du planning?
    Elle / penser / femmes / parvenir / peu à peu / convaincre / hommes / nécessité / régulation / naissances.

Composition orales

Futurs parents

I Marcel et Réjeanne sont mariés depuis deux ans. Ils aimeraient beaucoup avoir un enfant. Il est huit heures du soir. Réjeanne revient de chez le gynécologue.

Marcel:	Alors / que / il / dire?
Réjeanne:	Je / enceinte.
Marcel:	Formidable! / Quand / tu / censée / accoucher?
Réjeanne:	18 / avril.
Marcel:	Que / gynécologue / dire / faire?
Réjeanne:	Rien / spécial. / Il / conseiller / faire / beaucoup / marche / et / vivre / normalement / pendant / grossesse.
Marcel:	Tu / pouvoir / ski?
Réjeanne:	Tu / fou? / Avec / gros / ventre? / Je / risque / perdre / équilibre!
Marcel:	Vrai! / Mais / pas / grave! / Nous / faire / promenades ensemble. / Tu / vouloir / fille / garçon?
Réjeanne:	Egal. / Et toi?
Marcel:	Aussi. / Moi / papa / drôle! / n'est-ce pas, maman?
Réjeanne:	*(elle sourit)* / Tu sais, nous / devoir *(conditionnel)* / suivre / cours / accouchement sans douleur.
Marcel:	Tu / croire / ça / servir / quelque chose?
Réjeanne:	On / dire / très / efficace. / On / ne rien perdre / essayer.
Marcel:	D'accord. / Tu / compter / allaiter / notre / bébé / à / sein / ou / biberon?
Réjeanne:	Je / hésiter. / Biberon / plus pratique / mais / on / dit / sein / meilleur / pour / bébé.
Marcel:	Etre / plus facile / sevrer / bébé / quand / nourrir / sein / ou / biberon?
Réjeanne:	Ne pas savoir. / Je / demander / docteur / prochaine / fois. / Mais dis-donc, chéri / tu / vouloir / cinéma / soir?
Marcel:	Excellente / idée! Profitons / notre / liberté / pendant / elle / durer!

II *Complétez le dialogue qui a pu avoir lieu à la frontière du Togo et du Dahomey entre les membres de la mission française et le douanier.*

On apprend tous les jours

Le douanier: Passeports, s'il vous plaît.
Un (ou
plusieurs)
membre(s): . . .

Le douanier: Ah! Vous êtes français? Vous êtes ici en vacances?

Les autres: . . .

Le douanier: Vous êtes en mission? Quelle mission?

Les autres: . . .

Le douanier: Le . . . quoi?

Les autres: . . .

Le douanier: Qu'est-ce que c'est que ça?

Les autres: . . .

Le douanier: Ce n'est pas possible! C'est Dieu seul qui décide de ça.

Les autres: . . .

Le douanier: Ne partez pas! Expliquez-moi d'abord comment on peut contrôler les naissances.

Les autres: . . .

Le douanier: Ce n'est pas possible! Une petite pilule empêche la fécondation?

Les autres: . . .

Le douanier: Non, non. Encore une minute. Est-ce que c'est la seule méthode contraceptive?

Les autres: . . .

Le douanier: Alors, dites-les moi, s'il vous plaît. J'ai déjà six enfants.

Les autres: . . .

Le douanier: Est-ce qu'on peut avoir des enfants plus tard si on veut?

Les autres: . . .

Le douanier: C'est merveilleux, la science! Ça fait des miracles.

Les autres: . . .

Le douanier: Oh oui, bien sûr! Excusez-moi de vous avoir tellement retenus. Votre mission va faire beaucoup de bien à l'Afrique. Au revoir. Et bon succès!

Les autres: . . .

Composition écrite

Vous êtes une jeune fille africaine de 18 ans qui a quitté sa famille pour aller travailler à la ville. Vous vous êtes laissée tenter par un homme. Vous êtes enceinte.

Imaginez que vous ayez un journal intime. Ecrivez le débat qui se passe en vous en donnant les alternatives, les craintes, les problèmes, etc. (en vous basant sur ce que vous avez appris dans l'article). Quelle décision prenez-vous? (N'oubliez pas que vous avez besoin de vous convaincre que vous avez raison.)

Mots croisés

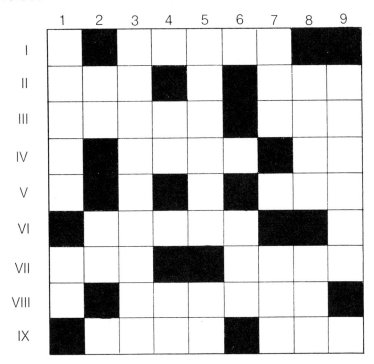

Horizontalement

I. Sert à couvrir le plancher.
II. Le contraire de "non" (à l'envers)—Temps écoulé depuis qu'on est né.
III. Mot français pour "noise".—En France, nom souvent donné aux autobus qui voyagent entre deux villes.
IV. Exprimer par une action que quelque chose est drôle. —Début de "rapide".
V. "Beau" devant voyelle (à l'envers).
VI. Rois des animaux.
VII. Quand on perd la _____ on devient aveugle.—Boîte dans laquelle on dépose les bulletins de vote.
VIII. Plateforme faite de bois rassemblés qui flottent.
IX. Elle a des enfants.—Ils sont à toi.

Verticalement

1. Le contraire de "occupé". —Forme du verbe "aller".

2. Lettres dans "pour".—Participe passé de "lire".
3. Tarte à la viande typiquement canadienne-française.
4. Voyelle double—Lettres dans "art".
5. Chef—Indique parfois la possession, comme dans "la maison_____ mes parents".
6. Un homme bien élevé ne _____pas: il transpire.
7. Objet qu'on appelle "bourse" au Canada français.—Animal de la même famille que la souris.
8. Si tu n'obéis pas,_____ à toi!—Elle ne porte aucun vêtement.
9. Arbre dont la feuille se trouve sur le drapeau canadien.

Jacqueline Nemni

Les changements socio-culturels dans une paroisse agricole

I Introduction

A Sainte-Julienne, la structure des occupations et les attitudes de la population à l'égard des occupations se sont transformées radicalement depuis une vingtaine d'années.

Il faut toutefois remarquer dès maintenant que même si les transformations du milieu rural sont très profondes, elles sont encore incomplètes. De nouvelles valeurs et de nouvelles normes émergent petit à petit et permettent à l'individu de s'adapter plus efficacement à sa nouvelle situation. Cependant, ces nouvelles normes et ces nouvelles valeurs sont loin d'être acceptées totalement. La population reste attachée à certaines valeurs traditionnelles de même qu'à certains types de comportements traditionnels.

La disparition de ces comportements traditionnels est à prévoir d'ici quelque temps. De nouveaux comportements qui ne sont pas appuyés sur un système de valeurs encore bien défini, mais qui sont efficaces, coexistent avec des comportements fortement valorisés mais non efficaces.

Il y a donc ainsi très souvent conflit entre ce que l'on fait et ce à quoi l'on croit.

Ce dérèglement au plan du comportement aussi bien qu'au plan des valeurs semble caractériser la vie sociale globale de Sainte-Julienne. Afin de mieux faire ressortir les caractéristiques de la situation actuelle, nous allons d'abord présenter une image de Sainte-Julienne vers les années 1930, c'est-à-dire à un moment où existait une correspondance assez grande entre la situation et la définition sociale de cette situation. Nous verrons ensuite quels sont les éléments qui ont précipité le changement dans la situation objective de la municipalité étudiée. Nous pourrons alors mieux voir quel est le conflit qui se pose au niveau de la définition de la situation et quelles conséquences le déséquilibre actuel implique par rapport aux différents paliers de la vie sociale.

II 1930: complémentarité agriculture —travail en forêt

L'agriculture n'a jamais pu réussir à faire vivre la population agricole de Sainte-Julienne. Traditionnellement, les cultivateurs ont dû chercher en forêt les revenus dont ils avaient besoin pour réussir à boucler leur budget. Cette économie basée sur l'agriculture et le travail en forêt devait marquer toute la vie sociale de la communauté.

Vers 1930, l'agriculture qui était pratiquée à Sainte-Julienne était une agriculture de subsistance et non une agriculture commerciale. On s'efforçait de produire sur la ferme tout ce dont la famille avait besoin: nourriture, mobilier, vêtement, chauffage, etc. Sans doute, le cultivateur pratiquait l'élevage de certains animaux de boucherie et vendait le lait de ses vaches aux beurreries. Cependant, à cause de la dimension restreinte des troupeaux et de la faiblesse des rendements, les opérations commerciales du cultivateur suffisaient à peine à l'achat des biens essentiels pour sa famille: farine, sucre, mélasse, thé, tissus pour les vêtements. C'est la forêt—travail dans les chantiers

comportement *(m.): behaviour*

prévoir: *to foresee*

dérèglement *(m.): désordre, déséquilibre*

palier *(m.): niveau*

boucler son budget: *to make ends meet*

mobilier *(m.): furniture*

restreint: *réduit, limité*

rendement *(m.): production*

mélasse *(f.): molasses*

chantier *(m.): (timber) yard*

108

ou coupe du bois sur les lots de ferme—qui procurait au cultivateur le revenu nécessaire au bien-être, très relatif, de la famille.

Dans un tel contexte économique, le niveau de vie des familles était très faible. Bien que très peu de familles aient été privées du strict nécessaire au point de vue logement, nourriture, ou vêtement, très peu de familles jouissaient par contre d'un surplus.

Bien que la forêt procurât souvent un revenu monétaire supérieur à celui de l'agriculture, le travail en forêt n'était considéré que comme une occupation secondaire ou supplémentaire. Sans doute, le cultivateur devait-il être aussi un bûcheron, mais c'est avant tout comme un cultivateur qu'il se définissait.

Il faut noter que le travail en forêt n'entrait pas en compétition avec le travail agricole. Les opérations forestières se déroulaient du mois de novembre aux mois de janvier ou février. Durant cette période, le travail de la ferme était au ralenti. Les travaux des champs étaient terminés et le soin des animaux était limité au minimum vu que la production laitière s'achevait avec l'automne. Le travail sur la ferme étant ainsi réduit, les enfants et la femme pouvaient en prendre charge.

En fait, une des valeurs principales à Sainte-Julienne, sinon la valeur principale, vers les années 1930, c'était celle qui était attachée à l'agriculture comme occupation et comme mode de vie. L'agriculture était aux yeux de la population l'occupation par excellence, la seule qui pût permettre à l'individu de se réaliser parfaitement.

La valorisation de l'agriculture comportait aussi une valorisation de certaines caractéristiques du cultivateur. Parmi celles-ci, l'indépendance propre à l'état de vie du cultivateur était très importante. Le cultivateur était son propre maître; il faisait ce qu'il voulait quand il le voulait. Cette indépendance se manifestait non seulement sur le plan du travail, mais aussi sur tous les plans de la vie de la famille.

Une autre qualité du cultivateur qui était fortement valorisée, c'était la pratique de l'épargne. Dans une économie de subsistance, l'épargne, même l'épargne mesquine, est une vertu essentielle. Cette valorisation de l'épargne contribuait elle-même à maintenir à un niveau assez bas le standard de vie de la population. Afin de pouvoir subvenir, sur une longue période, aux besoins de sa famille, le cultivateur devait se restreindre, même volontairement, aux strictes nécessités vitales. Tout surplus de revenu qu'on pouvait réaliser à un moment donné devait être mis

jouir (de): profiter (de)

bûcheron (m.): homme qui coupe le bois dans les forêts, etc.

se dérouler: avoir lieu, se passer

achever: finir

par excellence: suprême

comporter: contenir

épargne (m.): saving

mesquin: stingy, mean

subvenir (à): to provide (for)

de côté en prévision des déficits possibles au cours des années à venir.

En contrepartie de la valorisation de l'agriculture, on trouvait une condamnation sévère de la ville et du mode de vie urbain. Les villes paraissaient être une négation de toutes les vertus rurales. Les quelques personnes qui émigraient à la ville étaient le plus souvent considérées comme ''les moutons noirs'' des familles.

La valorisation de l'agriculture et du mode de vie rural était non seulement acceptée par l'ensemble de la population, mais trouvait dans l'enseignement officiel du curé un appui important. Le curé, qui était lui-même un fils de cultivateur, valorisait l'agriculture et le mode de vie rural et y voyait une façon d'assurer l'intégrité de la pratique des vertus chrétiennes. Le curé, en plus de condamner les moeurs dissolues de la ville, incitait, toutes les fois que cela lui était possible, ses paroissiens à demeurer cultivateurs.

Parce que le travail en forêt ne durait que trois ou au plus quatre mois par année, les bûcherons professionnels étaient surtout des jeunes gens que leurs parents n'avaient pas réussi à établir sur des fermes; ces jeunes gens continuaient quand même le plus souvent à participer aux travaux de la ferme paternelle.

appui (m.): soutien, support

dissolu: loose
inciter (qn. à faire qch.): pousser qn. à faire qch.

III La vie sociale

Le gros de la population demeurant dans les rangs, la vie de la communauté se déroulait surtout dans les rangs. Sans doute le village jouait-il une fonction très importante dans la vie de la communauté: c'est là qu'on trouvait l'église et les principaux services dont on pouvait avoir besoin. Le village constituait donc le noyau de la communauté, mais son influence était relativement restreinte. Les relations avec le village s'effectuaient surtout le dimanche à l'occasion de la messe et en fin de semaine, en général au moment où on allait chez le marchand ou à la beurrerie. C'est le rang qui constituait l'unité sociale de la communauté. C'est là que se faisaient les corvées, que se déroulaient les veillées et tous les échanges quotidiens entre les différentes familles agricoles. A cause de l'état des routes, le rang était, en fait, relativement isolé du village. C'était déjà toute une expédition que de parcourir les trois ou quatre milles qui séparaient le rang du village. Le rang formait donc une unité

le gros de: la majorité de
rang (m.) (canad.): suite de fermes s'échelonnant sur une partie de territoire desservi par un chemin
noyau (m.): *nucleus*
s'effectuer: s'accomplir, avoir lieu
corvée (f.) (canad.): travail manuel accompli collectivement, volontairement et gratuitement par plusieurs personnes qui le font pour aider qn.
veillée (f.) (canad.): réunion sociale que les gens du village font le soir

sociale relativement isolée pour laquelle le village jouait le rôle de monde extérieur. Le voyage hebdomadaire à l'église et chez le marchand constituait pour la majorité des femmes et des enfants le seul contact avec un univers plus vaste.

Centrée principalement sur le rang et l'agriculture, la vie sociale se déroulait selon le rythme de la nature. Les événements importants dans la vie de Sainte-Julienne correspondaient aux différentes phases du travail agricole. La naissance des animaux, les semailles, les foins, les récoltes, les labours étaient autant d'étapes importantes dans la vie de la population. A ce cycle proprement agricole s'ajoutait le cycle du travail en forêt durant les mois d'automne et les premiers mois de l'hiver. Ainsi la fête de la Toussaint prenait-elle une signification particulière, car c'était ordinairement le lendemain que les hommes partaient pour la forêt. De même, les jours gras, période où les travailleurs en forêt revenaient ordinairement dans la paroisse, étaient-ils célébrés avec beaucoup de faste.

semailles *(f. pl.):*
seed time
labour *(m.):* hilling,
ploughing

la Toussaint: fête
religieuse qui a lieu
le 1er novembre

jour gras: jour de
fête

faste *(m.):* luxe

Plus encore que le rang, la famille formait l'unité sociale par excellence. A cause de son isolement nelatif, même à l'intérieur du rang, la famille était l'unité de subsistance réelle. La famille devait pouvoir fournir à l'individu tout ce dont il avait besoin. Les fonctions de la famille étaient donc très nombreuses.

Sa fonction principale était une fonction économique. La famille devait assurer à ses membres la production de tous les biens dont ils avaient besoin. Chaque membre de la famille devait participer à cette production. La mère et les enfants, aussi bien que le père, prenaient part aux travaux de la ferme et aux travaux ménagers. Tous les enfants plus âgés, garçons et filles, qui travaillaient en dehors de la ferme donnaient leur salaire à leur père qui en était le seul administrateur. Ce dernier pouvait employer l'argent comme bon lui semblait. Plus souvent qu'autrement, cet argent était investi dans la ferme ou servait à chercher une nouvelle ferme pour un garçon. Le père avait, en effet, l'obligation d'établir ses garçons et de doter ses filles. Tous les enfants qui quittaient la famille pouvaient s'attendre à recevoir une part du patrimoine auquel ils avaient tous contribué. Cet idéal était toutefois assez difficile à atteindre dans la plupart des cas. Aussi, à 21 ans, le garçon commençait-il à conserver pour lui-même l'argent qu'il gagnait par son travail en forêt afin de pouvoir acheter un lot de colonisation vers l'âge de 28 ou 29 ans, c'est-à-dire au moment où il pouvait penser sérieusement à se marier. Cependant, en dépit de cette relative indépendance

**comme bon lui
semble:** *as he
pleases*

doter: *to give a
dowry*

patrimoine *(m.):*
héritage

en dépit de: *in
spite of*

sur le plan financier, le garçon continuait à aider son père aux travaux de la ferme durant l'été et le printemps.

La famille avait aussi des fonctions sur le plan des loisirs et sur le plan religieux. La plupart des loisirs se passaient en famille ou en réunions traditionnelles avec les voisins. Vu la difficulté de se rendre à l'église, surtout en hiver, la famille devenait une unité religieuse très importante. Sans la prière en famille, toute vie religieuse eût été absente pour de longues périodes. Ces fonctions religieuses étaient surtout sous la responsabilité de la mère de famille. Assez souvent, la mère avait un degré d'instruction supérieur à celui de son époux de sorte que c'est à elle que revenait le leadership sur le plan intellectuel et religieux.

Une autre des fonctions importantes de la famille était celle de l'apprentissage. Dans une société qui valorise l'agriculture de subsistance et le mode de vie correspondant, l'école apparaît comme un agent inefficace d'apprentissage pour la jeune génération: savoir lire et écrire est d'une utilité relativement faible pour le jeune adulte qui doit sur un sol assez difficile subvenir aux besoins de sa future famille. Ce dont ce jeune adulte a surtout besoin, c'est d'une connaissance des techniques agricoles et des techniques forestières grâce à laquelle il pourra gagner sa vie. Sans doute, il peut être utile de savoir compter, mais pour cela il suffit de bien peu d'années d'instruction formelle. La jeune fille doit fréquenter l'école un peu plus longtemps étant donné le leadership qu'elle exercera sur le plan religieux et intellectuel, mais il lui faut surtout connaître les arts ménagers qui lui permettront de subvenir aux besoins de sa future famille. Plus que l'école, la famille était le centre d'apprentissage des jeunes garçons et des jeunes filles. Cet apprentissage, l'enfant le faisait petit à petit en participant à tous les travaux de la ferme et à tous les travaux ménagers. Vers l'âge de 12 ou 13 ans, les filles les plus âgées devaient laisser l'école afin d'aider leur mère à s'occuper de la famille, déjà assez nombreuse; vers l'âge de 12 ou 13 ans, le garçon devait abandonner définitivement l'école pour s'occuper de la ferme durant les mois d'hiver. En effet, pendant que le père et les plus vieux des garçons étaient en forêt, la responsabilité des travaux de la ferme était confiée au jeune garçon de 12 ou 13 ans et à la mère. Lorsque le père était revenu des chantiers, il s'occupait jusqu'au printemps à couper sur sa terre le bois de chauffage ou le bois de construction dont il avait besoin. Durant cette période, les garçons de 12 à 13 ans continuaient à s'occuper des travaux de la ferme mais partici-

sol *(m.):* terrain, terre

confier: donner

paient aussi avec leur père aux travaux forestiers. Dès qu'un jeune frère devenait en âge de prendre la responsabilité des travaux de la ferme, le garçon de 14 ou 15 ans faisait ses premières expériences en forêt avec son père. Durant deux ou trois ans, le fils faisait équipe avec son père dans les chantiers et apprenait ainsi les trucs du métier de bûcheron: lorsque l'aîné des garçons possédait complètement son métier de bûcheron, le père pouvait cesser d'aller en forêt et l'aîné partait avec ses jeunes frères pour leur enseigner à leur tour le métier. Ce n'était ordinairement qu'au plus faible qu'on permettait de poursuivre des études afin qu'il puisse quand même gagner sa vie dans une occupation autre que l'agriculture. Le fils dépendait donc presque exclusivement de sa famille pour l'apprentissage de son métier.

équipe *(f.): team*

truc *(m.):* façon d'agir qui demande de l'habileté; technique

Il va sans dire que cette forte influence du père sur le plan de l'apprentissage technique facilitait aussi la transmission des valeurs attachées à l'agriculture. Le jeune trouvait dans la carrière de son père le modèle de sa propre carrière.

Axée sur l'agriculture et la forêt, la vie sociale de Sainte-Julienne formait un tout cohérent où existait un équilibre entre la situation globale et les normes de comportement du groupe. Dans ce système, chacun avait un statut bien déterminé et pouvait prévoir non seulement quels seraient les comportements des autres mais aussi ses propres comportements dans le futur. Ce système, nous l'avons noté, ne permettait qu'un niveau de vie très bas; cependant, la population de Sainte-Julienne en était satisfaite. Cette satisfaction tenait sans doute au fait qu'il y avait concordance entre le niveau de vie atteint et le système de valeurs auquel on adhérait. Elle tenait aussi en grande partie au fait que la population était ignorante de tout autre genre de vie. Cette population avait très peu de contacts avec le monde extérieur et en particulier avec la ville. Nous l'avons souligné déjà, pour la majorité des gens de Sainte-Julienne, le village était le seul monde extérieur avec lequel ils entraient en contact. La famille et le rang définissaient l'univers quotidien de la population. Sans doute, les hommes devaient-ils parfois passer par des grandes villes comme Québec pour se rendre en forêt, mais il s'agissait là de contacts de courte durée, soumis d'ailleurs au contrôle des parents ou du moins des gens de la même localité. Ce contrôle social était ordinairement assez fort pour contrebalancer la mauvaise influence de ces brefs contacts. Chez les femmes, le contact avec la ville était pratiquement inexistant, si

113

l'on excepte les visites à l'hôpital en cas de maladies très graves. Pour la majorité des personnes âgées de plus de 45 ans qui habitent actuellement Sainte-Julienne, le premier contact avec la ville ne date que de dix ans au plus. A cause de cet isolement de la communauté, la culture de Sainte-Julienne apportait à la situation une réponse adéquate et pouvait se perpétuer.

IV Une période de transition

La deuxième guerre mondiale devait cependant apporter des changements profonds dans la situation. Les deux facteurs principaux qui provoquèrent ces changements furent l'ouverture de la communauté sur le monde extérieur et la possibilité pour les cultivateurs d'améliorer leur niveau de vie grâce aux revenus agricoles. Durant la guerre, la demande pour les produits agricoles en vue de l'exportation augmenta très considérablement. L'agriculture devint rentable à Sainte-Julienne, non pas par suite d'une diminution dans le coût de production, mais plutôt par suite d'une augmentation très sensible dans le prix des produits agricoles. Sans donc changer leurs méthodes de culture, les cultivateurs de Sainte-Julienne pouvaient tirer de leur terre un revenu qui leur permettait non seulement d'améliorer leur équipement de ferme, mais aussi de se procurer des biens de consommation pour la famille. A Sainte-Julienne c'était la première fois dans l'histoire de la localité que l'agriculture devenait une activité rémunératrice. Cette prospérité de l'agriculture coïncidait avec le mouvement d'électrification rurale qui venait de toucher Sainte-Julienne. Ainsi, du jour au lendemain, les familles purent mieux se loger, mieux se vêtir et même mieux se nourrir; plusieurs appareils ménagers électriques pénétraient dans le foyer et facilitaient la tâche des mères de famille. D'ailleurs, ce n'était pas seulement par goût que la famille agricole de Sainte-Julienne se procurait de plus en plus de biens manufacturés pour satisfaire ses besoins. L'accroissement de la production agricole exigeait que le mère de famille de même que les enfants consacrent de plus en plus de temps aux travaux de la ferme. Ainsi, on dut négliger les arts ménagers traditionnels pour assurer la production. Au lieu de cuire son pain, la mère de famille achetait du pain de boulanger; les étoffes du pays ou les vêtements confectionnés à la maison étaient remplacés par des tissus et des vêtements du magasin général. Jusqu'au jardin familial qu'on négligeait pour consacrer plus de temps à l'élevage de la volaille et du porc.

augmenter: *to increase*

rentable: qui permet de faire un profit

par suite de: en conséquence de

sensible: perceptible; important

rémunérateur: *profitable*

du jour au lendemain: très rapidement, tout d'un coup

foyer *(m.)*: maison

accroissement *(m.)*: augmentation

volaille *(f.)*: *poultry, fowl*

Eglise de Beauport, près de Québec. Tableau de George Seton (1819-1905).

subir: *to be subjected to*

accéder: atteindre

pâte *(f.): pulp*

main-d'oeuvre *(f.): manpower*

Après la guerre, les prix agricoles subirent une baisse considérable et le cultivateur se trouva placé devant le choix suivant: revenir à l'agriculture de subsistance et perdre le niveau de vie auquel il venait d'accéder, ou quitter l'agriculture pour une autre occupation et continuer à jouir de son nouveau niveau de vie et même l'améliorer. Dans la situation d'avant-guerre, ce choix eût été impossible car il n'existait aucune occupation non agricole dans le milieu rural qui eût pu permettre à la population de Sainte-Julienne d'améliorer son niveau de vie. Mais, dans la situation d'après-guerre, l'industrie forestière offrait aux travailleurs de Sainte-Julienne cette occupation non agricole de rechange. Faisant face à une demande fortement accrue pour le bois de pâte et à une diminution de la main-d'oeuvre disponible, l'industrie forestière de la province de Québec avait dû prolonger ses opérations. Le travailleur forestier professionnel pouvait donc travailler pendant sept ou huit mois par année et ainsi s'assurer un revenu de beaucoup supérieur à celui du cultivateur pratiquant une agriculture de subsistance. La majorité des travailleurs de Sainte-Julienne ont choisi de garder leur niveau de vie même si cela signifiait l'abandon complet de l'agriculture.

Ce choix indique jusqu'à quel point un changement relativement rapide dans la situation a pu causer des bouleversements sur le plan des normes de comportement et des valeurs de la population. D'après le nouveau système des normes et des valeurs qui définissent la situation présente de Sainte-Julienne, il ne s'agit plus, pour la population, de survivre, mais de vivre et de bien vivre. D'une économie de production on est passé à une économie de consommation. L'amélioration continue du niveau de vie devient un des buts principaux de l'individu et de la famille. Dans cette optique, l'occupation n'est plus jugée selon un critère moral, mais selon un critère d'efficacité. Si l'agriculture permet d'obtenir le niveau de vie désiré, elle sera acceptée comme une occupation privilégiée. Mais si elle ne permet pas d'atteindre ce niveau de vie, on délaissera cette occupation. Le travail en ville et même la migration de la famille vers la ville n'apparaissent plus comme condamnables. Au contraire, la ville est devenue le lieu où l'on peut le plus facilement réaliser ses aspirations. De même, ce n'est plus la façon dont on gagne son argent qui est importante comme critère de stratification sociale, mais plutôt la façon dont on dépense cet argent. Il vaut mieux vivre moins libre mais bien vivre que d'être indépendant et vivre dans la pauvreté. On voit jusqu'à quel point le conflit peut être douloureux puisque le nouveau système de valeurs et de normes est en fait l'antithèse du système traditionnel. On pourrait même dire qu'étant donnée la situation économique actuelle du milieu rural, le nouveau système de valeurs et de normes conduit à la négation même du monde rural.

V A la recherche d'un équilibre

C'est au niveau de tous les aspects de la vie sociale de Sainte-Julienne qu'on trouve l'ambivalence et l'ambiguïté liées à la coexistence des deux systèmes de normes et des deux systèmes de valeurs. Notre étude ne nous a pas permis d'examiner en profondeur chacun des aspects de la vie sociale de la paroisse. C'est pourquoi nous ne décrirons ici que certains des points principaux.

Le fait que la majorité ait préféré le travail en forêt à l'agriculture montre déjà que l'agriculture a cessé d'être une occupation privilégiée pour devenir une occupation parmi d'autres. Même si on doit rejeter l'agriculture comme gagne-pain, on reste encore attaché au mode de vie agricole. Au plan des attitudes, les habitants du village, paradoxalement, conseillent à la fois à

bouleversement *(m.):* *upheaval*

optique *(f.):* point de vue

gagne-pain *(m.):* *livelihood*

leurs enfants de retourner à l'agriculture et d'émigrer en ville. Cette attitude contradictoire n'est explicable que par le maintien chez les chefs de famille de l'attachement traditionnel à l'agriculture. Cette valorisation est sans doute trop faible pour que les individus retournent effectivement à l'agriculture, mais elle est suffisamment forte pour donner mauvaise conscience à celui qui veut devenir bûcheron professionnel ou émigrer vers la ville.

C'est malgré soi, parce que l'on y est forcé par la situation, qu'on abandonne l'agriculture. En fait, tout se passe comme si l'on acceptait sur le plan pratique les comportements présupposés par les nouvelles normes et les nouvelles valeurs, mais sans accepter ces normes et ces valeurs au niveau de la conscience.

Cette mauvaise conscience qu'on a vis-à-vis l'agriculture, on l'a aussi vis-à-vis la ville. Même si l'on a accepté le mode de consommation du milieu urbain et même si l'on considère que c'est en ville seulement qu'on pourra obtenir un emploi permettant de satisfaire complètement les nouveaux besoins, on reste

méfiant à l'égard du milieu urbain. Le caractère physique de la ville, le caractère impersonnel de la vie urbaine et même les dangers moraux de la ville sont autant d'aspects redoutables. La ville est donc définie plutôt comme un pis-aller. L'idéal serait de jouir des mêmes avantages que la population urbaine tout en demeurant dans le milieu rural.

Le village a remplacé le rang comme unité sociale significative. L'abandon de l'agriculture s'est traduit par une migration très considérable des familles vers le village. En devenant bûcheron professionnel, le cultivateur a abandonné le soin de sa ferme à sa femme et à ses jeunes enfants. La tâche de la femme est

devenue ainsi très considérable et, d'année en année, on a diminué le nombre d'animaux et l'étendue de terre cultivée. Au

bout de quelques années, l'agriculture a été abandonnée complètement. La femme ayant dès lors une tâche moins

considérable à accomplir a ressenti plus fortement son isolement sur la ferme et a exigé que la famille déménageât au village. Très

souvent cependant, on a été incapable de vendre la ferme parce que tous les voisins abandonnaient eux aussi l'agriculture. Dans ce cas, on a déménagé la maison au village tout en conservant la terre comme une sorte de police d'assurance en cas de crise.

La population du village s'est aussi accrue par suite du mariage des bûcherons professionnels. Le jeune bûcheron

professionnel ayant renoncé définitivement à l'agriculture

s'installera tout de suite au village lors de son mariage.

La fonction du village a ainsi changé du tout au tout. Il est devenu le lieu de résidence de la majorité des familles d'âge moyen.

Par suite de l'abandon de l'agriculture et de la prolongation sur une période de neuf mois des opérations forestières, le rythme traditionnel de vie communautaire est disparu à Sainte-Julienne. L'année n'est plus divisée en périodes significatives et il n'y a plus d'événements marquants qui définissent une activité commune. Chacun part pour la forêt ou en revient quand bon lui semble. Il n'est donc plus question de marquer par des cérémonies spéciales les départs ou les arrivées. Seule la période du carême garde une signification communautaire, mais il ne s'agit plus de la signification traditionnelle. En effet, c'est durant cette période que l'on retrouve à peu près tous les hommes dans la paroisse, la fin de l'hiver rendant le travail en forêt à peu près impossible. Ainsi, le carême, loin d'être une occasion de pénitence devient la seule occasion que l'on a d'organiser des réjouissances collectives, des veillées, etc.

C'est au plan de la vie familiale que les changements les plus marqués se sont produits. Comme la famille urbaine, la famille rurale a cessé d'être une unité de production pour devenir, presque exclusivement, une unité de consommation. Plus encore que dans la famille du travailleur urbain, le rôle du père dans la famille du bûcheron professionnel se réduit pratiquement aux seuls rôles de procréateur et de nourricier. Dans la famille agricole traditionnelle, le rôle principal du père était celui d'organiser la production, ce qui lui conférait une autorité très considérable sur tous les membres de la famille. Pour le bûcheron, la production s'effectue à l'extérieur de la famille de sorte que, pour conserver une certaine autorité, le père devrait partager l'autorité de la mère sur le plan moral et intellectuel. Son absence prolongée du foyer l'empêche toutefois de partager cette autorité de la mère. La mère devient ainsi le centre autour duquel peuvent graviter les enfants.

La famille étant devenue une unité de consommation, les enfants qui travaillent sont eux aussi des consommateurs. Comme tels, ils ont des besoins à satisfaire personnellement. Ainsi, au lieu de continuer à donner leur salaire aux parents, les enfants vont conserver leur revenu, mais ils paient une pension. D'un tout global, la famille devient une juxtaposition d'individus consommateurs. D'ailleurs, en payant pension, l'enfant se sent

lors de: au moment de

du tout au tout: entièrement

carême (m.): Lent

s'effectuer: se faire

partager: to share

dégagé: libre

célibataire: qui n'est pas marié

dégagé de toute responsabilité à l'égard de sa famille. Nous avons fréquemment rencontré de jeunes bûcherons célibataires qui habitaient chez leurs parents cultivateurs; parce qu'ils payaient une pension à leur mère lorsqu'ils demeuraient à la maison, ces garçons refusaient catégoriquement de participer aux travaux de la ferme avec leur père. Nous avons rencontré la même attitude chez plusieurs jeunes filles qui venaient prendre des vacances de cinq ou six semaines dans leur famille et qui refusaient d'aider leur mère aux travaux ménagers. Par ailleurs, la famille a perdu sa fonction sur le plan de l'apprentissage. Le bûcheron professionnel qui demeure au village n'a plus la possibilité d'initier son garçon, dès l'âge de 12 ou 13 ans, aux techniques du travail en forêt. La première expérience de travail en forêt est reportée au moment où le jeune villageois peut lui-même travailler pour une compagnie, c'est-à-dire vers l'âge de 17 ou 18 ans. Autrefois, à 17 ou 18 ans, un jeune travailleur possédait déjà pleinement son métier de bûcheron. Aujourd'hui, à cet âge, il est en apprentissage. Comme les compagnies forestières ne donnent pas un apprentissage institutionnalisé, le jeune bûcheron doit apprendre son métier par lui-même. La première expérience en forêt du jeune villageois ne se fait plus en compagnie du père, mais avec des travailleurs de son âge. Pendant l'absence de leur père, trois ou quatre jeunes après avoir longtemps discuté entre eux, décident qu'ils sont prêts à tenter leur chance. Dans leur impatience de tenter l'expérience, ils n'ont pas le temps d'attendre que leur père revienne à la maison. Ils préfèrent partir ensemble. Pour le jeune travailleur, la première expérience du travail marque donc, ordinairement, une rupture complète et définitive avec la famille et souvent avec le milieu.

rupture (f.): break

Parce que la famille est maintenant incapable de donner à l'enfant l'apprentissage nécessaire en vue de son travail futur, l'école prend une importance de plus en plus considérable dans le milieu rural. Le bûcheron professionnel désire pour son garçon un degré d'instruction assez élevé, surtout du côté de l'apprentissage formel d'un métier. L'instruction est perçue comme la seule façon d'échapper au déterminisme social qui pèse à la fois sur le cultivateur et sur le bûcheron. Mais, plus les jeunes garçons et les jeunes filles auront un niveau d'instruction élevé, moins ils pourront trouver à Sainte-Julienne des occupations pouvant satisfaire leurs goûts. L'élévation du niveau de scolarité de la population ne fera donc qu'accélérer le mouvement d'émigration vers les villes et le processus de dépeuplement de Sainte-Julienne.

Gérald Fortin, dans *Recherches Sociographiques*, vol. 2, no. 2, (1961).

Exploitation du texte

I Répondez aux questions suivantes.
  Introduction (Section I)
1. Où se trouve Sainte-Julienne par rapport à Montréal?
2. Quelles transformations se sont produites à Sainte-Julienne? Est-ce qu'elles sont récentes?
3. Pourquoi l'auteur pense-t-il que les comportements traditionnels vont disparaître?
4. D'où vient le dérèglement de la vie sociale à Sainte-Julienne?
5. Qu'est-ce que l'auteur se propose de faire dans cet article?

1930: complémentarité agriculture—travail en forêt (Section II)
1. Sur quoi était basée l'économie de Sainte-Julienne? Pour quelle raison?
2. Qu'est-ce qu'une agriculture de subsistance?
3. Décrivez le niveau de vie des cultivateurs vers 1930.
4. Quel rôle jouait le travail en forêt?
5. L'agriculture était-elle menacée par le travail en forêt? Justifiez votre réponse.
6. Quels traits du cultivateur étaient mis en valeur? Pour quelles raisons?
7. Comment l'Eglise aidait-elle à maintenir les valeurs traditionnelles?
8. Est-ce que les habitants de Sainte-Julienne auraient pu améliorer leur niveau de vie? Expliquez votre point de vue.
9. Le travail en forêt rapportait plus d'argent que l'agriculture; pourtant les habitants de Sainte-Julienne se considéraient agriculteurs avant tout. Que pensez-vous de cette attitude?

10. Résumez la situation de Sainte-Julienne vers 1930.

La vie sociale (Section III)
1. Quel rôle est-ce que le village jouait dans la communauté? Développez.
2. Quel rôle jouait le rang dans la vie sociale? Pourquoi est-ce qu'il jouait ce rôle?
3. Donnez plusieurs exemples d'événements importants dans la vie de Sainte-Julienne. Sur quoi est-ce que ces événements étaient basés?
4. Expliquez en détail quelles étaient les différentes fonctions de la famille.
5. Quel rôle jouait chacun des membres d'une famille? Donnez des exemples précis.
6. Quels étaient les droits et les devoirs des divers membres d'une famille?
7. Quelle valeur était accordée à l'éducation donnée dans les écoles? Pourquoi?
8. L'un des enfants faisait parfois des études. Lequel? Pour quelle raison?
9. Est-ce que les habitants de Sainte-Julienne étaient satisfaits de leur mode de vie? Justifiez votre réponse.
10. Quels contacts les habitants de Sainte-Julienne avaient-ils avec la ville? Développez.

Une période de transition (Section IV)
1. Quelles sont les causes des changements de la vie à Sainte-Julienne?
2. Pourquoi est-ce que l'agriculture est devenue rentable à Sainte-Julienne pendant la guerre?
3. Pourquoi est-ce que les cultivateurs achetaient des biens manufacturés?
4. Donnez plusieurs exemples de changements qui se sont produits dans la vie des cultivateurs pendant la guerre.
5. Qu'est-ce qui s'est passé après la guerre?
6. Qu'est-ce qui a permis aux habitants de Sainte-Julienne de faire un choix?
7. Quelle a été le décision prise par la majorité des habitants de Sainte-Julienne? Quelle est la raison de cette décision?
8. Montrez comment le système des valeurs a totalement changé.

A la recherche d'un équilibre (Section V)

1. Qu'est-ce qui rend la situation actuelle contradictoire?
2. Quelle est l'attitude des gens envers la ville?
3. Pourquoi est-ce que le rang ne joue plus de rôle social?
4. Qu'est-ce qui arrive à Sainte-Julienne pendant le carême?
5. Quelles transformations se sont produites dans la vie familiale? Développez.
6. Est-ce que le père joue un rôle aussi important qu'autrefois? Pourquoi?
7. Pourquoi est-ce que l'auteur pense que Sainte-Julienne va continuer à se dépeupler?

II Introduction (Section I)
(mots outils)

Lisez les phrases suivantes en ajoutant les articles, prépositions et toutes les indications de genre et de nombre qui manquent. (Aidez-vous du texte au besion.)

1. _____ Sainte-Julienne, _____ structure _____ occupations et _____ attitudes ____ ____ population _____ l'égard _____ occupations _____ sont (transformer) radicalement depuis _____ vingtaine _____ années.
2. Même _____ les transformations _____ milieu rural sont très (profond), _____ sont encore (incomplet).
3. De nouvelles valeurs émergent petit _____ petit et permettent ____ ____ individu _____ s'adapter plus efficacement _____ (son) (nouveau) situation.
4. De nouveaux comportements _____ ne sont _____ appuyés _____ un système _____ valeurs encore bien défini, mais _____ sont efficaces, coexistent _____ des comportements fortement valorisés mais _____ efficaces.
5. Nous allons présenter _____ image _____ Sainte-Julienne _____ un moment _____ existait _____ correspondance assez grande _____ la situation et _____ définition (social) _____ cette situation.
6. Nous pourrons mieux voir _____ est _____ conflit _____ se pose _____ niveau _____ ____ définition ____ ____ situation et _____ conséquences _____ déséquilibre actuel implique _____ rapport _____ différents paliers ____ ____ vie (social).

122

III 1930:complémentarité agriculture —travail en forêt (Section II)
   (expressions synonymiques)

   *Remplacez les mots en italique par des expressions équiva-
   lentes prises dans le texte.*
   1. Le cultivateur *essayait* de produire tout ce dont il avait be-
      soin.
   2. Très peu de familles *bénéficiaient* d'un surplus.
   3. Les opérations forestières *avaient lieu* en hiver.
   4. La valorisation de l'agriculture *comprenait* aussi une valo-
      risation de certaines caractéristiques du cultivateur.
   5. La production laitière *finissait* avec l'automne.
   6. Cette indépendance *apparaissait* sur le plan du travail.
   7. Il pouvait toujours y avoir des déficits *pendant* les années à
      venir.
   8. On condamnait le mode de vie *de la ville.*
   9. Le curé valorisait le mode de vie *de la campagne.*
   10. Le curé incitait ses paroissiens à *rester* cultivateurs.

IV La vie sociale (Section III)
   (expressions plus ou moins figées)

Rappel:
Il existe en français des expressions dont il est facile de deviner
une partie quand on connaît l'autre parce qu'elles sont plus ou
moins figées.

   Remplacez les tirets par des expressions prises dans le texte.
   1. La mère et les enfants _____ part aux travaux de la ferme.
   2. Il pouvait employer l'argent comme bon ____ ____ .
   3. Plus souvent ____ ____ cet argent était investi dans la ferme.
   4. Le garçon travaillait en forêt pour _____ de l'argent.
   5. Le jeune adulte doit subvenir ____ ____ de sa future famille.
   6. L'enfant faisait son apprentissage petit ____ ____ .
   7. Ce n'était qu'au plus faible qu'on permettait de _____ des
      études afin qu'il puisse _____ sa vie dans une occupation
      autre que l'agriculture.
   8. Il va _____ dire que cette forte influence du père facilitait
      la transmission des valeurs attachées à l'agriculture.
   9. Cela _____ au fait que la population était ignorante de
      tout autre genre de vie.

V Une période de transition (Section IV)
(mots de la même famille)

Complétez les phrases suivantes en remplaçant les mots entre parenthèses par un mot de la même famille, à la forme qui convient.

1. La (deux) guerre (monde) devait apporter des (changer) profonds dans la situation.
2. Ces (changer) ont été provoqués par l'(ouvrir) de la communauté sur le monde extérieur et la (possible) pour les (cultiver) d'(meilleur) leur niveau de vie grâce aux revenus (agriculture).
3. L'agriculture devint rentable, non pas par suite d'une (diminuer) dans le (coûter) de (produire), mais plutôt par suite d'une (augmenter) très (sentir) dans le prix des produits (agriculture).
4. L'(accroître) de la (produire) exigeait que la mère de famille consacre beaucoup de temps aux (travailler) de la ferme.
5. On négligeait le jardin (famille) pour consacrer plus de temps à l'(élever) de la volaille et du porc.
6. L'industrie (forêt) offrait aux (travail) de Sainte-Julienne cette (occuper) de rechange.

VI A la recherche d'un équilibre (Section V)
(quelques contraires)

Dans chacune des phrases suivantes donnez le contraire des mots ou expressions en italique. Aidez-vous du texte au besoin.

1. L'agriculture *a continué à* être une occupation privilégiée.
2. Cette attitude n'est explicable que par *l'abandon* de l'attachement traditionnel à l'agriculture.
3. C'est *volontairement* qu'on abandonne l'agriculture.
4. On reste *confiant* à l'égard du milieu urbain.
5. On a *augmenté* le nombre d'animaux.
6. On a été incapable *d'acheter* la ferme.
7. Le bûcheron ayant renoncé *temporairement* à l'agriculture s'intallera au village.
8. *Le début* de l'hiver rend le travail en forêt à peu près impossible.
9. Les enfants qui travaillent sont eux aussi des *producteurs*.

10. Nous avons rencontré des bûcherons *mariés* qui habitaient chez leurs parents.

Compositions orales

I Bernard, vingt ans, veut quitter la ferme de son père pour aller travailler en ville.

Bernard: Papa / vouloir / parler / important.

Père: Y aller. Je / écouter.

Bernard: Tu / se souvenir / Jacques / jouer / football / équipe? / Ça fait un an / il / partir / Québec / usine. Il / écrire / pouvoir / trouver / travail / si / je / vouloir.

Père: Comment? / Travail? / Mais / travailler / déjà / moi / ferme!

Bernard: Je / savoir / mais / métier / cultivateur / et / bûcheron / ne pas donner / revenu / suffisant. / Je / vouloir / s'installer / Québec.

Père: Ville? / Fou? / Qu'est-ce / prendre? / Malade?

Bernard: Non / malade. / Je / fatigué / travailler / bête de somme / joindre les deux bouts. / Si / je / ville / je / pouvoir / bon salaire / et / acheter / tout / vouloir. / Je / en avoir assez / pauvre.

Père: Mais / pas / pauvre. / Tu / réussir / acheter / voiture / économies. / D'ailleurs / ne pas y avoir / que / argent / compter. Ici / tu / indépendant. / Quand / travailler / usine / tu / ne pas avoir *(futur)* / liberté / posséder / maintenant / et / tu / regretter.

Bernard: Je / ne pas croire / regretter / tu / appeler / "liberté". / Et / autre raison / départ. / Ici / rien / faire. / Seul / distraction / village / cinéma. / Nouveau film / deux mois! / Tu / penser / vie / intéressant / garçon / âge?

Père: Aussi / veillées / voisins / et / bals / et / soirées / amis.

Bernard: Papa, / ne pas parler / mes amis. / Ils / moins / nombreux / parce que / partir / Québec / ou / Montréal. / Ceux / encore ici / ne pas tarder *(futur)* / aller.

Père: Tu / trop / pessimiste / optimiste / même temps. / Tu / penser / village / rien / offrir / et / imaginer / ville /

donner / tout / désirer. / Tu / se tromper.

Bernard: Je / pas d'accord. / Toutes / lettres / amis / envoyer / enthousiastes. / Personne / regretter / quitter / village.

Père: Si / ils / regretter *(imparfait)* / ils / ne pas oser / dire! . . . / Mais / tard / et / je / commencer / trop / fatigué / continuer / parler / sérieusement. / Si / tu / vouloir / nous / continuer / discussion / demain matin.

II Martine vient d'arriver chez ses parents où elle a l'intention de passer les vacances. Sa mère lui demande de l'aider à préparer le repas, mais Martine qui paie une pension à ses parents, refuse catégoriquement. Imaginez la discussion qui a lieu entre la mère et la fille.

III Un frère et une soeur, Anne-Marie (quatorze ans) et Bertrand (vingt ans), qui vivent dans la ferme de leurs parents, discutent de leurs projets d'avenir. Imaginez leur dialogue.

Discussion

Discutez les idées suivantes.

1. D'après vous, est-ce que l'épargne est une vertu ou un défaut?
2. Quels sont, d'après vous, les droits et les devoirs des parents? Et ceux des enfants?
3. Est-ce que la famille devrait jouer un rôle important dans la vie d'une personne?
4. L'auteur dit que pour les habitants de Sainte-Julienne ''il vaut mieux vivre moins libre, mais bien vivre que d'être indépendant et vivre dans la pauvreté''. Qu'en pensez-vous?
5. Un enfant est-il dégagé de toute responsabilité à l'égard de sa famille s'il paie une pension?
6. Que pensez-vous des changements socio-culturels qui se sont produits à Sainte-Julienne?

Compositions écrites

I Résumez les idées essentielles contenues dans cet article.

II Les changements socio-culturels qui ont eu lieu à Sainte-Julienne sont-ils typiquement canadiens-français ou peuvent-ils également caractériser la vie rurale canadienne anglaise (de l'Ontario, du Manitoba, etc)?

III La famille, telle qu'on la conçoit traditionnellement, est-elle en train de disparaître? Décrivez la situation actuelle. Qu'en pensez-vous?

Familles canadiennes – françaises

Placez tous les noms de famille qui suivent dans la grille pourvue.
(Ces noms sont typiquement canadiens-français.)

Quatre lettres
Dubé

Cinq lettres
Blais
Rioux

Six lettres
Bédard
Brunet
Fortin
Gagnon
Giroux
Perrin
Simard
Vallée

Sept lettres
Brisson
Cadieux
Comtois

Fortier
Lalonde
Lambert
Lemieux

Huit lettres
Bergeron
Cloutier
Lapointe
Paquette
Trudelle

Neuf Lettres
Desroches
Thibeault

Dix lettres
Arsenault

Onze lettres
Archambault

Colette Nemni

Marius réclame son fils

Contenu linguistique

fréquenter (qn.):
voir souvent (qn.)
malentendu *(m.):*
misunderstanding

en cachette:
secrètement

L'action se passe à Marseille, dans le sud de la France. Marius, fils de César, et Fanny se connaissent et se fréquentent depuis leur enfance. A cause d'un malentendu, Marius, après avoir fait l'amour avec Fanny, devient marin et quitte Marseille en cachette. Quelques mois plus tard, Fanny apprend qu'elle est enceinte. Sa tristesse provient donc non seulement du fait qu'elle se croit abandonnée de Marius, qu'elle aime encore, mais également du fait qu'elle se trouve déshonorée, puisqu'elle attend un enfant illégitime.

Le meilleur ami de César, Honoré Panisse, veuf, riche et âgé, veut épouser Fanny depuis longtemps. Quand il la demande en mariage, Fanny lui dit la vérité, mais Panisse accepte quand même de l'épouser et de faire croire à tout le monde que cet enfant est de lui. Panisse et Fanny se marient. Ils nomment leur bébé César (en l'honneur de César qui est en même temps le meilleur ami de Panisse et le vrai grand-père du bébé).

Deux années se passent sans incidents. Dans les scènes qui suivent Marius arrive à l'improviste un soir où le petit César est malade.

veuf *(m.):* widower

à l'improviste: d'une façon inattendue, subitement

ACTE TROISIEME

Fin de la scène VIII

Panisse: Ce retour, Marius, il y a deux ans que je l'attends. Je peux dire que depuis deux années, pas un soir, je ne me suis couché sans penser: "Et si c'est demain qu'il revient? Et s'il essaie de tout me prendre, qu'est-ce que je vais lui répondre?" Et depuis ces deux années, je t'ai préparé toutes mes réponses . . . Et maintenant que je te vois ici, je ne sais plus quoi dire, je suis tout surpris . . .

SCENE IX
Fanny, Panisse, Marius, César

Fanny: Il n'a pas l'air malade, Honoré. Il est un peu rouge, voilà tout.

Panisse: Et la température?

Fanny: Maman s'en occupe.

Panisse: Bon. Assieds-toi, Fanny. *(A Marius).* Alors, toi, en somme, qu'est-ce que tu réclames?

Marius: Ecoutez, maître Panisse. J'ai fait une folie, il y a deux ans. Mais j'ai des excuses. D'abord, Fanny m'avait menti. Ensuite, personne ne savait que cet enfant allait naître. Mais maintenant, parce que j'ai été bête pendant une heure, il faut que la vie de plusieurs personnes soit gâchée?

Panisse: Quelles personnes?

Marius: Fanny, moi, mon père et mon fils.

Panisse: Et moi, qu'est-ce que je deviens, là-dedans?

Marius: Vous, vous avez été heureux pendant deux ans, et vous avez été heureux en faisant une bonne action. Ce

en somme: en résumé, en conclusion

gâché: gâté, manqué

130

que vous avez fait, je vous en remercie. Mais maintenant, il faut prendre votre courage et me rendre ce qui m'appartient.

César: Oh! Tu vas vite, Marius!

Panisse: Oui, il a beaucoup de courage pour les sacrifices qu'il demande aux autres. Mais, voilà ma réponse. Lorsque je vous vois tous les deux, lorsque tu viens me dire que tu veux rester à Marseille, je sens bien que je suis un gêneur . . .

Fanny: Honoré!

Panisse: Oui, je suis un gêneur. Et il y a une chose que je devrais bien faire pour me rendre sympathique: ce serait d'aller me noyer par accident. Je le ferais bien volontiers, Fanny, pour te rendre heureuse. Seulement, si je meurs, je ne verrai plus le petit. Alors, moi, té, je refuse de me noyer. Je le refuse absolument.

César: Mais personne ne te le demande.

Panisse, avec douceur: Non, personne ne me le demande, mais moi je viens de me le demander. *(Un temps).* Eh bien, je refuse. D'autant plus qu'il y a peut-être une autre solution. Une solution que j'avais presque acceptée au moment où j'ai épousé Fanny.

César: Quelle solution, Honoré?

Panisse, à Marius: Lorsque tu réclames "ta femme et ton fils", tu ne réclames pas ton fils, tu ne sais pas ce que c'est qu'un enfant. Et tu ne réclames même pas ta femme. Ce que tu veux, c'est ta maîtresse. C'est la petite fille que tu embrassais sur les quais en jouant aux cachettes. N'est-ce pas, c'est bien ça que tu veux?

Marius: Je veux Fanny, parce qu'elle est à moi, parce que je l'aime toujours, parce que . . .

Panisse, le coupant: . . . Oui, je sais, mais de l'aimer, ce n'est pas difficile. Ce qui est important, ce sont ses sentiments à elle. *(Il se tourne vers Fanny.)* Fanny, n'aie aucune pitié pour moi. Si tu aimes toujours ce garçon, si tu crois que ton bonheur est là, tant pis pour moi. Tu sais que tu es libre, tu sais que jamais je ne m'opposerai à un de tes désirs. Si tu veux que nous nous séparions, ce ne sera pas difficile: je prendrai tous les torts sur moi.

César: C'est beau ce qu'il dit. Ce n'est pas égoïste. Mais l'enfant?

---

gêneur *(m.):* personne qui gêne

se noyer: *to drown*

té *(déformation phonétique de ''tiens''):* exlamation du Midi indiquant souvent la surprise

d'autant plus: *all the more*

quai *(m):* *wharf, pier*

jouer aux cachettes: *to hide (for the purpose of having forbidden fun)*

tort *(m.):* blâme, action condamnable

égoïste: *selfish*

Panisse, stupéfait: L'enfant?

Marius: Eh bien, l'enfant, il est à nous!

Panisse: Que je donne l'enfant? Pourquoi tu me demandes pas aussi mes yeux, ma rate, mon foie, mon coeur?

Marius: Ah! Vous êtes malin, Panisse. Vous faites le grand généreux et vous dites: ''Je donne la femme, mais je garde l'enfant.'' Parce que peut-être, sans l'enfant, la femme ne partira pas . . . Eh bien, si vous êtes honnête, vous me rendrez mon fils, parce qu'il est mien.

Panisse: Non, Marius, non Marius! Le petit, tu ne l'auras pas. Peut-être que tu seras plus fort que moi pour parler à sa mère. Si tu restes ici, peut-être qu'elle-même, un jour, viendra pour me le demander . . . Non, Marius, ne fais pas ça, ne cherche pas à me le prendre. Tu es jeune, si tu veux des petits, tu en auras d'autres. Mais le mien, laisse-le-moi. C'est mon seul, c'est mon unique, c'est mon premier et mon dernier.

Fanny: Honoré, qui peut te le prendre? Tu me connais si peu?

Panisse, dans un cri de désespoir: Et encore, si c'était un enfant ordinaire, comme ceux que l'on voit dans les jardins publics! Mais justement, celui-là, c'est la merveille du monde!

César: Ça c'est vrai, Marius. Quand tu étais petit, tu étais beau. Mais celui-là il est peut-être encore plus beau que toi!

Panisse: Comment? Peut-être? Mais tu peux chercher dans toute la ville de Marseille, tu en trouveras des plus gras et des plus gros, mais des plus beaux, il n'y en a pas! Non, il n'y en a pas! *(Un temps. Tout à coup, Panisse prête l'oreille et dit brusquement:)* Il a toussé!

Fanny: Il a toussé?

César: J'ai pas entendu.

Panisse: Oui, personne ne l'entend, mais moi, je l'entends! *(Il sort.)*

SCENE X

Les mêmes, moins Panisse

Marius: Té, le voilà parti?

César: Dis donc, si l'enfant a toussé, c'est tout de même plus intéressant que nos histoires!

132

---

rate *(f.):* glande endocrine située à gauche de l'estomac (spleen)

foie *(m.):* liver

malin *(m.):* **maligne** *(f.):* intelligent

gras: *plump*

prêter l'oreille: écouter attentivement

tousser: *to cough*

Marius: Mais puisqu'il est mien, cet enfant, ce serait à moi de me faire du mauvais sang!

(Un temps. César le regarde fixement.)

César: Et justement, tu ne t'en fais pas!

Fanny: Non, Marius, il n'est pas tien. Tu étais son père avant qu'il naisse. Mais, depuis qu'il est né . . .

Marius: Quand on est le père de quelqu'un, c'est pour toujours!

César: Quand il est né, il pesait quatre kilos . . . quatre kilos de la chair de sa mère. Mais aujourd'hui, il pèse neuf kilos, et tu sais ce que c'est, ces cinq kilos de plus? Ces cinq kilos de plus, c'est cinq kilos d'amour. Et pourtant, c'est léger, l'amour! C'est une chose qui vous environne, qui vous enveloppe, mais c'est mince et bleu comme une fumée de cigarette. Et il en faut pour faire cinq kilos . . . Moi, j'en ai donné ma part; elle aussi. Mais celui qui a donné le plus *(il montre la porte par où Panisse est parti)* c'est lui. Et toi, qu'est-ce que tu as donné?

Marius: La vie.

César: Oui, la vie. Les chiens aussi donnent la vie . . . Les taureaux aussi donnent la vie à leurs petits. Et d'ailleurs cet enfant, tu ne le voulais pas. Ce que tu voulais, c'était ton plaisir. La vie, ne dis pas que tu la lui as donnée. Il te l'a prise: ce n'est pas pareil.

Marius: Comment! toi aussi! Mais, nom de Dieu, qui c'est le père? Celui qui a donné la vie ou celui qui a payé les biberons?

César: Le père, c'est celui qui aime.

Fanny: Tu étais le père d'un petit bâtard dont la naissance était un désastre pour une famille. Le père d'un enfant sans nom, porté par une pauvre fille dans la honte et le désespoir . . . un pauvre enfant d'hôpital. Où est-il, cet enfant? Il n'existe plus, ce n'est pas le mien. Le mien il est né dans un grand lit de toile fine, entre la grand-mère et les tantes. Et il y avait deux grandes armoires pleines de robes, et de lainages tricotés par les cousines de Martigues, et les grand-tantes de Vaison et la marraine de Mazargues. Et mon beau-frère de Cassis, il était venu tout exprès pour entendre le premier cri. Et de Marseille jusqu'en Arles, partout où vivent les parents de mon mari, il y avait une grande joie dans trente maisons, parce que dans le lit de maître Panisse, un tout petit enfant venait de naître, tout juste à la pointe du jour, le matin des Cloches de Pâques. Va, Marius, tu as les dents pointues, mais n'essaie pas de mordre des pierres. Cet enfant, tu ne l'auras pas. Il est planté en haut d'une famille comme une croix sur un clocher.

Marius: Alors, toi aussi, tu me trahis?

Fanny: Trahir ton amour . . . Non, Marius, je ne l'ai pas trahi. Puisque ton père est là, puisqu'il me protège contre notre folie, je peux tout te dire: Marius, je t'aime toujours, je t'aime comme avant, peut-être plus encore, et chaque matin, je vois ta figure dans le sourire de mon fils. Quand tu as paru tout à l'heure devant cette fenêtre, j'ai cru que je tombais vers toi . . . Je ne pouvais plus respirer . . . mes jambes ne me portaient plus. Si tu m'avais prise par la main, sans dire un seul mot, je t'aurais suivi n'importe où, mais après, Marius? Et mon fils?

trahir: *to betray*

Marius, *brutal:* Il est nôtre, tu n'as qu'à le prendre.

Fanny: Je n'ai pas le droit. Ni devant la loi, ni devant le Bon Dieu. Lorsque j'étais perdue, Panisse m'a sauvée, il m'a donné son nom, il m'a rendu le respect que j'avais perdu. Et pendant la nuit où l'enfant est né, je tenais sa main et j'enfonçais mes ongles. Le docteur lui dit: "Elle va vous faire mal . . ." alors j'ai lâché cette main, mais il me l'a vite rendue et il m'a dit: "Griffe-moi, mords-moi si tu veux, plus tu me feras du mal et plus ce petit sera mien." Et alors, toute la nuit, sans le vouloir, je lui ai enfoncé mes ongles . . . Il en porte encore les marques . . . ces marques, c'est lui qui les a, ce n'est pas toi! Marius, va-t'en sur la mer, c'est là que tu as voulu aller, laisse-moi ici avec notre enfant. *(Marius regarde son père, stupéfait.)* Et si ça peut te consoler, pense que chaque soir, il y a une femme qui pense à toi, une femme qui voudrait s'étendre contre toi, sentir l'odeur de tes cheveux et s'endormir dans ta chaleur.

enfoncer: faire aller vers le fond, faire pénétrer

ongle *(m.):* nail

griffer: *to scratch (with nails or claws)*

Marius: Fanny . . .

Fanny: Une femme qui voudrait s'éveiller le matin avec ton bras autour du cou, te recoiffer quand tu t'éveilles et mettre sa main sur tes lèvres encore toutes molles de sommeil.

mou *(m.),* **molle** *(f.):* soft

épouvanter:
terrifier

(Marius veut s'élancer vers elle. Son père le retient. Entre Panisse, il est très pâle, il paraît épouvanté.)

Marcel Pagnol, *Fanny,* Paris, Pasquelle, 1946.

Exploitation du texte

I Répondez aux questions suivantes.
1. Comment savez-vous que Panisse n'est pas vraiment surpris de voir Marius?
2. Pourquoi est-ce que Panisse dit ''tu'' à Marius, alors que Marius lui dit ''vous''?
3. Panisse adore son fils et il n'est pas objectif à son égard. Trouvez tous les détails qui le prouvent.
4. Quelle est l'attitude de Fanny vis-à-vis de Marius? Cette attitude vous semble-t-elle justifiée? Expliquez.
5. D'après César, qui est le père du petit César? Pourquoi?
6. Que pensez-vous de l'attitude de César vis-à-vis de son fils?
7. Est-ce que l'attitude de Marius vous paraît très égoïste? Justifiez votre réponse.
8. Ces scènes ont ému de très nombreux spectateurs. Comment expliquez-vous ce fait?

*II '' . . . Qu'est-ce que je vais lui répondre?''
(phonétique: [ə] caduc)

Rappel:

L'action de *Fanny* se passe à Marseille, dans le sud de la France. Les gens du Midi ont tendance à prononcer la plupart des [ə]. A Marseille, par exemple, on peut facilement entendre des phrases du type: Cett*e* femm*e* est un*e* bonn*e* mèr*e*. (Presque tous les *e* finals sont prononcés.)

En français standard et au Canada français, on évite de prononcer les *e* [ə]. Les règles qui régissent le maintien ou la chute du [ə] sont assez complexes. Les conseils suivants pourraient cependant être utiles.

A. Dans les cas où le [ə] est facultatif, plus la langue utilisée est familière, *moins* on prononce les [ə]; plus la langue utilisée est soutenue, *plus* on prononce les [ə]. Plus on parle vite, moins on prononce les [ə].

> *Exemple:* Je vous parle au nom de la République. (langue soutenue)
> Si on te laissais faire, je crois que tu le ferais. (langue familière)

B. On prononce le [ə]:
i) Lorsque la suppression du [ə] entraînerait la prononciation de trois consonnes consécutives.
> *Comparez:* { tout de suite, tout de même
> { un sac de pommes de terre

ii) Au début d'une phrase.
> *Comparez:* { Vous refaites toujours les mêmes erreurs.
> { Refaites ce travail. (On prononce Refaites: début de phrase; ce: règle B(i).
>
> { Il veut que tu le fasses.
> { Que fais-tu?

C. Dans le cas où plusieurs *e* se suivent, il est fréquent de prononcer le premier *e*, de laisser tomber le deuxième, de prononcer le troisième, etc.
> *Exemple:* Ils m'ont demandé de ne revenir qu'à huit heures.

Mais les groupes suivants ne suivent pas cette règle.
> *Exemples:* Je te: Je te dis qu'il viendra.
> Ce que: Je ne sais pas ce que je vais faire.
> Parce que: C'est comme ça parce que c'est comme ça!

D. Dans les cas où l'on a [ə] + consonne + [j], on prononce le [ə].
> *Comparez:* { la boucherie
> { Richelieu
> { nous ferons
> { nous ferions

A. *Mettez les verbes au présent puis à l'imparfait selon le modèle.*

> *Modèle:* (venir) Vous v**e**nez souvent. / Vous veniez souvent.

1. (venir) Vous _____ souvent.
2. (acheter) Nous _____ des bonbons.
3. (lever) Nous _____ la main.
4. (appeler) Vous l'_____ ''Mistigri''.
5. (devoir) Vous _____ les inviter.
6. (promener) Nous _____ notre chien.
7. (faire) Nous _____ attention.

B. *Mettez les verbes au présent, au futur puis au conditionnel selon le modèle.*

> *Modèle:* (acheter) Nous ach**e**tons des fleurs.
> Nous achèt**e**rons des fleurs.
> Nous achèterions des fleurs.

1. (acheter) Nous _____ des fleurs.
2. (se lever) Vous _____ de bonne heure.
3. (emmener) Nous _____ nos enfants au cinéma.
4. (enlever) Vous _____ vos bottes à la porte.
5. (renouveler) Vous _____ votre abonnement.
6. (dégeler) Nous _____ un steak.
7. (se rappeler) Vous _____ mes conseils.
8. (rejeter) Nous _____ leur offre.

III (phonétique: [ə] caduc)

Lisez à haute voix les phrases suivantes.
1. Depuis deux ans je me demande ce que je vais lui répondre.
2. Et moi, qu'est-ce que je deviens là-dedans?
3. Seulement, si je meurs, je ne verrai plus le petit.
4. Alors, je refuse de me noyer. Je le refuse absolument.
5. Mais personne ne te le demande.
6. Que je donne l'enfant? Pourquoi tu me demandes pas aussi mes yeux, mon foie, ma rate?
7. Quand il est né il pesait quatre kilos . . . quatre kilos de la chair de sa mère.
8. Mais, nom de Dieu, qui c'est le père? Celui qui a donné la vie ou celui qui a payé les biberons?

9. Je t'aime toujours et chaque matin, je vois ta figure dans le sourire de mon fils.
10. Plus tu me feras du mal et plus ce petit sera mien.

*IV " . . . qu'est que je vais lui répondre?"
(pronoms objets)

Rappel:
Je vois *Jeanne* ⟶ Je *la* vois.
Je dis bonjour *à Guy* ⟶ Je *lui* dis bonjour.
Je vais *à l'école* à pied ⟶ J'*y* vais à pied.
Nous revenons *du bureau* ⟶ Nous *en* revenons.
Je discute souvent avec *mes amis* ⟶ Je discute souvent avec *eux*.

Attention:
Il parle toujours *de sa femme* ⟶ Il parle toujours *d'elle*.
ou: Il *en* parle toujours.
Il ne pense jamais *à ses enfants* ⟶ Il ne pense jamais *à eux*.
Il ne pense jamais *à faire des cadeaux* ⟶ Il n'*y* pense jamais.

Le jour et la nuit

Pauline est une enfant presque parfaite, mais sa soeur Christine ne lui ressemble pas du tout.

Complétez la description suivante en remplaçant les noms par des pronoms, selon le modèle.
> *Modèle:* Pauline aide *sa mère.*
> Mais Christine ne *l'*aide pas.

Commencez:
1. Pauline aide sa mère.
   Mais Christine . . .
2. Elle fait la vaisselle.
   Mais Christine . . .
3. Elle va faire les courses.
   Mais Christine . . .
4. Elle travaille avec son père.
   . . .
5. Elle va à son bureau.
   . . .
6. Elle dit des choses gentilles.
   . . .

7. Elle essaie de faire plaisir à ses parents.

. . .

8. Elle s'occupe de ses frères.

. . .

9. Elle téléphone à ses grands-parents toutes les semaines.

. . .

10. Elle écrit à ses tantes.

. . .

11. Elle pense à ses parents.

. . .

12. Elle pense aux cadeaux d'anniversaire.

. . .

13. Elle aime sa famille!

. . .

V " . . . *ne cherche pas à me le prendre*."
(*doubles pronoms objets*)

Rappel:

A. Sujet + (ne) + $\begin{Bmatrix} \text{le} \\ \text{la} \\ \text{les} \end{Bmatrix}$ + $\begin{Bmatrix} \text{lui} \\ \text{leur} \\ \text{y} \end{Bmatrix}$ + verbe + (négation)

   Exemple: Je ne *la leur* rendrai pas.

B. Sujet + (ne) + verbe + (négation) + (préposition) + $\begin{Bmatrix} \text{le} \\ \text{la} \\ \text{les} \end{Bmatrix}$ + $\begin{Bmatrix} \text{lui} \\ \text{leur} \\ \text{en} \end{Bmatrix}$ + infinitif

   Exemple: Nous n'acceptons pas de *les lui* donner.

C. Sujet + (ne) + $\begin{Bmatrix} \text{me} \\ \text{te} \\ \text{nous} \\ \text{vous} \end{Bmatrix}$ + $\begin{Bmatrix} \text{le} \\ \text{la} \\ \text{les} \\ \text{y} \end{Bmatrix}$ + verbe + (négation)

   Exemple: On ne *nous y* verra plus.

D. Sujet + (ne) + verbe + (négation) + (préposition) + $\begin{Bmatrix} \text{me} \\ \text{te} \\ \text{nous} \\ \text{vous} \end{Bmatrix}$ + $\begin{Bmatrix} \text{le} \\ \text{la} \\ \text{les} \\ \text{y} \end{Bmatrix}$ + infinitif

   Exemple: Il ne tient pas à *te l'*expliquer.

E. Sujet + (ne) + $\left\{\begin{array}{l} \text{me} \\ \text{te} \\ \text{nous} \\ \text{vous} \\ \text{lui} \\ \text{leur} \end{array}\right.$ + en + verbe + (négation)

Exemple: Elles ne *leur en* parlaient jamais.

F. Sujet + (ne) + verbe + (négation) + (préposition) + $\left\{\begin{array}{l} \text{me} \\ \text{te} \\ \text{nous} \\ \text{vous} \\ \text{lui} \\ \text{leur} \end{array}\right.$ + en + infinitif

Exemple: Je ne veux absolument pas *vous en* offrir.

Complétez le dialogue suivant en utilisant deux pronoms objets selon les modèles.

Modèles: *La femme:* Tu peux me laisser la place près de la fenêtre?

Le mari: Mais bien sûr, ma chérie, je vais te la laisser avec plaisir.

La femme: Tu peux m'ajuster mon fauteuil?
Le mari: Oui, ma chérie, je te l'ajuste tout de suite.

Attention:

quelque chose ⟶ le (objet direct)

Une femme impossible

Une jeune femme entre dans un avion avec son mari et ses deux enfants.

A. A son mari

La femme: Tu peux me laisser la place près de la fenêtre?
Le mari: Mais bien sûr, ma chérie, je vais _____ avec plaisir.
La femme: Tu peux m'ajuster mon fauteuil?
Le mari: Oui, ma chérie, je _____ tout de suite.
La femme: Tu peux me prêter ta couverture?
Le mari: Mais bien sûr, ma chérie, je vais _____ .

140

La femme: Tu peux me passer des bonbons?

Le mari: Oui, ma chérie, je _____ tout de suite.

Le femme: Tu peux m'arranger mes oreillers?

Le mari: Non, ma chérie, je ne *veux* pas _____. Si tu as besoin de quelque chose, appelle une hôtesse. Elle est là pour ça.

B. A l'hôtesse

La femme: Vous pourriez me montrer la sortie de secours?

L'hôtesse: Mais bien sûr, madame, je peux _____ immédiatement si vous voulez.

La femme: Vous pourriez m'apporter de l'eau?

L'hôtesse: Oui, madame, je _____ tout de suite.

La femme: Vous pourriez donner des livres à mes enfants?

L'hôtesse: Oui, madame, je peux même _____ plusieurs.

La femme: Vous pourriez apporter des journaux à mon mari?

L'hôtesse: Oui, madame, je _____ tout de suite.

La femme: Vous pourriez prêter votre crayon à ma fille?

L'hôtesse: Mais bien sûr, madame, je veux bien _____.

La femme: Vous pourriez emmener mes enfants à la cabine de pilotage?

L'hôtesse: Mais bien sûr, madame, je vais _____.

La femme: Vous pourriez me dire à quelle heure nous allons atterrir?

L'hôtesse: Oui, madame, je pourrais, mais je ne *veux* pas _____. Consultez votre billet! Et si vous avez besoin de quelque chose, pourquoi ne demandez-vous pas un peu à votre mari d'aller _____ chercher?

VI *"Mais le mien, laisse-le-moi."*
(*doubles pronoms objets à l'impératif*)

Rappel:

A. Si le verbe est à l'impératif affirmatif, les pronoms objets se placent *après* le verbe, dans l'ordre suivant.

verbe (impératif) + { le / la / les } + { moi / lui / nous / leur }

Exemple: Rendons-les-leur.

verbe (impératif) + $\left\{\begin{array}{l} m' \\ t' \\ lui \\ nous \\ leur \end{array}\right.$ + en

      Exemple: Prêtez-m'en.

Attention:

me ⟶ moi
te ⟶ toi

      Comparez: $\left\{\begin{array}{l} \text{Il me donne des conseils.} \\ \text{Donne-moi des conseils.} \end{array}\right.$
           et

A noter:

Théoriquement on peut avoir des formes du type: ''emmène-l'y'', mais, le plus souvent, on évite d'utiliser des doubles pronoms comprenant *y* à l'impératif affirmatif.

    B. Si le verbe est à *l'impératif négatif,* on met les pronoms objets à la place et dans l'ordre donnés à la page 139.

        Comparez: $\left\{\begin{array}{l} \text{Dis-}le\text{-}moi. \\ \text{Non, ne }me\ le\text{ dis pas.} \end{array}\right.$
            et

Au Canada français, on entend la forme ''Dis-le-moi pas'' (langue familière).

Une enfant énervante

Sylvie, la fille des Lesage, ne fait jamais rien sans demander l'avis de sa mère.

    A. *Complétez le dialogue suivant selon le modèle.*

        Modèle: Sylvie: Maman, est-ce que je peux offrir du chocolat à Gérard?

          La mère: Oui, offre-lui-en, si ça te fait plaisir.

            (On entend parfois [lɥizɑ̃], avec une liaison non justifiée—langue familière.)

Sylvie: Maman, est-ce que je peux offrir du chocolat à Gérard?

La mère: Oui, _____, si ça te fait plaisir.

Sylvie: Maman, est-ce que je peux prêter ma robe rouge à Catherine?

La mère: Oui, _____.

Sylvie: Maman, est-ce que je peux donner le journal à papa?

La mère: Oui,_____ , ce serait gentil de ta part.

Sylvie: Maman, est-ce que je peux te préparer du café?

La mère: D'accord,_____ , ça me ferait plaisir.

Sylvie: Maman, est-ce que je peux rendre les disques à mes amis?

La mère: Oui,_____ quand tu voudras.

Sylvie: Maman, est-ce que je peux me faire du thé?

La mère: Oui,_____ une tasse.

Sylvie: Maman, est-ce que je peux demander à Brigitte et Chantal de venir me voir?

La mère: Oui, _____ si tu veux.

Sylvie: Maman, est-ce que je peux montrer mes dessins à mon professeur?

La mère: Oui,_____demain.

Sylvie: Maman, est-ce que je peux te lire ma composition française?

La mère: Oui,_____ , mais fais vite.

Sylvie: Maman, est-ce que je peux . . .

La mère: Ecoute, Sylvie, fais n'importe quoi, mais arrête de me poser des questions!

B. *Redites le dialogue qui précède en mettant l'impératif à la forme négative. Complétez les réponses comme vous voudrez.*

VII "Non, personne ne me le demande . . . "
   (pronoms objets)

Complétez les phrases suivantes à l'aide des pronoms qui conviennent.

1. Depuis ces deux années, Marius, toutes ces réponses, je _____ ai préparées.

2. Je devrais aller_____ noyer par accident. Je ferais volontiers, Fanny, pour _____ rendre heureuse.

3. *César:* Personne ne_____ demande de _____noyer.
   Panisse: Non, mais moi je viens de _____ _____ demander.

4. Fanny, si tu veux que nous_____ séparions, dis-_____ -
   _____ .

5. Marius a demandé à Panisse de _____rendre son enfant.

6. Ce petit est à moi, Marius, laisse- _____ - _____ .

7. Si c'est ton enfant, Panisse, qui peut _____ _____prendre?

8. Mais c'est à moi de _____ faire du mauvais sang!

9. Non, Marius, la vie, ne dis pas que tu _____ _____ as donnée. Il _____ _____ a prise.

10. Maintenant que ton père est là, Marius, mon secret, je peux _____ _____ dire: je _____ aime encore et toujours.

11. Je _____ ai pris la main, et sans _____ vouloir, toute la nuit, je _____ ai enfoncé mes ongles. Il _____ porte encore les marques.

12. Si tu veux des petits, Marius, tu _____ auras d'autres.

*VIII " . . . il y a une femme qui pense à toi . . . "
   (pronoms relatifs)

   Faites des phrases en utilisant les éléments donnés. Attention aux pronoms relatifs.
   1. Il faut me rendre // m'appartenir.
   2. Le père, / celui / aimer.
   3. Tu étais le père d'un petit bâtard // naissance / être (imparfait) / désastre.
   4. Panisse m'a rendu le respect // perdre (plus-que-parfait).
   5. Il m'a donné également la tendresse // avoir besoin.
   6. Si ça peut te consoler, pense qu'il y a une femme / vouloir (conditionnel) / sentir / odeur / cheveux.
   7. Il est à Panisse, l'enfant // tu / abandonner (passé composé).
   8. Non, Marius, je ne peux pas t'accorder // demander.

IX " . . . s'il essaie de tout prendre, qu'est-ce que je vais lui répondre?"
   (concordance des temps avec si)

Rappel:
Subordonnée   Principale

                          ╱→ verbe au présent
A. Si + verbe au présent ═══→ verbe au futur
                          ╲→ verbe à l'impératif

      Exemples: Si on est gentil, on a des amis.
                 Si tu viens demain, tu les rencontreras.
                 Si tu ne m'aimes plus, va-t'en.

B. Si + verbe à l'imparfait —→ verbe au conditionnel présent

   Exemple: S'il essayait, il comprendait.

C. Si + verbe au plus-que-parfait —→ verbe au conditionnel passé

   Exemple: Si j'avais su, je ne serais pas venu.

Traduisez en français.
1. If Marius comes back tomorrow, what shall I do?
2. If he tries to take everything, what shall I tell him?
3. If Fanny hadn't lied, Marius wouldn't have left.
4. If Panisse wanted to be nice *(se rendre sympathique)* he'd go and drown himself.
5. But if he dies, he won't see the little one any more.
6. Fanny, if you love this boy, you're free, I will never oppose any of your wishes. If you want to get a separation, I'll take all the blame.
7. If you are honest, Panisse, you will give me back my child.
8. If you stay here, Marius, maybe Fanny will come and ask me for him.
9. If César was an ordinary child, I would accept.
10. If the child coughed, it is very serious.
11. If Marius had taken Fanny by her hand, she would have followed him anywhere, without saying a word.
12. If it makes you feel better, Marius, remember that every night there's a woman who would like to lie next to you.

X " . . . au moment où j'ai épousé Fanny."
(mariage)

Voici une liste de verbes qui ont un rapport avec la notion de mariage. (Ces verbes ne sont pas donnés dans l'ordre chronologique.)

épouser	se fiancer
se rencontrer	se marier
divorcer	se séparer
s'entendre	se fréquenter

Traduisez en français.

A Sad Story
1. Arthur and Annette met three years ago.
2. They went out together for six months,

3. then Arthur decided to marry Annette. She agreed to marry him.
4. So they got engaged a year later,
5. and they got married soon after.
6. But after a while they stopped (*cesser de*) getting along.
7. So they got separated.
8. They got a divorce recently.

XI "*Le mien il est né . . . entre la grand-mère et les tantes.*"
   (*arbre généalogique*)

M. et Mme Fortier

Marie
(elle épouse Jean Gagnon)

Pierre
(il épouse Madeleine Paquette)

Adèle   Gérard   André   Louise   Armand   Pauline

GAGNON   FORTIER

Quels sont les rapports familiaux qui existent dans les deux sens entre:
1. Pierre et Mme Fortier?
2. Gérard et Armand?
3. Adèle et André?
4. Jean Gagnon et M. Fortier?
5. Madeleine Paquette et Mme Fortier?
6. Madeleine Paquette et Jean Gagnon?
7. Marie Gagnon et Louise?
8. Gérard Gagnon et Madeleine?
9. Pauline et M. Fortier?
10. Gérard et Mme Fortier?
11. Jean Gagnon et Armand Fortier?
12. André Gagnon et Pauline Fortier?

XII "Le petit, tu ne l'auras pas."
  (expressivité)

Rappel:

Dans une langue expressive, il est fréquent de commencer la phrase par l'objet (direct ou indirect) puis de reprendre cet objet par un pronom.

> *Exemples:* Il n'a pas d'amis. (langue neutre)
> Des amis, il n'en a pas. (langue expressive)
>
> Je ne crois plus à la justice. (langue neutre)
> La justice, je n'y crois plus. (langue expressive)

A. *Relevez dans le texte tous les passages où l'auteur utilise une langue expressive.*

*B. *Mettez les phrases suivantes dans une langue plus expressive. (Attention à l'intonation.)*
  Modèle: Il a peu de cheveux.
       Des cheveux, il en a peu.

Commencez:
  1. Il a peu de privilèges.
  2. Il ne voit presque plus sa mère.
  3. Il faut de la patience.
  4. Je te défends de parler de ces choses.
  5. Il vaut mieux ne pas suivre leurs conseils.
  6. Je ne pensais plus à ce projet.
  7. Je n'ai jamais eu beaucoup d'argent.
  8. Il tient beaucoup à ses sous.

XIII (expressivité)

  En vous aidant du texte, dites autrement les phrases suivantes.
  1. Et s'il revient demain?
  2. J'ai fait une erreur, il y a deux ans.
  3. Toi, au fait, qu'est-ce que tu demandes?
  4. Moi, donner l'enfant? Tu me demandes l'impossible.
  5. Je n'ai qu'un enfant.
  6. C'est le plus bel enfant du monde.
  7. Puisque c'est mon enfant, c'est à moi de m'inquiéter.
  8. Je ne pouvais plus me tenir debout.

XIV (traduction)

Traduisez en français.

1. He does not look ill.
2. I made a mistake two years ago.
3. I was stupid for one hour.
4. I'd do it willingly to make you happy.
5. You were his father before he was born.
6. When he was born, he weighed nine pounds.
7. Since your father is here I can tell you everything.
8. The more you hurt me, the more this child will be mine.

XV Répondez aux questions suivantes en utilisant les indications données et en imitant le mieux possible le modèle que vous entendrez.

1. Qu'est-ce que Marius demande à Panisse?
   Il / demande / prendre / courage / rendre / appartenir.
2. Qu'est-ce que Panisse propose à Fanny?
   Il / dire / elle / libre. / Si / vouloir / ils / se séparer / il / prendre / torts / lui.
3. Est-ce qu'il y a des enfants plus beaux que César?
   Non / y avoir / gras / gros / mais / plus beau / ne pas y avoir.
4. Qu'est-ce que c'est que l'amour, selon César?
   Etre / chose / léger / qui / environner / comme / fumée / cigarette.
5. De qui Marius est-il le père?
   Bâtard / naissance / désastre / une famille. / Père / fils / sans nom / porté / pauvre fille / honte.
6. Qui est le petit César?
   Enfant / né / lit / toile / fine / grand-mère / tantes. / Toute / famille / venir *(plus-que-parfait)* / exprès / entendre / cri. / Etre / enfant / planté / haut / famille / comme / croix / clocher.
7. Pourquoi est-ce que Fanny aime bien Panisse?
   Quand / Fanny / perdue / Panisse / sauver / en / donner / nom / et / en / rendre / respect / perdu.
8. Est-ce que Panisse a retiré sa main quand Fanny lui a enfoncé ses ongles?
   Non, / contraire. / Il / dire / "Griffer, / mordre / si / vouloir, / plus / faire / mal / plus / petit / mien."

Composition orale

Etre ou ne pas être père

Marius raconte à un ami, Olive, la scène extraordinaire qu'il vient de vivre.

Olive: Alors / scène / incroyable / hier?

Marius: Oui / être père / César / mais / même temps / ne pas être père / César.

Olive: Comment? / Raconte!

Marius: Hier / arriver / Fanny. / Tu / rappeler, / mon / ancien / ami? / Père / là. / Panisse / aussi. / Quand / je / apprendre / César / mon / fils / je / demander / Panisse / rendre.

Olive: Normal. / Tu / difficultés?

Marius: Tu parles! / Panisse / triste. / Il / dire / Fanny / pouvoir / partir / si / vouloir / mais Fanny / refuser.

Olive: Elle / ne plus aimer / toi?

Marius: Si. / Mais / attends / que / je / raconter / suite.

Olive: Bon. Vas-y / Je / promettre / se taire.

Marius: Tu / voir, / Panisse / malin. / Il / laisser / partir / Fanny / mais / pas / enfant. / Il / dire / César / être / premier / dernier / enfant / et que / en plus / merveille / monde. / Père / d'accord / lui. / Moi / dire / pas / une raison. / Fanny / me / dire / je / être / père / avant / il / naître / plus / maintenant.

Olive: Mais / impossible! / Quand / père / quelqu'un / on / être / toujours!

Marius: Mais / mon / père / pas d'accord. / Me / dire / il / falloir / donner / beaucoup / amour. / Lui / donner / part / et / Fanny / aussi / mais / Panisse / donner / le / plus.

Olive: Oui / mais toi / donner / vie!

Marius: C'est / ce / je / dire. / Mais / père / répondu / que / je / ne pas donner / vie. / César / la / prendre.

Olive: Mais / même / chose!

Marius: Non / il / paraît / pas / pareil. / Alors / je / demander / qui / père: / donner / vie / ou / payer / biberons?

Olive: Ça / bonne / question! / Qu'est-ce que / répondre?

Marius: Il / dire / père / celui / aime. / Fanny / ajouter / je / père / bâtard / pas / César. / Puis / elle / dire / devant / père / combien / elle / continuer / me / aimer. /

Je / vouloir / s'élancer / elle / mais / père / retenir. / Alors / je / partir.

Olive: Tu / avoir / intention / essayer / nouveau?

Marius: Non, / je / ne plus en avoir / droit. / Essayer *(futur)* / se faire / nouveau / vie.

Olive: Chance! / Tu / devoir / avoir / beaucoup / peine. / Viens / avec / boire / coup / oublier.

Composition écrite

L'histoire suivante s'est passée à Toronto en 1973.

Une fille, abandonnée par sa mère, avait été adoptée par un couple. Quelques années plus tard, (en 1973), la mère a demandé aux parents adoptifs de lui rendre sa fille, mais ils ont refusé. Le tribunal ontarien a décrété que, légalement, la (vraie) mère n'avait pas le droit de reprendre sa fille.

Que pensez-vous de la décision du juge? Justifiez votre réponse.

Qui peut faire mieux?

1. A combien d'enfants est-ce qu'un père peut donner naissance?
2. Combien d'enfants est-ce qu'une femme peut avoir?
3. Combien de descendants peut-on avoir, de son vivant?
4. A combien de bébés vivants est-ce qu'une femme peut donner naissance, en un seul accouchement?
5. Est-ce que des frères siamois peuvent avoir des enfants?
6. Jusqu'à quel âge est-ce qu'une femme peut encore avoir des enfants?
7. Sachant qu'une grossesse moyenne est de 273 jours, quelle est, d'après vous, la plus longue grossesse possible, pour donner naissance à un bébé vivant?
8. Il arrive souvent que de tout petits bébés naissent, mais, en général, ils sont morts-nés ou ils meurent peu après leur naissance. Quel poids minimum faut-il pour qu'un bébé survive?
9. Quel peut être, à la naissance, le poids maximum d'un bébé?
10. Combien pèsent, en tout, des quadruplés?

Voir réponses, p. 151

Colette Nemni

1. A plusieurs. On dit que l'empereur du Maroc, Moulay Ismaïl (1672-1727) est le père de 548 fils et 340 filles, donc de 888 enfants en tout.

2. Moins qu'un homme. Tout de même, la femme de Fyodor Vassilet (1816-1872), un paysan de Moscou, en Russie, a donné naissance à 69 enfants. En 27 accouchements elle a eu 16 fois des jumeaux, 7 fois des triplés et 4 fois des quadruplés. La plupart de ces enfants ont atteint l'âge adulte.

3. Le record mondial à ce jour est 600. En 1968, Mme Booyson de Belfast, en Irelande, avait 600 descendants vivants en Afrique du Sud.

4. Cinq. Les premiers quintuplés à survivre jusqu'à l'âge adulte sont les enfants de Mme Oliva Dionne, qui a eu, à l'âge de 25 ans, cinq filles nées le 28 mai 1934 près de Callander, en Ontario. Chaque bébé pesait en moyenne 2 lbs. 11 oz. à la naissance.

5. Certainement. La preuve, c'est que des frères siamois nés en Thaïlande le 11 mai 1811 qui étaient joints à la poitrine, ont épousé deux soeurs, et ils ont eu, respectivement, dix et douze enfants.

6. En attendant un nouveau record, on sait que Mme Ruth Kistler, de Californie, a eu une fille à l'âge de 57 ans et 129 jours.

7. 381 jours (près de 13 mois). Ce record a été réalisé par Mme Christine Houghton, en Angleterre, le 22 mai 1971.

8. On sait, en tout cas, qu'un bébé de 10 oz. qui mesurait 12 1/2 pouces, né en Angleterre, a survécu.

9. 24 lbs. 4 oz. Ce champion poids-lourd est né en Turquie, le 3 juin 1961.

10. Ce poids peut varier, mais les quadruplés les plus lourds sont nés à Vancouver, le 3 août 1962. Ils pesaient, en tout, 19 lbs. 13 oz.

151

Sang de poisson

Contenu linguistique

Curieuse chose que le crédit aveugle accordé aux clichés même les plus faux. Le renard n'est pas plus rusé que n'importe quelle autre bête de proie, il est beaucoup moins malin que le loup et le chien; la colombe n'est pas tendre du tout, et tout ce qu'on raconte sur le poisson est un mensonge: il n'a ni l'inertie qu'on associe au ''sang de poisson'', ni la très bonne santé qu'il symbolise dans l'expression ''comme un poisson dans l'eau''.

    J'ai étudié beaucoup de bêtes et observé leur comportement dans les situations les plus intimes, dans l'extase du combat et de l'amour, mais je n'en connais pas, le canari sauvage excep-

rusé: *sly*

malin: *shrewd*

colombe (f.): *dove*

comportement (m.): *behaviour*

152

épinoche (f.): *stickleback*
frai (m.): *spawning*

combattant (m.): *fighting fish*

atteindre: *to reach*

raison inverse: rapport tel que, lorsqu'une quantité augmente, l'autre diminue

prendre soin (m.): *to take care*
berceau (m.): *cradle*
rayonner: briller

déployer: ouvrir
nageoire (f.): *fin*
bien-aimé (m.): *beloved*

té, qui surpasse en ardeur et en tempérament une épinoche mâle à l'époque du frai, ou un combattant en train de soigner ses petits. Aucun animal n'est aussi complètement métamorphosé par l'amour, aucun n'est aussi littéralement enflammé de passion qu'une épinoche ou un combattant.

Mais, contrairement au combattant qui, à l'époque du frai, s'enflamme à la vue d'une dame ou d'un ennemi, l'épinoche resplendit aussi longtemps qu'elle se trouve au voisinage de son nid. La devise fondamentale de son combat est "My home is my castle". Qu'on enlève son nid à l'épinoche, qu'on la sorte même de son aquarium natal et qu'on la pose près d'une autre épinoche mâle, elle ne pensera pas à combattre et deviendra toute petite et laide. Ce n'est qu'après avoir trouvé sa demeure que l'épinoche peut atteindre au rut complet et à l'excitation procréatrice; on ne constate de combats sérieux entre épinoches que dans un aquarium où deux mâles sont en train de bâtir leurs nids. La combativité de ce poisson se modifie, en fait, à chaque instant, en raison inverse de l'éloignement où il se trouve de son nid. Au nid, c'est un furieux qui attaque avec une ardeur meurtrière même la main de l'homme. Mais plus il s'éloigne de son territoire, plus son humeur agressive faiblit. On peut prédire avec certitude, grâce à cela, au moment de la rencontre de deux épinoches mâles, la façon dont finira la bataille: par la fuite de celui qui se trouve le plus loin de chez lui.

Epinoche et combattant, ces deux poissons pleins d'ardeur sont aussi différents l'un de l'autre en amour qu'au combat, ce qui ne les empêche pas d'avoir aussi beaucoup de points communs. Ainsi, c'est le mâle, non la femelle qui, dans les deux espèces, construit le nid et prend soin des petits. Et dans les deux espèces encore, le futur père de famille ne pense pas à l'amour avant que le berceau des enfants à venir ne soit prêt. Pendant qu'il le construit, le mâle rayonne déjà des plus belles couleurs, mais celles-ci deviennent encore plus intenses et plus brillantes à l'approche d'une femelle. Rapide comme l'éclair, le monsieur s'élance vers la dame et s'arrête, enflammé. Si elle est prête à suivre l'appel de la nature, elle flotte lentement vers le mâle qui déploie en tremblant ses nageoires et se place toujours de façon à présenter à la bien-aimée le magnifique spectacle de son flanc tout entier. Un instant plus tard, toutefois, le voici qui nage d'un mouvement extraordinairement gracieux, dans la direction du nid. Le caractère d'invitation de ce geste est évident, même pour celui qui y assiste pour la première fois.

Attaque rituelle précédant l'acte de procréation.

Enfin, elle se laisse attirer sous le toit d'écume. Et c'est alors que commence une merveilleuse danse d'amour. Selon d'antiques lois, le cavalier, dans cette danse d'amour, doit toujours présenter son superbe flanc à la dame qui, elle, sera constamment perpendiculaire à lui. Le cavalier ne doit pas apercevoir un seul instant le flanc de la dame, sinon il sera fâché et se montrera grossier car pour ce poisson comme pour beaucoup d'autres, étaler son flanc est un signe de virilité agressive et provoquera aussitôt chez le mâle un changement brutal d'humeur qui transformera sa tendresse en une violente colère.

écume *(f.): foam*

étaler: faire voir, montrer

Le mâle, à présent, ne veut plus s'éloigner du nid et tourne en rond autour de la femelle qui suit chaque geste de son compagnon.

Les couleurs sont de plus en plus flamboyantes, les mouvements de plus en plus animés, le cercle de plus en plus étroit, jusqu'au moment où les corps se touchent. Le mâle enlace alors soudain fermement la femelle avec son propre corps, la retourne doucement sur le dos, et tous deux accomplissent

semence *(f.):*
liquide séminal du
mâle, sperme

étourdi: *dizzy*

le grand acte de la procréation, déversant en même temps oeufs et semence.

Après l'accouplement, la femelle demeure plusieurs secondes couchée sur le dos, comme étourdie, mais le mâle a tout de suite des choses importantes à faire.

Les oeufs minuscules et transparents sont, en effet, considérablement plus lourds que l'eau et tombent par conséquent aussitôt au fond. Mais la position du couple est si bien déterminée que les oeufs, en tombant, passent toujours devant la tête du mâle qui est tournée vers le bas, si bien que le jeune père les recueille immédiatement. Il dénoue doucement son

étreinte *(f.):*
embrace

étreinte, descend à la suite des oeufs, les rassemble consciencieusement un par un dans sa bouche, les transporte dans le nid d'écume et les place entre les petites bulles d'air. Il faut qu'il se dépêche, non seulement parce que, à une seconde près, il ne retrouverait plus les petites sphères transparentes

vase *(f.): mud*

dans la vase du sol, mais aussi parce que la femelle se réveillerait dans l'intervalle et se mettrait, elle aussi, à leur recherche pour les recueillir un par un. Ah, direz-vous, la gentille épouse veut aider son mari, elle va bientôt remonter et enfermer les oeufs dans le nid. Mais vous pourrez toujours attendre, car ces oeufs-là ne reparaîtraient jamais. La femelle les aurait dévorés, avalés irrémédiablement.

Le mâle sait donc parfaitement pourquoi il se dépêche tellement, il sait aussi pourquoi il ne laissera plus la femelle approcher du nid quand, après dix à vingt accouplements, il y aura déposé sa provision d'oeufs.

Konrad Lorenz, *Il parlait avec les mammifères et les poissons*, Paris, Flammarion, 1968.

Exploitation du texte

I Répondez aux questions suivantes.
1. Quels sont tous les points communs et les différences entre l'épinoche et le combattant cités dans le texte?
2. Quel rôle joue le nid dans la vie de l'épinoche? Développez.

3. Est-ce qu'on peut prédire l'issue d'un combat entre épinoches mâles? Pourquoi?
4. Que prépare le mâle (combattant ou épinoche) avant de faire l'amour?
5. Qu'est-ce que le poisson ferait s'il voyait le flanc de la femelle? Pourquoi?
6. Décrivez ce qui se passe après l'accouplement.
7. Pourquoi est-ce que le mâle interdit à la femelle de s'approcher du nid?
8. Lorenz écrit: "Le mâle *sait donc parfaitement* pourquoi il se dépêche tellement." Selon vous, est-ce que le mâle se dépêche parce qu'il *veut* protéger ses petits, ou est-ce qu'il obéit simplement à un instinct? Peut-on parler d'amour familial chez les animaux?

*II " . . . . déversant en même temps oeufs et semence."
(phonétique: mots écrits qui changent de prononciation)

Rappel:
Certains mots se prononcent différemment selon qu'ils sont: masculin / féminin; singulier / pluriel; adjectif / adverbe; nom / verbe, etc.

Lisez à haute voix les mots suivants.
1. un oeuf / des oeufs
2. un boeuf / des boeufs
3. un os / des os
4. un instinct / instinctivement
5. le respect / respecter
6. distinct / distincte
7. suspect / suspecte
8. coudre avec des fils / avoir des fils et des filles
9. je sens / le sens
10. les poules couvent / un couvent

*III (phonétique: mots écrits qui changent de prononciation)

Lisez à haute voix les phrases suivantes.
1. Est-ce que tu prendras un oeuf ou deux oeufs?
2. En français, on mange du boeuf et on élève des boeufs. (Il n'y a pas, comme en anglais, de mots spéciaux pour distinguer la viande et l'animal.)

3. On dit qu'il faut respecter les adultes. Mais est-ce que les adultes méritent notre respect?
4. Certains psychologues disent que les fils préfèrent leur mère instinctivement.
5. Je sens que la vie n'a pas de sens. Je suis profondément pessimiste.
6. Je trouve que l'instinct et l'intelligence sont deux choses distinctes.
7. J'ai deux soeurs qui couvent leurs enfants et une tante qui est au couvent.
8. Attention! Les fils électriques et les fils de coton ont des usages tout à fait distincts.

*IV "le mâle . . . déploie en tremblant ses nageoires . . ." (participe présent, participe passé)

Complétez les phrases suivantes en mettant le verbe entre parenthèses d'abord au participe présent puis au passé composé.

Modèle: En _____ à sa question, tu ___ ___ à la mienne.
En répondant à sa question, tu as répondu à la mienne.

1. (répondre). En _____ à sa question, tu ___ ___ à la mienne.
2. (convaincre) En te _____ , il m'___ aussi _____ .
3. (prendre) En _____ conscience de sa condition, il _____ _____ conscience de son infériorité.
4. (perdre) En _____ sa femme, il _____ tout _____ .
5. (faire) En _____ plaisir à ses enfants, vous lui _____ ___ plaisir.
6. (permettre) En leur _____ d'espérer, ils leur ___ ___ de vivre.
7. (dire) En _____ cela, il _____ certainement _____ une bêtise.
8. (comprendre) En _____ les animaux, il s' _____ _____ lui-même.
9. (écrire) En _____ ce roman, j'___ ___ l'histoire de ma vie.
10. (avoir) En _____ douze enfants, ils ___ ___ quelques problèmes financiers.

*V "Ce n'est qu'après avoir trouvé sa demeure . . . "
   (après + avoir / être + participe passé)

Rappel:

travailler: *Après avoir travaillé,* nous étions fatigués.
sortir: *Après être sortis* tous les soirs, ils n'avaient plus d'argent.
se lever: *Après m'être levé* à sept heures, je me suis rappelé que c'était dimanche!

Répondez aux questions suivantes en utilisant les indications entre parenthèses, selon les modèles.

> Modèles: Quand est-ce que le mâle pense à l'amour?
> (construire, nid)
> Après avoir construit le nid.
>
> Quand est-ce que le mâle perd son humeur agressive?
> (s'éloigner, territoire)
> Après s'être éloigné de son territoire.

Commencez:

1. Quand est-ce que le mâle pense à l'amour? (construire, nid)
2. Quand est-ce que le mâle perd son humeur agressive? (s'éloigner, territoire)
3. Quand est-ce que le cavalier s'est fâché? (apercevoir, flanc, dame)
4. Quand est-ce que vous vous en êtes rendu compte? (sortir, maison)
5. Quand est-ce que tu seras prêt? (terminer, repas)
6. Quand est-ce que le mâle change de couleur? (voir, femelle)
7. Quand est-ce qu'il vous a appelé? (rentrer, lui)
8. Quand est-ce qu'ils ont commencé à manger? (se laver, mains)
9. Quand est-ce qu'ils sont allés se coucher? (regarder, télévision)
10. Quand est-ce qu'il a été victorieux? (se battre, trois heures)

VI " . . . l'épinoche peut atteindre au rut complet . . . "
   (place des adjectifs)

Rappel:

Certains adjectifs ont, en français, une position assez stable, soit avant le nom,

Exemple: C'est une bonne histoire.

soit après le nom

Exemple: C'est une histoire drole.

D'autres, par contre, peuvent se placer avant ou après le nom sans que le sens varie beaucoup.

Exemple: Nous avons une maison immense.

ou Nous avons une immense maison.

D'autres, enfin, ont un sens différent selon qu'ils sont placés avant ou après le nom.

Exemple: Ça, c'est ma propre chemise. (Elle est à moi.)

Ça, c'est ma chemise propre. (Elle n'est pas sale.)

Il est possible, toutefois, dans un style plus soutenu, de mettre un adjectif à une place qui n'est pas habituelle pour attirer l'attention de l'auditeur (ou du lecteur).

Exemple: Et ils partirent dans la verte campagne.

A. Mettez les adjectifs entre parenthèses à leur place habituelle.

1. (intime) J'ai perdu mon ami.
2. (merveilleux) C'est un pays.
3. (belle) C'est une histoire.
4. (sauvages) Lorenz a étudié les bêtes.
5. (violents) Je n'aime pas les films.
6. (mauvaise) C'est une plaisanterie.
7. (nouvelle) Nous avons acheté une voiture.
8. (neuve) Nous avons acheté une voiture.
9. (agressif) Je n'aime pas son tempérament.
10. (grand) Il l'a mis dans un aquarium.

B. Expliquez le sens des phrases suivantes.

1. C'est une aventure drôle.
2. C'est une drôle d'aventure.
3. Je trouve que c'est un sale type.
4. Je trouve que c'est un type sale.
5. Nous avons vendu notre ancienne voiture.
6. Nous avons vendu notre voiture ancienne.
7. Ne lui en veux pas, c'est une pauvre fille.
8. Ne lui en veux pas, c'est une fille pauvre.
9. Je regardais ces statues sacrées.
10. Je regardais ces sacrées statues.

C. Identifiez le niveau de langue des phrases suivantes, tirées du texte, en indiquant si l'adjectif est à une place habituelle ou non. Dans le cas où l'adjectif serait à une place peu fréquente, redites la phrase telle qu'on la trouverait dans un style neutre.

1. Curieuse chose que le crédit accordé aux clichés.
2. La devise fondamentale de son combat est: ''My home is my castle''.
3. Qu'on la sorte de son aquarium natal et elle deviendra petite et laide.
4. L'épinoche peut atteindre au rut complet et à l'excitation procréatrice.
5. Le futur père de famille ne pensera pas à l'amour avant que le berceau ne soit prêt.
6. Il présente à la bien-aimée le magnifique spectacle de son flanc tout entier.
7. Le voici qui nage d'un mouvement gracieux.
8. C'est alors que commence une merveilleuse danse d'amour.
9. Selon d'antiques lois, le cavalier doit toujours présenter son superbe flanc à la dame.
10. La gentille épouse veut aider son mari.

VII ''Il dénoue doucement son étreinte . . . ''
   (place des adverbes)

Rappel:

La place de l'adverbe est assez variable. Elle dépend du style, du rythme, etc. de la phrase. On peut dire, cependant, que l'adverbe se place, *en général,*

A. *après* les verbes aux temps simples.
   Exemple: Ils mangent *souvent* des fruits comme dessert.
B. *entre* l'auxiliaire et le participe passé:
   Exemple: Nous avons *tout à fait* fini ce travail.

Mettez les adverbes entre parenthèses à la place qui convient.

1. (souvent) Lorenz a observé le comportement des poissons.
2. (littéralement) Il a trouvé que les combattants sont enflammés de passion.
3. (complètement) Ils sont métamorphosés par l'amour.
4. (lentement) Un jour, Lorenz a vu une femelle qui flottait vers le mâle.

5. (doucement) Le mâle l'a retournée sur le dos.
6. (tout de suite) Après l'accouplement le mâle s'est mis au travail.
7. (beaucoup) Il avait à faire.
8. (toujours) Comme les oeufs passaient devant la tête du mâle,
9. (immédiatement) le mâle les a recueillis;
10. (consciencieusement) il les a transportés dans le nid d'écume,
11. (vite) et il les a placés entre les bulles d'air.
12. (plusieurs fois; vraiment; tellement) En observant l'acte procréateur, Lorenz a compris pourquoi ce combattant mâle s'était dépêché.

*VIII "Le renard n'est pas plus rusé que n'importe quelle autre bête de proie . . . "
(n'importe qui, quoi, quand, où, comment, etc.)

Complétez les phrases suivantes à l'aide d'une expression qui contient "n'importe".
1. N'écoutez pas ce qu'il dit; il raconte _____ .
2. Ce devoir est très facile; _____ pourrait le faire.
3. Venez à _____ heure.
4. Où veux-tu aller? _____ pourvu que je parte.
5. _____ animal est moins cruel que l'homme.
6. Téléphonez-nous _____ ; nous sommes toujours à la maison.
7. Vous avez fait ce travail _____ et vous devrez le refaire.
8. _____ homme est plus intelligent qu'un animal.

IX "La femelle les aurait dévorés, avalés irrémédiablement."
(préfixes indiquant des contraires)

Rappel:
heureux ⟶ malheureux
possible ⟶ impossible
lisible ⟶ illisible
réalisable ⟶ irréalisable
faire ⟶ défaire

Traduisez les phrases suivantes. Attention aux préfixes. Remarquez également que certains contraires anglais n'existent pas en français et vice versa.

161

1. I must undo my skirt.
2. I am discouraged by their behaviour.
3. He lives in an unreal world.
4. His attitude is irrational.
5. They will be gone for an undetermined length of time (= *période*).
6. This mistake was unavoidable. Is it unforgivable?
7. The wind has messed up her hair.
8. Your proposal is unrealistic.
9. This food is unhealthy.
10. They led an undisturbed life for twenty years.
11. I find his attitude very unpleasant.
12. She looks very untidy.
13. Why are you so unhappy?

X *"Curieuse chose que le crédit aveugle accordé aux clichés même les plus faux."*
(quelques contraires)

Redites les phrases suivantes en remplaçant les mots en italique par leur contraire. (Aidez-vous du texte, au besoin.)
1. Ces clichés sont *vrais*.
2. Il s'enflamme à la vue d'un *ami*.
3. Elle devient très *jolie*.
4. Il *s'approche* de son territoire.
5. Son humeur agressive *augmente*.
6. Le mâle *détruit* le nid.
7. Il se montrera *poli*.
8. Le cercle est très *large*.
9. Les oeufs sont plus *légers* que l'eau.
10. Il faut qu'il *prenne son temps*.

XI *Trouvez dans le texte des mots ou expressions ayant à peu près le même sens que les mots en italique.*
1. Il est moins *rusé* que le chien.
2. Tout ce qu'on raconte sur le poisson est *faux*.
3. J'ai observé leur *conduite*.
4. Il est *transformé* par l'amour.
5. Il s'enflamme *en voyant* un ennemi.
6. Elle se trouve *près* de son nid.
7. Son humeur agressive *diminue*.
8. On sait comment finira le *combat*.

9. C'est le mâle qui *s'occupe* des petits.
10. Le caractère d'invitation de ce geste *ne fait pas de doute*.
11. Selon de *très anciennes* lois . . .
12. Cela *causera* chez le mâle un changement d'humeur.
13. La femelle *reste* couchée sur le dos.
14. Les oeufs tombent *donc* aussitôt au fond.

XII *"Il n'a ni . . . la très bonne santé qu'il symbolise dans l'expression 'comme un poisson dans l'eau'."*
    (quelques clichés)

A. *Complétez les phrases suivantes à l'aide d'un cliché.*
  1. Ils ne s'entendent pas du tout. Ils sont toujours comme
     _____ .
  2. Dans ce film pornographique l'actrice se promenait nue comme _____ .
  3. Elle me casse la tête. Elle est bavarde comme _____ .
  4. L'histoire nous montre que l'homme est _____ pour l'homme.
  5. Je n'ai aucune obligation. Je suis libre comme _____ .
  6. Elle travaille jour et nuit pour son mari et ses enfants qui ne sont jamais satisfaits. Elle mène une vie de _____ .
  7. Il est parti sans rien dire à personne. Il a filé _____ .
  8. Lui, intelligent? Moi je le trouve bête comme _____ .
  9. Nous sommes heureux dans notre nouvelle patrie. Ce n'est pas _____ mais on y gagne bien sa vie.
  10. Depuis qu'elle l'aime, il est heureux comme _____ .

à l'anglaise
un loup
un roi
un chien
un ver
l'air
le Pérou
un pied
chien et chat
une pie

B. *Lorenz trouve qu'il ne faut pas accorder trop de crédits aux clichés parce qu'ils sont souvent faux. Discutez le point de vue de Lorenz en vous basant sur les clichés de l'exercice A ci-dessus.*

Composition orale

David raconte à sa soeur la vie des épinoches et des combattants. Complétez le dialogue suivant.
David: Savoir / se passer / après / accouplement / épinoche / combattant?
Denise: Non / mais / aimer / tu / expliquer.
David: Femelle / fatiguée / coucher / dos / tandis que / époux / travailler.

Denise: Pourquoi / ne pas / se reposer / comme / femelle? / Travail / faire?

David: Il / devoir / ramasser / oeufs / avant que / fond.

Denise: Comment / recueillir?

David: Mettre / bouche / porter / nid.

Denise: Pourquoi / ne pas laisser / fond / ou / pourquoi / ne pas attendre / femelle / se réveiller? / Pouvoir / aider / mari.

David: Non / mâle / compter sur / aide / femelle. / Si / se réveiller / elle / chercher / mais / ne pas mettre / nid / manger.

Denise: Terrible! / Mais / pourquoi / transporter / nid? / Femelle / entrer / nid / dévorer?

David: Oui / mâle / garder / empêcher / femelle / s'approcher.

Denise: Extraordinaire! / Que / se passer / après / naissance?

David: Je / penser / encore / lui / prendre soin / enfants.

Denise: Donc / femelle / se contenter / pondre / oeufs. / Tout?

David: Oui / Père / s'occuper / reste.

Les devoirs de l'épouse selon Arnolphe

*D'après une scène de l'*Ecole des Femmes *à la Comédie Française.*

. . . Le mariage, Agnès, n'est pas un badinage:
A d'austères devoirs le rang de femme engage,
Et vous n'y montez pas, à ce que je prétends,
Pour être libertine et prendre du bon temps.
Votre sexe n'est là que pour la dépendance:
Du côté de la barbe est la toute-puissance.
Bien qu'on soit deux moitiés de la Société,
Ces deux moitiés pourtant n'ont point d'égalité;
L'une est moitié suprême, et l'autre subalterne;
L'une est en tout soumise à l'autre qui gouverne;
Et ce que le soldat, dans son devoir instruit,
Montre d'obéissance au chef qui le conduit,

165

Le valet à son maître, un enfant à son père,
A son supérieur le moindre petit Frère,
N'approche point encor de la docilité,
Et de l'obéissance, et de l'humilité,
Et du profond respect où la femme doit être
Pour son mari, son chef, son seigneur, et son maître.
Lorsqu'il jette sur elle un regard sérieux,
Son devoir aussitôt est de baisser les yeux,
Et de n'oser jamais le regarder en face
Que quand d'un doux regard il lui veut faire grâce.
C'est ce qu'entendent mal les femmes d'aujourd'hui;
Mais ne vous gâtez pas sur l'exemple d'autrui . . .

Molière (1622-1673), *L'Ecole des Femmes.*

oser: *to dare*

entendre:
comprendre

gâter: *to spoil*

autrui: les autres

Exploitation du texte

I Répondez aux questions suivantes.
1. Quelle doit être, selon Arnolphe, l'attitude de la femme envers son mari?
2. Comment est-ce qu'Arnolphe justifie son opinion?
3. Qu'est-ce que vous pensez de l'attitude d'Arnolphe? Discutez.
4. Est-ce que, selon vous, il y a de nos jours beaucoup d'hommes qui partagent le point de vue d'Arnolphe? Discutez.

II (analyse stylistique)

A. . . . *dans son devoir instruit . . .* ''

Rappel:
L'inversion est un procédé fréquemment utilisé en poésie, soit pour des raisons de rime (cf. l'exemple ci-dessus où l'ordre habituel serait: ''instruit dans son devoir''), soit pour des raisons de rythme, soit pour mettre en relief un mot ou un élément de la phrase, etc.

Inversion de l'adjectif "austère" qui se met d'ordinaire après le nom. On dit, dans la langue courante: "à des devoirs austères".

Exemple: "à d'austères devoirs"

Relevez dans le texte d'autres exemples d'inversion. Expliquez en quoi l'ordre des mots dans ces exemples s'écarte de l'ordre habituel.

B. "L'une est moitié suprême, et l'autre subalterne"

Rappel:

Dans cet extrait, Molière utilise fréquemment le procédé stylistique appelé communément *antithèse* et qui consiste à mettre en opposition deux idées, deux expressions etc., pour en faire mieux ressortir le contraste.

Exemple: "L'une est moitié *suprême*, et l'autre *subalterne*."

Relevez tous les exemples d'antithèse dans ce passage.

C. "Et vous n'y montez pas . . . pour être libertine"

Rappel:

Un procédé stylistique fréquemment utilisé est l'emploi d'une tournure négative pour mettre en relief l'idée qu'on veut exprimer.

Exemple: Il *n*'est *pas bête* = Il est *intelligent*
(ou même: il est *très intelligent*)

Trouvez dans le texte d'autres exemples de ce procédé stylistique et formulez positivement les idées exprimées.

D. "Votre sexe n'est là que pour la dépendance."

Comparez cette phrase à: "votre sexe est là pour la dépendance."
Quel est l'effet produit dans cette phrase par l'expression: "ne . . . que"?

III "C'est ce qu'entendent mal les femmes d'aujourd'hui."
(vocabulaire)

Rappel:

Un des sens de "entendre" vient du latin populaire "intenditus: compris." C'était le sens dominant de ce verbe au XVIIe siècle.

167

Dans les phrases suivantes en français contemporain "entendre" a gardé le sens qu'il avait au XVIIe siècle.

Expliquez les expressions en italique.
1. Les femmes doivent êtres fidèles, *bien entendu.*
2. Monsieur et Madame Leroux ne *s'entendent* pas bien.
3. Il faut s'exprimer clairement pour éviter les *malentendus.*
4. Il y a toujours des *sous-entendus* dans ce qu'il dit.
5. Ces deux pays ont signé une *entente* commerciale.
6. Nous devrions nous *entendre* sur les méthodes à utiliser.
7. Alors je viens vous voir demain, c'est *entendu.*

Jeanne était au pain sec . . .

Victor Hugo et deux de ses petits-enfants, Jeanne et Georges.

proscrit *(m.):*
outlaw
forfaiture *(f.):*
crime, faute grave

pouce*(m.):thumb*
griffer: *to scratch*
minet *(m.) (fam.):*
petit chat
se récrier:
protester
lâche: *cowardly*

Jeanne était au pain sec dans le cabinet noir,
Pour un crime quelconque, et, manquant au devoir,
J'allai voir la proscrite en pleine forfaiture,
Et lui glissai dans l'ombre un pot de confiture
Contraire aux lois. Tous ceux sur qui, dans ma cité,
Repose le salut de la société,
S'indignèrent, et Jeanne a dit d'une voix douce:
— Je ne toucherai plus mon nez avec mon pouce;
Je ne me ferai plus griffer par le minet.
Mais on s'est récrié:—Cette enfant vous connaît;
Elle sait à quel point vous êtes faible et lâche.
Elle vous voit toujours rire quand on se fâche.

169

Pas de gouvernement possible. A chaque instant
L'ordre est troublé par vous; le pouvoir se détend;
Plus de règle. L'enfant n'a plus rien qui l'arrête.
Vous démolissez tout. —Et j'ai baissé la tête,
Et j'ai dit: —Je n'ai rien à répondre à cela,
J'ai tort. Oui, c'est avec ces indulgences-là
Qu'on a toujours conduit les peuples à leur perte.
Qu'on me mette au pain sec. —Vous le méritez, certe,
On vous y mettra. —Jeanne alors, dans son coin noir,
M'a dit tout bas, levant ses yeux si beaux à voir,
Pleins de l'autorité des douces créatures:
—Eh bien, moi, je t'irai porter des confitures.

Victor Hugo (1802-1885), *L'Art d'être grand-père.*

se détendre: *to slacken, to relax*

certe (certes): certainement

Exploitation du texte

Vocabulaire et style

1. ''Pour un crime quelconque . . . '' Quel effet produit la juxtaposition de ces deux termes?
2. De qui parle Hugo quand il écrit: "Tous ceux sur qui, dans ma cité, / Repose le salut de la société"?
3. Il semble que selon les autres membres de la famille, Jeanne n'aît pas simplement désobéi: elle a commis un *crime social*. Relevez les expressions qui le prouvent.
4. Victor Hugo représente également une *menace sociale.* Quels sont les termes qui l'indiquent?
5. Trouvez dans le texte des exemples d'exagération. Ces exagérations ont-elles pour effet de donner beaucoup d'importance à l'incident ou de le minimiser? Justifiez votre réponse.
6. Dans ce poème, il est impossible d'arriver à une vue objective des événements. Pourquoi?

La réglementation des mariages et des naissances selon Aristote

Préparation à l'écoute

Remplacez les mots en italique par une des expressions suggérées à la forme qui convient. Faites tous les changements nécessaires.

1. Beaucoup de spécialistes *se sont intéressés* à ce problème.
2. Cette décision a causé un profond *désaccord* entre les membres du parti.
3. Il a écrit une lettre à sa tante, pour lui témoigner toute sa *gratitude.*
4. Elle vient de donner naissance à *un enfant prématuré et insuffisamment développé.*
5. Son mari est en train de construire un garage. C'est un travail très *fatigant.*
6. *La largeur des épaules* de cet homme est vraiment très impressionnante.
7. L'aîné de leurs enfants est *de faible constitution.*
8. Ce vieux paysan refusait d'envoyer ses *enfants* à l'école.
9. Les femmes *ont obtenu* les mêmes droits que les hommes.
10. Est-ce qu'il est légal, pour une femme, *de se débarrasser de son foetus?*

acquérir
la carrure
la discorde
un avorton
chétif
se pencher sur
la reconnaissance
le rejeton (*ironique*)
se faire avorter
pénible

Questions sur l'écoute

1. Qu'est-ce qui pourrait être une cause de discorde entre deux époux, selon Aristote?
2. Donnez les raisons pour lesquelles Aristote pense que la différence d'âge entre les parents et les enfants ne doit être ni trop grande ni trop petite.
3. Quel est le meilleur âge pour marier les hommes et les femmes? Citez deux raisons données par Aristote.
4. Citez différents facteurs qui, selon Aristote, jouent un rôle positif dans la procréation. Citez également au moins deux facteurs qui jouent un rôle négatif.

5. Aristote prévoyait-il des moyens pour contrôler la *quantité* et la *qualité* de la population? Lesquels?
6. Quelle est l'opinion d'Aristote vis-à-vis des rapports sexuels en dehors du couple?
7. Les idées d'Aristote présentées dans cette écoute vous paraissent-elles totalement ou partiellement démodées? Justifiez votre réponse.

Est-ce que les pauvres doivent avoir des enfants?

Préparation à l'écoute

Expliquez en anglais ou en français les mots en italique.
1. J'aimerais avoir un télévision en couleurs, mais en fin de compte, je crois que *je n'ai pas les moyens* de m'en acheter une.
2. Dans les pays du Tiers Monde il y a souvent beaucoup de de *chômage,* mais l'assurance chômage n'existe pas.
3. Nous buvons l'eau du *puits* qui se trouve près de chez nous. Elle est très bonne.
4. C'est une erreur grossière de penser que notre projet a été un succès. Ça a été un grand *échec.*
5. Je n'ai plus de vêtements propres. Il faut que je fasse la *lessive.*
6. Elle doit s'occuper seule de ses dix enfants. C'est un dur *fardeau* financier.
7. Depuis que son fils est parti à la guerre, elle vit dans l'*angoisse.*
8. Il a un bon *emploi* qui lui *rapporte* beaucoup d'argent.
9. Les enfants garantissent en quelque sorte *le bien-être* de leurs parents.
10. Dans un avenir *proche,* cette solution ne semble pas *valable.*

Questions sur l'écoute

Répondez aux questions suivantes.

1. Qui est Madame Parent?
2. D'après Madame Parent, les organisateurs de planning familial ont fait une grave erreur. Laquelle?
3. Pourquoi est-ce que c'est un luxe d'avoir une famille nombreuse dans les pays développés? Expliquez.
4. Dans les pays du Tiers Monde quelle aide est-ce que les enfants peuvent apporter à leur famille? Donnez plusieurs exemples.
5. Quelle est la situation économique et sociale dans les pays sous-développés? Est-ce que cette situation a une influence sur la famille? Laquelle?
6. Citez deux arguments donnés par Madame Parent pour prouver que deux ou trois enfants par couple seraient insuffisants dans les pays du Tiers Monde.
7. D'après Madame Parent qu'est-ce qu'il faut faire avant d'organiser des programmes de planning familial?
8. Est-ce que vous êtes d'accord avec ce que dit Madame Parent? Justifiez votre point de vue.
9. On dit parfois que l'adolescence est un luxe des pays riches. Pourquoi? Est-ce que vous êtes d'accord?
10. Combien d'enfants aimeriez-vous avoir? Justifiez votre réponse.

Les familles rurales québécoises s'installent en ville

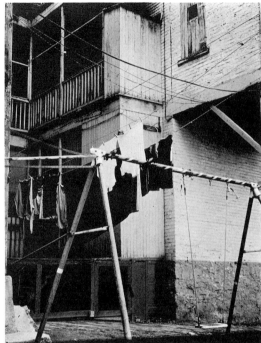

Ferme abandonnée — Le quartier Saint-Jacques à Montréal.

Préparation à l'écoute

*I Expliquez les mots suivants en vous aidant d'un mot de la
même famille (que vous connaissez probablement).*

> *Exemple:* paternel
> Mot de la même famille: père
> Sens: qui appartient au père, du côté du père

1. prévoir
2. un héritier
3. un voisinage
4. s'entr'aider
5. le magasinage (canadien français)
6. défavorisé

II Complétez les phrases suivantes à l'aide d'un des mots suggérés à la forme qui convient.

1. L'adaptation à un nouveau milieu ne se fait pas sans _____ .

2. Comme nous n'avions pas d'argent pour acheter une maison, nous avons _____ un appartement.

3. En français, pour parler des cousins, des oncles, des tantes, etc., on peut dire: "mes _____".

4. A la campagne, plusieurs personnes vivent sous le même _____. Ceci aide à _____ les liens entre les membres de la famille.

5. Mon fils a des problèmes. Il ne sait jamais comment ____ pour travailler d'une manière _____.

6. Quand nos amis viendront, nous les _____ à bras ouverts.

7. A la campagne, on va parfois à la chasse pour occuper ses moments de _____.

8. On parle souvent "d'_____ rural" pour se référer à l'émigration des ruraux vers la ville.

9. Les vendeurs malhonnêtes cherchent des _____ faciles.

10. Je n'arrive pas à porter ce paquet tout seul. Est-ce que tu pourrais me donner _____ ?

11. Il est difficile pour les parents de sortir souvent quand ils ont des enfants _____ .

resserrer
un exode
un parent
un toit
s'y prendre
efficace
un heurt
un loisir
accueillir
un coup de main
une proie
louer
en bas âge

Questions sur l'écoute

Répondez aux questions suivantes.

1. Comment la société québécoise s'est-elle transformée depuis quarante ans?

2. Faites une liste de tous les parents qui habitent dans la même maison, à la campagne.

3. A la campagne, quelles sont les relations entre voisins?

4. Comparez les loisirs de la campagne et ceux de la ville.

5. Les pères de famille transplantés en ville ont souvent des difficultés économiques et sociales. Citez les raisons de ces difficultés.

6. Qu'est-ce que le SAVI?

7. L'écoute que vous venez d'entendre donne-t-elle une vue objective des conditions de vie à la campagne et en ville? Justifiez votre point de vue.

8. Dans la région où vous habitez, la population rurale émigre-t-elle vers la ville? Cette émigration pose-t-elle des problèmes? Lesquels?

9. Selon vous, est-ce que le gouvernement devrait protéger les terres arables en limitant, par exemple, l'expansion de certaines grandes villes telles que Montréal, Toronto, Vancouver? Développez votre point de vue.

10. Préféreriez-vous vivre à la ville ou à la campagne? Justifiez votre point de vue.

L'amour toujours

Préparation à l'écoute

I Complétez les phrases suivantes à l'aide d'un mot (ou d'une expression) pris dans la colonne de droite. Mettez-le à la forme qui convient.

1. Je suis certaine qu'elle m'a vue, mais elle a traversé la rue et elle _____ de ne pas me voir.

2. Elle avait trop bu et elle était un peu _____ .

3. Ses parents ne veulent pas qu'elle sorte avec Jean, mais elle le voit _____ .
4. —Est-ce que Gérard est le fiancé de ta soeur?
   —Non, c'est seulement son _____ .
5. Je viens de casser le vase de Chine de maman. Je crois qu'elle va m'_____ quand elle va le voir.
6. Tout _____ de l'usine Citroen a réclamé une augmentation de salaire.
7. Il n'invite jamais personne chez lui parce qu'il _____ de sa pauvreté.
8. Moi, j'aime les films policiers où il y a de l'action et beaucoup de _____ .

saoûl
le petit ami
faire semblant
engueuler (*vulg.*)
avoir honte
en cachette
le personnel
la bagarre

II Expliquez les mots ou expressions en italique.
1. Tout le monde sait qu'elle *trompe* son mari avec son meilleur ami!
2. —Pourquoi est-ce que ton frère *fait la tête*?
   —Parce que mes parents ne lui ont pas permis d'aller au cinéma.
3. Il m'a dit que j'étais un imbécile, alors j'*ai vu rouge* et je me suis battu avec lui.
4. Il croit que son professeur le déteste. Moi, je pense que c'est faux et qu'il *se fait des idées*.
5. Le voleur *a trompé la surveillance* des policiers qui l'emmenaient à la prison, et il s'est échappé.
6. Ma soeur qui a seize ans veut se marier cette année. Mes parents ne sont pas d'accord et ça *fait des histoires à tout casser*.
7. On vient de mettre ma grand-mère dans *un asile de vieillards*.

Questions sur l'écoute

I Mettez V (vrai), F (faux) ou O (on ne sait pas) devant chacun des énoncés suivants.
___ 1. La soeur de Benoît est étudiante.
___ 2. Maurice a soixante-deux ans.
___ 3. La grand-mère de Benoît a soixante ans.
___ 4. Benoît trouve que, chez lui, la vie est difficile.
___ 5. Guy pense que le père de Benoît a tort.
___ 6. La grand-mère de Benoît fait des tartes aux pommes.

_7. Dans les asiles de vieillards, les infirmières ne permettent pas aux vieux d'avoir des aventures amoureuses.

_8. La grand-mère pense que la dame qui voulait faire mettre son père dans un asile psychiatrique avait raison.

_9. D'après la grand-mère, la génération du père de Benoît n'est pas vertueuse.

_10. La mère de Benoît ne comprend pas la situation.

II Répondez aux questions suivantes.

1. Donnez deux exemples qui montrent que la vie chez Benoît n'est pas toujours calme.

2. Quelle a été l'attitude du père de Benoît, au dîner? Pourquoi?

3. Comment la grand-mère de Benoît a-t-elle expliqué sa conduite?

4. Comment le père de Benoît a-t-il réagi à ce que disait sa mère?

5. Pourquoi Benoît est-il un peu gêné par l'attitude de son père?

6. D'après la grand-mère, quelle est l'attitude de la famille et de la société envers les vieux? Donnez quelques exemples.

7. Quelle a été la réaction de la grand-mère lorsque son fils l'a accusée d'être immorale?

8. Quelle serait votre réaction si vous appreniez que votre grand-mère (ou votre grand-père) a l'intention de se remarier? Développez.

9. Un Mouvement de libération des vieillards peut-il se justifier? Développez votre point de vue.

10. Les parents ont-ils toujours, vis-à-vis de leurs propres parents, l'attitude qu'ils exigent de leurs enfants vis-à-vis d'eux-mêmes? Développez.

11. Dans certaines sociétés, et à la campagne au Canada, les vieux vivent encore le plus souvent chez un de leurs enfants. Dans les villes, on a tendance à mettre les vieux dans des asiles de vieillards. Quelle est, selon vous, l'attitude la plus morale et la plus humaine? Cette attitude est-elle réaliste? Justifiez votre point de vue.

Le choix du conjoint

Préparation à l'écoute

Complétez les phrases suivantes en utilisant les mots suggérés à la forme voulue.

1. Pour qu'un mariage soit réussi, il faut que les _____ acceptent certains compromis.
2. Tu sais quelle carrière ma fille a choisie? Je te le _____ .
3. Etre tout à fait libre, c'est n'avoir aucune _____ .
4. Quand on est fou ou malade, on _____ .
5. Hier, j'ai _____ avec un jeune homme formidable.
6. Ce matin, dans la rue, j'ai _____ son ex-mari.
7. Avec trois enfants dans la maison, il y a toujours chez nous un _____ extraordinaire.
8. Nous n'arrivons pas à communiquer. Il y a entre nous une barrière _____ .
9. Mettre du vin avec de la bière? Ce _____ doit être affreux!
10. Tu la crois innocente? Eh bien _____ -toi!
11. Une jeune fille qui épouse un homme plus âgé a l'approbation _____ de la société.
12. C'est _____ de ne pas réussir.
13. Les enfants adorent les spectacles de _____ .
14. Si tu veux que je lui parle, fais _____ qu'il soit à l'heure.

croiser
conjoint
faire connaissance
va-et-vient
donner en mille
divaguer
infranchissable
détromper
en sorte
contrainte
marionnette
mélange
tacite
déprimant

Questions sur l'écoute

I *Mettez V (vrai), F (faux) ou O (on ne sait pas) devant chacun des énoncés suivants.*

___1. Marie-Paule est en Finlande.
___2. Marie-Paule va épouser un Mexicain plus âgé qu'elle.
___3. Martine pense que sa situation—du point de vue du choix du conjoint—est meilleure que celle de ces parents.
___4. Martine pense qu'il y a une différence entre ''connaître'' quelqu'un et ''faire connaissance'' avec quelqu'un.
___5. Jeanne dit qu'un ouvrier a peu de chances d'épouser une dactylo.
___6. Jeanne a passé une semaine à Nassau.

179

__7. D'après Jeanne, un homme d'affaires a peu de chance d'épouser une serveuse parce qu'ils ne sont pas du même milieu social.

__8. Martine ne veut pas se marier.

__9. Les Français qui se sont mariés à vingt-deux ans pensent qu'ils se sont mariés trop tôt.

_10. Jeanne ne refuserait pas d'épouser un aristocrate riche.

II Répondez aux questions suivantes.

1. Résumez le point de vue de Jeanne à propos du choix du conjoint.
2. Montrez l'évolution des idées de Martine sur le choix du conjoint.
3. Si vous étiez Martine, seriez-vous convaincu(e) par les arguments de Jeanne? Justifiez votre position.
4. Peut-on éliminer toute contrainte sociale en matière de mariage? Développez.

Le père Goriot

taudis (m.): slum

Mais, monsieur Goriot, dit Eugène Rastignac, comment en ayant des filles aussi richement établies que les vôtres, pouvez-vous demeurer dans un taudis pareil?

bien mis: bien habillé

drap (m.): cloth

Ma foi, dit-il d'un air en apparence insouciant, à quoi cela me servirait-il d'être mieux? Ma vie, à moi, est dans mes deux filles. Si elles s'amusent, si elles sont heureuses, bien mises, si elles marchent sur des tapis, qu'importe de quel drap je suis vêtu, et comment est l'endroit où je me couche? Je n'ai point froid si elles ont chaud, je ne m'ennuie jamais si elles rient. Je n'ai de chagrins que les leurs. Un regard d'elles, quand il est triste, me

figer le sang: glacer le sang (de peur)

fige le sang. Un jour vous saurez que l'on est bien plus heureux de leur bonheur que du sien propre. Je ne peux pas vous expliquer ça. Voulez-vous que je vous dise une drôle de chose? Eh bien! quand j'ai été père, j'ai compris Dieu. Il est tout entier partout, puisque la création est sortie de lui. Monsieur, je suis ainsi avec mes filles. Seulement j'aime mieux mes filles que Dieu n'aime le monde, parce que le monde n'est pas si beau que Dieu, et que mes filles sont plus belles que moi. Mon Dieu! un homme qui rendrait ma petite Delphine aussi heureuse qu'une femme l'est quand elle est bien aimée; mais je lui cirerais ses

cirer: to polish

commission (f.): errand

bottes, je lui ferais ses commissions.

(Le père Goriot sent qu'il va mourir. Il veut absolument revoir ses filles une dernière fois. Rastignac les fait prévenir par le valet Christophe.)

Elles vont venir, reprit le vieillard. Je les connais. Cette bonne Delphine, si je meurs, quel chagrin je lui causerai! Nasie aussi. Je ne voudrais pas mourir, pour ne pas les faire pleurer. Mourir, mon bon Eugène, c'est ne plus les voir. Là où l'on s'en va, je m'ennuierai bien. Pour un père, l'enfer c'est d'être sans enfants, et j'ai déjà fait mon apprentissage depuis qu'elles sont mariées. Mon paradis était rue de la Jussienne. Dites donc, si je vais en paradis, je pourrai revenir sur terre en esprit autour d'elles. J'ai entendu parler de ces choses-là. Sont-elles vraies? Je crois les voir en ce moment telles qu'elles étaient rue de la Jussienne. Elles descendaient le matin. Bonjour papa, disaient-elles. Je les prenais sur mes genoux, elles me caressaient gentiment. Nous déjeunions tous les matins ensemble, nous dînions, enfin j'étais père, je jouissais de mes enfants. Quand elles étaient rue de la Jussienne, elles ne raisonnaient pas, elles ne savaient rien du monde, elles m'aimaient bien. Mon Dieu! pourquoi ne sont-elles pas toujours restées petites? (Oh! je souffre) Ah! ah! pardon, mes enfants! je souffre horriblement, et il faut que ce soit de la vraie douleur, vous m'avez rendu bien dur au mal. Mon Dieu! si j'avais seulement leurs mains dans les miennes, je ne sentirais point mon mal. Croyez-vous qu'elles viendront? Christophe est si bête! J'aurais dû y aller moi-même. Il va les voir, lui. Mais vous avez été hier au bal. Dites-moi donc comment elles étaient? Elles ne savaient rien de ma maladie, n'est-ce pas? Elles n'auraient pas dansé, pauvres petites! Oh! je ne veux plus être malade. Elles ont encore trop besoin de moi. Leurs fortunes sont compromises. Et à quels maris sont-elles livrées! Guérissez-moi, guérissez-moi! (Oh! que je souffre! Ah! ah! ah!) Voyez-vous, il faut me guérir, parce qu'il leur faut de l'argent, et je sais où aller en gagner. Je suis un malin, je gagnerai des millions. (Oh! je souffre trop!)

compromettre: *to endanger*

Goriot garda le silence pendant un moment, en paraissant faire tous ses efforts pour rassembler ses forces afin de supporter la douleur.

Si elles étaient là, je ne me plaindrais pas, dit-il. Pourquoi donc me plaindre?

Un léger assoupissement survint et dura longtemps. Christophe revint. Rastignac, qui croyait le père Goriot endormi, laissa le garçon lui rendre compte à haute voix de sa mission.

assoupissement *(m.):* sommeil léger

Monsieur, dit-il, je suis d'abord allé chez madame la comtesse, à laquelle il m'a été impossible de parler, elle était dans de grandes affaires avec son mari. Comme j'insistais, monsieur de Restaud est venu lui-même, et m'a dit comme ça: ''Monsieur Goriot est en train de mourir, eh bien! c'est ce qu'il a de mieux à faire. J'ai besoin de madame de Restaud pour terminer des affaires importantes, elle ira quand tout sera fini.'' Il avait l'air en colère, ce monsieur-là. J'allais sortir, lorsque madame est entrée dans l'antichambre par une porte que je ne voyais pas, et m'a dit: ''Christophe, dis à mon père que je suis en discussion avec mon mari, je ne puis pas le quitter; il s'agit de la vie ou de la mort

antichambre *(f.):* hall, vestibule

182

Le père Goriot, d'après un dessin de Daumier.

femme de chambre *(f.):* *housemaid*

gronder: *to scold*

de mes enfants; mais aussitôt que tout sera fini, j'irai.'' Quant à madame la baronne, autre histoire! je ne l'ai point vue, et je n'ai pas pu lui parler. ''Ah! me dit la femme de chambre, madame est rentrée du bal à cinq heures un quart, elle dort; si je la réveille avant midi, elle me grondera. Je lui dirai que son père va plus mal quand elle me sonnera. Pour une mauvaise nouvelle, il est toujours temps de la lui dire.'' J'ai eu beau prier! Ah oui! J'ai demandé à parler à monsieur le baron, il était sorti.

Aucune de ses filles ne viendra! s'écria Rastignac. Je vais écrire à toutes deux.

séant *(m.):* postérieur, derrière *(fam.)*

Aucune, répondit le vieillard en se dressant sur son séant. Elles ont des affaires, elles dorment, elles ne viendront pas. Je le savais. Il faut mourir pour savoir ce que c'est que des enfants. Ah! mon ami, ne vous mariez pas, n'ayez pas d'enfants! Vous

183

leur donnez la vie, ils vous donnent la mort. Vous les faites entrer dans le monde, ils vous en chassent. Non, elles ne viendront pas! Je sais cela depuis dix ans. Je me le disais quelquefois, mais je n'osais pas y croire.

Une larme roula dans chacun de ses yeux, sur la bordure rouge, sans en tomber.

Ah! si j'étais riche, si j'avais gardé ma fortune, si je ne la leur avais pas donnée, elles seraient là, elles me lécheraient les joues de leurs baisers! je demeurerais dans un hôtel, j'aurais de belles chambres, des domestiques, et elles seraient tout en larmes, avec leurs maris, leurs enfants. J'aurais tout cela. Mais rien. L'argent donne tout, même des filles. Oh! mon argent, où est-il? Si j'avais des trésors à laisser, elles me soigneraient; je les entendrais, je les verrais. Ah! mon cher enfant, mon seul enfant, j'aime mieux mon abandon et ma misère! Au moins quand un malheureux est aimé, il est bien sûr qu'on l'aime. Non, je voudrais être riche, je les verrais. Ma foi, qui sait? Elles ont toutes les deux des coeurs de roche. J'avais trop d'amour pour elles pour qu'elles en eussent pour moi. Un père doit être toujours riche, il doit tenir ses enfants en bride comme des chevaux sournois. Et j'étais à genoux devant elles. Les misérables! elles couronnent dignement leur conduite envers moi depuis dix ans. Si vous saviez comme elles étaient aux petits soins pour moi dans les premiers temps de leur mariage! (Oh! je souffre un cruel martyre!) Je venais de leur donner à chacune près de huit cent mille francs, elles ne pouvaient pas, ni leurs maris non plus, être rudes avec moi. L'on me recevait: ''Mon père, par-ci; mon cher père, par-là.'' Je dînais avec leurs maris, qui me traitaient avec considération. J'avais l'air d'avoir encore quelque chose. Et l'on était à mes petits soins, mais c'était pour mon argent. Le monde n'est pas beau. J'ai vu cela, moi! Aussi quand quelques-uns de ces gens du monde demandaient à l'oreille de mes gendres: Qui est-ce que monsieur-là? C'est le père aux écus, il est riche. Ah, diable! disait-on, et l'on me regardait avec le respect dû aux écus. Mais si je les gênais quelquefois un peu, je rachetais bien mes défauts! D'ailleurs, qui donc est parfait? Je souffre en ce moment ce qu'il faut souffrir pour mourir, mon cher monsieur Eugène, eh bien! ce n'est rien en comparaison de la douleur que m'a causée le premier regard par lequel Anastasie m'a fait comprendre que je venais de dire une bêtise qui l'humiliait: son regard m'a ouvert toutes les veines. J'aurais voulu tout savoir, mais ce que j'ai bien su, c'est que j'étais de trop sur terre. Le

lécher: *to lick*

roche (f.): pierre
tenir ses enfants en bride (f.): contrôler, contenir les actions de ses enfants
sournois: *sly*
couronner: compléter en rendant parfait
être aux petits soins pour qn.: *to be full of attentions for s.o.*

avoir des écus (m.): avoir de l'argent

racheter qch.: *to atone for sth.*

lendemain je suis allé chez Delphine pour me consoler, et voilà que j'y fais une bêtise qui l'a mise en colère. J'en suis devenu comme fou. J'ai été huit jours ne sachant plus ce que je devais faire. Je n'ai pas osé aller les voir, de peur de leurs reproches. Et me voilà à la porte de mes filles. O mon Dieu puisque tu connais les misères, les souffrances que j'ai endurées; puisque tu as compté les coups de poignard que j'ai reçus, dans ce temps qui m'a vieilli, changé, tué, blanchi, pourquoi me fais-tu donc souffrir aujourd'hui? J'ai bien expié le péché de trop les aimer. Elles se sont bien vengées de mon affection, elles m'ont torturé comme des bourreaux. Eh bien! les pères sont si bêtes! je les aimais tant que j'y suis retourné comme un joueur au jeu. Mes filles, c'était mon vice à moi; elles étaient mes maîtresses, enfin tout! Mais elles m'ont fait tout de même quelques petites leçons sur ma manière d'être dans le monde. Elles commençaient à rougir de moi. Voilà ce que c'est que de bien élever ses enfants. A mon âge je ne pouvais pourtant pas aller à l'école. (Je souffre horriblement, mon Dieu! les médecins! Si l'on m'ouvrait la tête, je souffrirais moins.) Mes filles, mes filles, Anastasie, Delphine! je veux les voir. Envoyez-les chercher par la gendarmerie, de force! la justice est pour moi, tout est pour moi, la nature, le code civil. Je proteste. La patrie périra si les pères sont foulés aux pieds. Cela est clair. La société, le monde roulent sur la paternité, tout croule si les enfants n'aiment pas leurs pères. Oh! les voir, les entendre, qu'importe ce qu'elles me diront pourvu que j'entende leur voix, ça calmera mes douleurs, Delphine surtout. Mais dites-leur, quand elles seront là, de ne pas me regarder froidement comme elles font. Ah! mon bon ami, monsieur Eugène, vous ne savez pas ce que c'est que de trouver l'or du regard changé tout à coup en plomb gris. Depuis le jour où leurs yeux n'ont plus rayonné sur moi, j'ai toujours été en hiver ici; je n'ai plus eu que des chagrins à dévorer, et je les ai dévorés! J'ai vécu pour être humilié, insulté. Je les aime tant, que j'avalais tous les affronts par lesquels elles me vendaient une pauvre petite jouissance honteuse. Un père se cacher pour voir ses filles! Je leur ai donné ma vie, elles ne me donneront pas une heure aujourd'hui! J'ai soif, j'ai faim, le coeur me brûle, elles ne viendront pas rafraîchir mon agonie, car je meurs, je le sens. Mais elles ne savent donc pas ce que c'est que de marcher sur le cadavre de son père! Il y a un Dieu dans les cieux, il nous venge malgré nous, nous autres pères. Oh! elles viendront! Venez, mes ché-ries, venez encore m'embrasser, un dernier baiser à votre père,

poignard (m.): dagger

bourreau (m.): torturer

périr: mourir
fouler aux pieds: to trample under foot
crouler: to collapse

plomb (m.): lead

affront (m.): offense, humiliation

qui priera Dieu pour vous, qui lui dira que vous avez été de bonnes filles, qui plaidera pour vous! Après tout, vous êtes innocentes. Elles sont innocentes, mon ami! Dites-le à tout le monde, qu'on ne les inquiète pas à mon sujet. Tout est de ma faute, je les ai habituées à me fouler aux pieds. J'aimais cela, moi. Ça ne regarde personne, ni la justice humaine, ni la justice divine. Dieu serait injuste s'il les condamnait à cause de moi. Je n'ai pas su me conduire, j'ai fait la bêtise d'abdiquer mes droits. Je me suis avili pour elles! Je suis un misérable, je suis justement puni. Moi seul ai causé les désordres de mes filles, je les ai gâtées. Elles veulent aujourd'hui le plaisir, comme elles voulaient autrefois du bonbon. Je leur ai toujours permis de satisfaire leurs fantaisies de jeunes filles. Moi seul suis coupable, mais coupable par amour. Leur voix m'ouvrait le coeur. Je les entends, elles viennent. Oh! oui, elles viendront. La loi veut qu'on vienne voir mourir son père, la loi est pour moi. Ecrivez-leur que j'ai des millions à leur laisser! Parole d'honneur. Vous ne mentirez pas, dites-leur des millions, et même si elles venaient par intérêt, j'aime mieux être trompé, je les verrai. Je veux mes filles! je les ai faites! elles sont à moi! dit-il en se se dressant sur son séant.

Allons, lui dit Eugène, recouchez-vous, mon bon père Goriot, je vais leur écrire. Aussitôt que Bianchon sera de retour, j'irai si elles ne viennent pas.

Si elles ne viennent pas? répéta le vieillard en sanglotant. Mais je serai mort, mort dans un accès de rage, de rage! La rage me gagne! En ce moment, je vois ma vie entière. Elles ne m'aiment pas, elles ne m'ont jamais aimé! cela est clair. Si elles ne sont pas venues, elles ne viendront pas. Plus elles auront tardé, moins elles se décideront à me faire cette joie. Je les connais. Elles n'ont jamais su rien deviner de mes chagrins, de mes douleurs, de mes besoins, elles ne devineront pas plus ma mort. Elles auraient demandé à me crever les yeux, je leur aurais dit: ''Crevez-les!'' Je suis trop bête. Elles croient que tous les pères sont comme le leur. Il faut toujours se faire valoir. Leurs enfants me vengeront. Mais c'est dans leur intérêt de venir ici. Mais allez donc, dites-leur donc que, ne pas venir, c'est un parricide. Criez donc comme moi: ''Hé, Nasie! hé, Delphine! venez à votre père qui a été si bon pour vous et qui souffre!'' Rien, personne. Mourrai-je donc comme un chien? Voilà ma récompense, l'abandon. Ce sont des infâmes, des scélérates; je les abomine, je les maudis; je me relèverai, la nuit, de mon cercueil pour les

avilir: *to degrade*

gâter: *to spoil*

parole (f.): **d'honneur:** *upon my word of honour, ''cross my heart''*

sangloter: *to sob*

crever un oeil à qn.: *to put out s.o.'s eye*

se faire valoir: se montrer à son avantage

scélérat (m.): criminel, bandit
abominer: détester
cercueil (m.): *coffin*

remaudire, car, enfin, mes amis, ai-je tort? elles se conduisent bien mal! hein? Ah, mon Dieu! je meurs, je souffre un peu trop! Coupez-moi la tête, laissez-moi seulement le coeur.

Christophe, allez chercher Bianchon, s'écria Eugène épouvanté du caractère que prenaient les plaintes et les cris du vieillard, et ramenez-moi une voiture.

Je vais aller chercher vos filles, mon bon père Goriot, je vous les ramènerai.

De force, de force! dit-il en jetant à Eugène un dernier regard où brilla la raison. Dites au gouvernement, au procureur du roi, qu'on me les amène, je le veux!

Mais vous les avez maudites.

Qui est-ce qui a dit cela? répondit le vieillard stupéfait. Vous savez bien que je les aime, je les adore! Je suis guéri si je les vois . . . Allez, mon bon voisin, mon cher enfant, allez, vous êtes bon, vous; je voudrais vous remercier, mais je n'ai rien à vous donner que les bénédictions d'un mourant. A boire, les entrailles me brûlent! Mettez-moi quelque chose sur la tête. La main de mes filles, ça me servirait, je le sens . . .

Buvez ceci, dit Eugène en soulevant le mourant et le prenant dans son bras gauche tandis que de l'autre il tenait une tasse pleine de tisane.

Vous devez aimer votre père et votre mère, vous! dit le vieillard en serrant la main d'Eugène. Comprenez-vous que je vais mourir sans les voir, mes filles? Avoir soif toujours, et ne jamais boire, voilà comment j'ai vécu depuis dix ans . . . Mes deux gendres ont tué mes filles. Oui, je n'ai plus eu de filles après qu'elles ont été mariées. Pères, dites aux Chambres de faire une loi sur le mariage! Enfin, ne mariez pas vos filles si vous les aimez. Le gendre est un scélérat qui gâte tout chez une fille. Plus de mariage! C'est ce qui nous enlève nos filles, et nous ne les avons plus quand nous mourons. Faites une loi sur la mort des pères. C'est épouvantable, ceci! Vengeance! Ce sont mes gendres qui les empêchent de venir. Tuez-les! Ils sont mes assassins! La mort ou mes filles! Ah! c'est fini, je meurs sans elles! Elles! Nasie, Fifine, allons, venez donc! Votre papa sort . . .

Mon bon père Goriot, calmez-vous, voyons, restez tranquille, ne vous agitez pas, ne pensez pas.

Ne pas les voir, voilà l'agonie!

Vous allez les voir.

Vrai! cria le vieillard égaré. Oh! les voir! je vais les voir, entendre leur voix. Je mourrai heureux. Eh bien! oui, je ne demande plus à vivre, je n'y tenais plus, les peines augmentaient sans cesse. Mais les voir, toucher leurs robes, ah! rien que leurs robes, c'est bien peu: mais que je sente quelque chose d'elles! Faites-moi prendre les cheveux . . .

oreiller *(m.): pillow*

Il tomba la tête sur l'oreiller comme s'il recevait un coup de massue. Ses mains s'agitèrent sur la couverture comme pour prendre les cheveux de ses filles.

coup *(m.)* **de massue** *(f.): heavy blow*

Je les bénis, dit-il en faisant un effort, bénis.

(Les gendres du père Goriot n'ont même pas voulu payer l'enterrement.)

enterrement *(m.): burial*

Balzac, (1799-1850) *Le père Goriot.*

Marie-Madeleine

Mon pèr' n'a - vait fil - le que moi. Mon pèr' n'a - vait fil - le que moi, et des - sur la mer il m'en - voit. Ma - rie Ma - de - lein', Ton p'tit ju - pon de lain', Ta pe - tit' jup' car - reau - tée, Ton p'tit ju - pon pi - qué.

2. Et dessus la mer il m'envoé
   Le marinier qui m'y menait
   Marie-Madeleine . . .

3. Me dit: Ma belle, embrasse-moé
   Oh, non, Monsieur, je n'oserais
   Marie-Madeleine . . .

4. Car si mon papa le savait
   Fille battue ce serait moé
   Marie-Madeleine . . .

5. Mais qui la belle le lui dirait?
   Ce serait les oiseaux du boé
   Marie-Madeleine . . .

Livres suggérés

Jean Anouilh, *Le voyageur sans bagages,* Le livre de poche. (moyen)

Balzac, *Le père Goriot,* Didier (version éditée). (moyen)

Albert Camus, *Le malentendu,* Macmillan, 1964. (moyen)

Goscinny et Sempré, *Les vacances du petit Nicolas,* Longman, 1970. (facile)

Marcel Pagnol, *Le château de ma mère.* Longman (version simplifiée). (facile)

Marcel Pagnol, *Fanny,* Le livre de poche. (moyen)

Marcel Pagnol, *La gloire de mon père,* Didier (version éditée). (facile)

Ringuet, *Trente arpents,* Fides, 1938. (difficile)

Pour l'amour de Dieu

Mon Père, pardonne-leur: ils ne savent ce qu'ils font.
(Evangile selon Saint Luc, XXIII, 34)

Table des matières

Oguinase devient prêtre

Contenu linguistique

Euchariste, le personnage principal de *Trente arpents*, est un fermier québécois. Plusieurs années avant le moment décrit dans le passage qui suit, il avait promis au curé que son fils aîné deviendrait prêtre. Mais le temps s'est écoulé et Euchariste hésitait: d'un côté il se sentait le devoir de réaliser le voeu qu'il avait fait et d'un autre il se disait que son fils aîné, Oguinase, commençait à pouvoir l'aider à travailler à la ferme. C'est finalement le curé qui a pris la décision pour lui. Voilà comment les choses se sont passées.

voeu *(m.):* promesse (faite à Dieu)

Un beau jour au village, après la grand-messe, le curé avait fait venir Euchariste dans son cabinet, dans le grand presbytère frais et propre.

On avait d'abord parlé de tout, sauf d'Oguinase. Mais au bout de quelques phrases:

193

— Et puis, comment vont les enfants? . . . Ton grand gar-çon?

A ce moment Euchariste avait compris de quoi il s'agissait.

— Y est ben extra, monsieur le curé.

extra: super, great

— La maîtresse dit qu'il travaille bien en classe.

— Ouais! Elle a dit ça?

— Ça doit te donner du contentement.

— Comme de raison, monsieur le curé. Comme de raison.

Un silence se creusa entre eux . . .

— Qu'est-ce que tu vas en faire, de ton gars, 'Charis?

gars *(m.) (fam.):* garçon, ici: fils

Le paroissien baissa les yeux, la tête penchée sur l'épaule, et se mit à examiner la couture de sa casquette, entre ses genoux. Il se sentait mal à l'aise, gêné surtout par les choses inaccoutumées qui l'entouraient comme d'une conspiration: le bureau chargé de registres et de papiers sur quoi planait un grand Christ de plâtre colorié; le linoléum à fleurs du plancher; les deux rayons lourds de livres et surtout le calme religieux de cette pièce où sa voix avait un son différent. Il n'osait lever les yeux, ne voyant plus que ses deux pieds chaussés de poussière et les semelles épaisses du curé qui frappaient le plancher avec un bruit mat, à chaque mouvement de la berceuse.

paroissien *(m.): parishioner*

couture *(f.): seam*

rayon *(m.):* étagère

semelle *(f.):sole*

mat: *dull (sound)*

berceuse *(f.): rocking chair*

Ce qu'il allait faire d'Oguinase? il n'en était pas trop sûr. Il n'avait pas oublié les paroles échangées avec M. le curé, l'espèce de voeu fait un jour d'avant son mariage, sur le chemin du Roi.

Et puis surtout le séjour au collège—six ans, sept ans, il ne savait—représentait une dépense qui le terrifiait à l'avance. Il eût volontiers crié misère comme tout paysan; il n'osait, à cause de l'argent placé chez le notaire. Bien sûr, il n'en avait jamais parlé à personne. Mais obscurément il lui semblait que M. le curé ne pouvait pas ne pas savoir, lui qui savait tant de choses; tout.

crier misère: se plaindre de sa pauvreté

Voyant que sans répondre il se frottait la joue où le rasoir avait fait une tache pâle sur la peau hâlée:

— J'sais pas si tu y as pensé, reprit le curé, mais moé j'y ai pensé pour toé, comme c'est mon devoir de penser un peu pour tous les gens de la paroisse. Tu m'as dit une fois que tu voulais un prêtre dans ta famille, 'Charis. T'as pas changé d'idée?

hâlé: bruni par le soleil

— . . . Ben . . . Non . . . m'sieu le curé . . .

L'oratoire Saint-Joseph

— Parce que ça sera pas un cadeau que tu feras au Bon Dieu; c'est plutôt lui qui te ferait quelque chose comme un bonheur, le plus grand de tout! J'vas te dire quelque chose, Euchariste Moisan, qui va p't'êt' te surprendre; y a des fois que j'aurais aimé être à la place de pères de famille comme toi, rien que pour pouvoir rendre au Bon Dieu de cette façon-là un des enfants qu'il m'aurait donné. A côté de ça, j'ai connu un homme qu'a pas voulu que son garçon fasse un prêtre, quand le Bon Dieu l'appelait. Sais-tu ce qui lui est arrivé? C't'homme-là, i'a été puni. Ça prenait pas un an que le garçon tombait dans un moulin à battre et était grièvement blessé sous les yeux de son père.

moulin (m.) **à battre** (can. fr.): **batteuse** (f.) (threshing machine)

Euchariste ne répondit rien encore. Il écoutait le curé, admirant en lui ce qu'il eût tant voulu posséder: le don des mots, la facilité de parler des choses que l'on sent s'agiter en soi et qu'on n'arrive pas à exprimer. Du bout de sa chaussure il se mit à tracer des cercles sur le plancher, puis s'arrêta subitement, conscient de son impolitesse. Mais il n'ouvrait point la bouche.

don (m.): gift

subitement: soudain, tout à coup

— . . . Ce qui me fait le plus de peine, 'Charis, c'est qu'y a pas un seul enfant de la paroisse au séminaire à c't'heure, et depuis pas mal de temps. Pas depuis M. Emilien Picard, qui est vicaire à Saint-Bernard-du-Saut. C'est pourtant icitte une paroisse de bons chrétiens; seulement on dirait qu'ils pensent pas à donner son dû au Bon Dieu. C'est bien bel et bon de payer la dîme de ses récoltes; mais si on veut être béni dans sa famille, y faut payer aussi la dîme de ses enfants. Est-ce que tu dois pas bien ça, toi, Euchariste Moisan? Qu'est-ce que t'en dis?

vicaire (m.): assistant priest
icitte (can. fr.): ici

dû: due

dîme (f.): tithe (one-tenth of the annual produce of one's land paid to the Church)

bénir: to bless

— Ah! pour ce qui est de moé, monsieur le curé, je demanderais pas mieux. Mais . . .

Cette fois, il fallait répondre.

— Mais . . . quoi . . . ?

— Ben . . . j'su à me demander si j'ai ben les moyens. Envoyer Oguinase au collège, ça veut dire sept, huit ans, et pi pendant ce temps-là, y a tout'c'te grande terre qui veut être travaillée. C'est juste comme il commençait à m'aider.

j'su (fam.): je suis
avoir des moyens: avoir de l'argent

Mais le curé avait tout prévu et lui fit remarquer qu'il avait suffi jusque-là à la terre qui ne s'en était pas montrée moins généreuse.

Enfin, de ses deux autres fils, — ''et j'espère que ça n'est pas fini,'' — le second était presque aussi fort et vaillant que son Oguinase. Pour ce qui était de la dépense, et bien, lui, monsieur le curé, qui ne possédait rien, trouverait de quoi payer la moitié des frais de collège, de sa poche, tant il avait honte de ne jamais

frais (m. pl.): dépense

196

régler: solutionner, terminer

un an auparavant: *the year before*

voir sa paroisse inscrite sur la liste de celles qui y envoyaient des élèves.

Et c'est ainsi que cela avait été réglé, un an auparavant.

Ringuet, *Trente arpents*, Fides, 1938.

Exploitation du texte

I Répondez aux questions suivantes.

1. Expliquez ce commentaire de l'auteur: "A ce moment Euchariste avait compris de quoi il s'agissait."
2. Qu'est-ce qui rend Euchariste mal à l'aise au début de son entretien avec le curé?
3. Pourquoi est-ce qu'Euchariste n'ose pas se plaindre de sa pauvreté devant le curé?
4. Le curé utilise diverses méthodes pour essayer de convaincre Euchariste. Quelles sont ces méthodes? Qu'en pensez-vous?
5. Relevez dans le texte tous les détails qui montrent qu'Euchariste se sent mal à l'aise.
6. Quels sont les sentiments qu'Euchariste éprouve pour le curé?
7. Euchariste cherche des excuses pour ne pas envoyer son fils au séminaire. Quelles sont-elles? Est-ce que le curé les accepte? Justifiez votre réponse.
8. Qui est-ce qui dit: "et j'espère que ça n'est pas fini"? Expliquez cette phrase.
9. Selon vous, pourquoi est-ce qu'Euchariste parle si peu?

II " . . . le linoléum à fleurs . . . "
(phonétique et syntaxe: accent et groupe nominal)

Rappel:

Quand on ajoute un complément à un nom ou à un adjectif, l'accent tonique se place à la fin du groupe. Par exemple:

Il a pris l'avion.   Il a pris l'avion de Montréal.

Lisez d'abord la phrase donnée puis redites-la en ajoutant les mots entre parenthèses à la place qui convient. Faites les changements nécessaires. Attention à la place de l'accent tonique.

> *Modèle:* Les rayons étaient lourds. (livres)
>
> Les rayons étaient lourds de livres.

Commencez:
1. Les rayons étaient lourds. (livres)
2. Il était gêné par son habit. (confection)
3. Il a vu un grand Christ. (plâtre)
4. Il regardait le linoléum. (fleurs)
5. Il n'avait pas oublié le voeu fait sur le chemin. (Roi)
6. Il pensait à ce séjour. (collège)
7. C'est mon devoir de penser à tous les gens. (paroisse)
8. J'aurais aimé être à la place de ce père. (famille)
9. Je n'ai pas vu un seul enfant. (paroisse)
10. Le curé paiera la moitié des frais. (collège)

III "Y est ben extra . . . "
(langue familière / langue neutre)

On trouve de nombreux exemples de langue familière et de canadianismes dans ce passage.

A. *Ecoutez le texte enregistré. Comment est-ce qu'on y a prononcé les expressions et les phrases suivantes?*
1. Il est bien extra.
2. Je ne sais pas.
3. Moi j'y ai pensé pour toi.
4. Tu n'as pas changé d'idée?
5. Bien . . . non . . . monsieur le curé.
6. Je vais te dire quelque chose qui va peut-être te surprendre.
7. J'ai connu un homme qui n'a pas voulu . . .
8. Cet homme-là, il a été puni.
9. Il n'y a pas un seul enfant de la paroisse . . . à cette heure.
10. C'est pourtant ici une paroisse de bons chrétiens.
11. Et puis pendant ce temps-là il y a toute cette grande terre qui veut être travaillée.
12. Bien . . . je suis à me demander si j'ai bien les moyens.

198

B. Dans le texte écrit Ringuet essaie de communiquer au lecteur la façon de parler de ses personnages. Quels moyens est-ce qu'il utilise? Citez plusieurs exemples.

*IV Dictée
(langue familière / langue neutre)

Ecrivez en français standard les phrases que vous entendrez.

V "Il eût volontiers crié misère . . . "
(langue soutenue / langue neutre)

Rappel:

On trouve dans le texte qui précède une variation de style assez marquée: l'auteur écrit dans une langue soutenue mais il fait parler ses personnages en langue familière.

Ainsi la phrase: "Il eût volontiers crié misère . . . " est écrite en langue soutenue. (cf. utilisation du plus-que-parfait du subjonctif: *eût crié*). Dans une langue plus neutre on dirait: "Il aurait volontiers crié misère."

Identifiez le niveau de chacune des phrases suivantes et redites ces phrases dans une langue plus neutre, s'il y a lieu.
1. Le curé avait fait venir Euchariste dans son cabinet.
2. Un silence se creusa entre eux.
3. Le paroissien baissa les yeux, et se mit à examiner la couture de sa casquette.
4. Il se sentait gêné par les choses inaccoutumées qui l'entouraient.
5. Il n'osait lever les yeux.
6. Il n'avait pas oublié les paroles échangées avec M. le curé.
7. Euchariste ne répondit rien.
8. Il écoutait le curé, admirant en lui ce qu'il eût tant voulu posséder.
9. Il se mit à tracer des cercles sur le plancher, puis s'arrêta subitement.
10. Mais il n'ouvrait point la bouche.

*VI " . . . il lui semblait que M. le curé . . . "
(imparfait)

M. et Mme Paquelin étaient très religieux et voulaient que leurs enfants le soient aussi. Voici quelques exemples de la façon de vivre des Paquelin.

Une famille pieuse

1. Avant le repas, père / dire / le bénédicité.
2. Pendant le repas, mère / lire / vie / saints.
3. Le dimanche, enfants / suivre / cours / catéchisme.
4. Enfants / apprendre / par coeur / passages / Bible,
5. et / ils / écrire / résumés / vie / Christ.
6. Toute / famille / aller / messe / tous les jours,
7. et / faire / prières / tous les soirs.
8. Parents / et / enfants / voir / leur confesseur / une fois par semaine.
9. Ils ne / boire / que / de / eau.
10. Ils / manger / jamais / dessert.

VII (passé composé avec être et avoir)

Racontez la matinée de Catherine en mettant les verbes à la forme qui convient.

Une vie monotone

Catherine s'est levée à 7 heures ce matin. Ensuite:

1. Elle / monter / dans / salle de bains.
2. Elle / prendre / une douche.
3. Elle / s'habiller.
4. Elle / se brosser / dents.
5. Puis elle / descendre / dans / cuisine.
6. Elle / faire / du café.
7. Elle / préparer / le petit déjeuner.
8. Elle / boire / son café / et / elle / manger / son petit déjeuner.
9. Elle / lire / le journal.
10. Elle / mettre / manteau.
11. Elle / partir / huit heures.
12. Elle / sortir / dans / rue.
13. Elle / attendre / autobus.
14. Puis / aller / travailler.
15. Elle fait cela depuis cinq ans, la pauvre!

VIII '' . . . j'ai connu un homme qu'a pas voulu que son garçon
    fasse un prêtre, quand le Bon Dieu l'appelait.''
    (opposition entre l'imparfait et le passé composé)

Rappel:

L'*imparfait* est le temps de la *continuité*. Toutes les fois que le contexte exprime clairement l'idée d'une continuité, l'imparfait est obligatoire. C'est pourquoi on utilise l'imparfait pour exprimer la durée, l'habitude, la répétition, un état d'âme, le statisme d'une description, etc . . . (Toutes ces notions ont en commun l'idée d'une continuité.)

> *Exemples:* ''Il écoutait le curé . . . '' (durée)
> ''Il se sentait mal à l'aise . . . '' (état d'âme)
> '' . . . les semelles du curé . . . frappaient le plancher . . . '' (répétition)

A l'opposé, le *passé composé* est le temps de la *discontinuité*. Toutes les fois que le contexte exprime clairement l'idée d'une discontinuité, le passé composé est obligatoire. C'est pourquoi on utilise le passé composé pour décrire une action dont le début ou la fin (ou les deux) sont indiqués ou suggérés par le contexte, ou pour noter le dynamisme d'un récit (succession d'actions).

> *Exemples:* '' . . . il se mit à tracer des cercles . . . '' (début d'une action)
> '' . . . puis s'arrêta subitement . . . '' (fin d'une action)
> ''Le paroissien baissa les yeux . . . et se mit à examiner . . . '' (succession d'actions)

N.B. Souvent d'autres éléments de la phrase indiquent que les actions exprimées par les verbes sont envisagées dans leur continuité ou dans leur discontinuité.

> *Exemples:* '' . . . *frappaient* le plancher . . . *à chaque mouvement* de la berceuse.''
> '' . . . puis *s'arrêta subitement* . . . ''

A. *Lisez les phrases suivantes en mettant les verbes entre parenthèses aux temps qui conviennent.*
   1. Un grand Christ de plâtre colorié (planer) au-dessus du bureau.
   2. Les semelles épaisses du curé (frapper) le plancher à chaque mouvement de la berceuse.
   3. A la fin Euchariste (être obligé) de parler.
   4. Le séjour au collège (représenter) une dépense qui le (terrifier) à l'avance.

5. Il (s'arrêter) subitement de parler.
6. Le curé ne (posséder) pas de bien.
7. La conversation (durer) dix minutes.
8. Quand il (entrer) dans le cabinet du curé, Euchariste (enlever) sa casquette.
9. Euchariste (vouloir) crier misère, mais il ne le (pouvoir) pas parce qu'il (avoir) de l'argent placé chez le notaire.
10. Le curé (décider) de payer la moitié des frais de collège.
11. Euchariste (rester) silencieux pendant presque toute la conversation.
12. Finalement Euchariste (promettre) d'envoyer son fils au séminaire.

B. Lisez le dialogue suivant en mettant les verbes entre parenthèses aux temps qui conviennent.

— Hé, taxi!

— Bonjour, m'sieur.

— 3225, rue Montclair, s'il vous plaît.

— Quel sale temps, n'est-ce pas?

— Ne m'en parlez pas, je suis trempé! Ce matin, quand je (quitter) ma maison, le ciel (ne pas paraître) menaçant du tout. Il y (avoir) bien quelques petits nuages, mais je (ne pas penser) une seconde à prendre un parapluie. D'ailleurs, dans la rue, les gens ne (porter) ni parapluie, ni imperméable. A quelle heure est-ce qu'il (commencer) à pleuvoir?

— Oh, c'est juste un peu avant quatre heures que l'orage (éclater) et qu'il (se mettre) à pleuvoir à verse.

— Oui, juste à l'heure de sortie! Heureusement, vous (passer) devant la porte de mon bureau.

— Et je (être) libre! Vous (avoir) de la chance. Vous savez, les jours d'orage, les taxis sont toujours pris.

IX (traduction: imparfait / passé composé)

Traduisez en français.
1. a) Some time ago his mother had a heart attack (une crise cardiaque).
   b) She stayed in the hospital for several months,
   c) but she died last week.
   d) She was only forty-five.

2. a) I went back to my room and lay on the bed.
   b) The house was very quiet, and I could not go to sleep,
   c) so I put the radio on and read for a while.

3. a) I did not want to lie to my father,
   b) so when he came, I told him the truth.
   c) Do you know what he did?
   d) He laughed!

4. a) The waiting room *(la salle d'attente)* was empty.
   b) Suddenly the door opened, and a man who looked very strange, came in.
   c) He sat down, looked at his watch, got up and left!

5. a) The car was new and very powerful *(puissante)*.
   b) They were driving *(rouler)* at ninety miles an hour.
   c) Suddenly a truck appeared in front of them!
   d) Guess what happened! . . .

X " . . . *dans le grand presbytère* frais *et propre.*"
   " . . . *lui . . . trouverait de quoi payer la moitié des* frais *de collège . . .* "
   (quelques homonymes)

Rappel:

Les homonymes sont des mots qui ont une prononciation identique, même si l'orthographe varie, mais des sens différents. Ainsi, dans la première phrase ci-dessus le mot *frais* veut dire "fresh" et dans la deuxième il signifie "expenses".

Complétez les phrases suivantes à l'aide d'un mot pris dans la colonne de droite, ou d'un de ses homonymes.

1. Il était _____ de peur.
2. Il faisait très_____ dans la campagne.
3. Mon cousin m'a offert d'aller prendre _____ chez lui.
4. Le fils de mon voisin est toujours très_____ .
5. Un poète est un homme qui écrit des_____ .
6. _____ de l'éducation sont très élevés.
7. _____ n'aura pas lieu aujourd'hui.
8. Il y avait _____de terre dans la laitue.
9. Les enfants jouaient dans la _____ de l'école.
10. _____ de classe est trop petite.

sale
cours
frais
verre
salle
court
ver
vert
vers
cour

11. Si tu veux faire une partie de tennis, il faut que nous réservions _____ .
12. En hiver les jours sont très _____ .

*XI *Répondez aux questions suivantes en utilisant les indications données et en imitant le plus possible la réponse que vous entendrez.*

1. Est-ce qu'Euchariste regardait le curé pendant que celui-ci lui parlait?
   Non / ne pas oser / yeux / et / voir / semelles / curé / frapper / plancher / bruit / mat.
2. Pourquoi Euchariste hésitait-il à envoyer son fils au collège?
   Parce que / séjour / très long / et / représenter / dépense / terrifier / Euchariste / avance.
3. Pourquoi est-ce qu'Euchariste n'osait pas crier misère?
   Parce que / argent / placé / notaire.
4. Qu'est-ce que le curé a dit à Euchariste?
   Il / dire / aimer / place / père / Euchariste / pouvoir / Dieu / enfants / lui / donner.
5. Pourquoi le curé avait-il de la peine?
   Depuis / temps / ne pas y avoir / enfant / paroisse / séminaire.
6. Pourquoi le curé avait-il honte?
   Parce que / paroisse / jamais / inscrire / liste / celles / envoyer / élèves / séminaire.

Composition orale

Après sa conversation avec le curé, Euchariste rentre chez lui. Il discute avec sa femme. (Par miracle, ils parlent en français standard!)

Victoire: Tiens / voilà / Euchariste. / Faire / heure / attendre! / Où / passer?

Euchariste: Après / messe / rencontrer / curé / faire venir / presbytère.

Victoire: Pourquoi? / Vouloir / parler? Pourtant / payer / dîme.

Euchariste: Ne pas être / dîme / s'agir! / Il parler / Oguinase. / Il / demander / je / vouloir / envoyer / séminaire.

Victoire:	Ça / devoir / arriver / après / voeu / tu / faire! / Tu / dire? / Que / études / coûteux / et / ne pas avoir / argent?
Euchariste:	Essayer / dire / cela / mais / connaître / curé / bien / moi! / Je / croire / sait / je / avoir / argent / notaire. / Il / croire *(cond. antérieur)* / je / chercher / excuse.
Victoire:	Alors / tu / faire? / Tu / rien / dire?
Euchariste:	Si. / Dire / Oguinase / pouvoir / maintenant / commencer / travailler / terre / moi / et / je / avoir besoin / aide.
Victoire:	Bravo / et / il / répondre / ça?
Euchariste:	Il / faire remarquer / terre / généreuse / quand / travailler / seul. / Ajouter / je / avoir / deux / fils / et / il / espérer / je / avoir *(cond.)* / autres!
Victoire:	Exagérer / curé! / Pas lui / faire / et / élever / enfants, / ça / voit. / Prochaine / fois / tu / voir / dire / je / ne pas avoir / intention / enfants! Tant pis / s'il / ne pas être / content!
Euchariste:	Aller / Victoire, / ne pas / mettre / colère!
Victoire:	D'accord! / Au moins / dire / ce / vous / décider / curé / toi!
Euchariste:	Dire vrai / ne pas être / moi / prendre / décision; / être / curé! / Oguinase / aller / séminaire.
Victoire:	Mon Dieu! / Mais / nous / se ruiner / payer / frais / collège!
Euchariste:	Non, / curé / dire / payer / moitié.
Victoire:	Cas / je / rien / dire. / Tu / savoir, / au fond, / je / contente / un / fils / devenir / prêtre! / Je / raconter / soeur / annoncer / grande nouvelle!

Crise de la religion

Contenu linguistique

Rien de ce qui opprime n'est chrétien. Le christianisme est essentiellement libérateur. Nos missionnaires en Afrique sont étonnés de voir comme le christianisme représente une libération pour les païens. Les Canadiens français découvriront ça, eux aussi, un de ces jours. Ce n'est pas le christianisme qui écrase, c'est la triple concupiscence: et des trois concupiscences, bien connues, celle qui frappe le plus durement les hommes, depuis qu'ils existent, c'est la troisième, celle dont on ne parle jamais, celle qu'on ne dénonce jamais du haut de la chaire: l'esprit de domination. Vous en connaissez, vous, des prédicateurs qui dénoncent les pièges de l'Autorité? Mais non: ils tapent toujours sur le même clou. Comme si nous n'avions pas déjà eu les reins

païen *(m.): pagan*

concupiscence *(f.)*
(théol.): **désir**

chaire *(f.): pulpit*

clou *(m.): nail*

rein (m.): kidney;
se casser les reins: to break one's back

ivre: drunk

chair (f.): les besoins du corps

cassés; comme si notre vice national, c'était l'insoumission; comme si nous n'étions pas déjà un peuple de muets, ne sachant nous exprimer que dans le blasphème et lorsque nous sommes un peu ivres.

On renonce à l'argent; on renonce à la chair; on ne renonce pas au pouvoir. Pauvre et chaste, mais écrasant. Mais plein d'arrogance. *"Les rois des nations leur commandent en maîtres . . . Vous, ne faites pas ainsi; mais que le plus grand parmi vous devienne comme le plus jeune, et celui qui gouverne, comme celui qui sert."* (Luc, XXII, 25-27) Cette révélation vraiment originale du christianisme, c'est celle sur laquelle on insiste le moins. Ce renversement radical, on l'évite. On fait semblant de croire que Jésus-Christ n'a rien dit de vraiment neuf touchant nos rapports avec l'autorité. Lanza del Vasto: *"Ce renversement de l'autorité est donc la première loi du Royaume annoncé par l'Evangile; depuis deux mille ans que l'Evangile prédit et prêche ce renversement, la chrétienté s'obstine à feindre que rien n'a*

feindre: faire semblant

été prescrit ou précisé là-dessus." (Commentaire de l'Evangile)

On dira: bon, mais Lanza n'est pas un des docteurs de l'Eglise. Et saint Pierre? On est au début de l'Eglise; c'est le moment de bien établir son autorité, de bien montrer qui est le maître. Le centurion Corneille se présente devant Pierre et s'agenouille devant lui. Mais Pierre le relève vivement en disant: "Lève-toi, moi aussi je suis un homme." (Actes, X, 26) et saint Augustin, qui s'adressait à ses fidèles en les appelant: vos saintetés; comme nous faisons maintenant encore, mais envers le Pape

à rebours: à l'envers

seulement. Nous avons fait du chemin, mais à rebours. Du temps de saint Augustin, encore, un fidèle se levait en pleine assemblée pour discuter une affirmation de saint Augustin. Voyez-vous ça, aujourd'hui, un ouvrier ou un médecin, qui se lèverait en

évêque (m.): bishop

pleine cathédrale pour discuter avec son évêque? Cela supposerait évidemment que l'ouvrier en question, ou le médecin, se sente intéressé, profondément intéressé par ce que dit l'évêque. Et cela supposerait aussi que la police n'ait pas le temps d'intervenir. Cela supposerait enfin, du côté de l'autorité, un respect de l'homme auquel nous ne sommes pas habitués.

La vraie religion n'est pas écrasante. C'est la magie, c'est les sorciers qui écrasent. Il peut arriver que l'on soit, que l'on se sente écrasé par la religion. Il s'agit alors d'une caricature de la religion. Notre clergé est un clergé canadien-français; les Frères enseignants sont des Canadiens français; nos supérieurs sont des Canadiens français. C'est tous des nous autres. Or ce n'est

pas Jésus-Christ (ce n'est même pas Rome) qui impose aux Religieuses (et aux Religieux, mais à un degré moindre) ces costumes irrationnels et anachroniques; c'est notre jansénisme, notre routine, notre frousse, notre mépris de l'homme. Remarquez bien que je maintiens la nécessité d'un costume distinctif pour les Religieux. La fonction du vêtement, ce n'est pas seulement de masquer le sexe (ce serait vite fait); la fonction du vêtement, c'est de signifier l'âme. Mais je dis qu'un costume, pour signifier l'appartenance à Jésus-Christ, n'a pas besoin d'être encombrant, irrationnel. Il peut être rationnel, fonctionnel et symbolique tout ensemble.

frousse *(f.) (fam.):* peur

encombrer: embarrasser, gêner

Ce n'est pas Jésus-Christ, non plus, qui impose ces noms ridicules par lesquels nous marquons notre séparation du monde. Il n'est pas nécessaire de s'appeler Frère Paphnuce ou Pancrace, ou Soeur Sainte-Eulalie-du-Très-Saint-Sacrement, ou Soeur Marie-du-Grand-Pouvoir, pour appartenir à Jésus-Christ. J'exagère? Lisez le procès-verbal de la réunion du Comité Catholique du Conseil de L'Instruction Publique des 23 et 24 février 1960, p. 159: " . . . que les Révérends Frères Milon,

procès-verbal *(m.):* *report, proceedings*

Mélène, Martinien, Martony, Mellon, Modestin, Marès, Modestus . . . '' Jésus s'appelait Jésus: un nom significatif, et relativement courant chez son peuple. Et Jésus a choisi de s'habiller comme les gens de son peuple. Au point que Judas dut convenir d'un signe qui le désignerait aux soldats chargés de l'arrêter au Jardin . . .

convenir (de): to agree on sth.

Je disais plus haut que les autorités, c'est des nous autres. Paternalisme et esclavage vont de pair. Qui n'a jamais su être libre, étant inférieur, ne saura pas être chef, sorti du rang. A une autorité rigide correspond un peuple qui a perdu le sens, et jusqu'au goût de la liberté. La perte du sens de la liberté est générale. Encore une fois, cela n'est pas attribuable au catholicisme comme doctrine, mais au catholicisme petitement à la recherche de sécurité.

aller de pair: to go hand in hand

Quand les protestants ont quitté la maison paternelle (je peux bien reprendre cette métaphore inventée par Jean XXIII) ils sont partis avec quelques sous de liberté. Mais ils ont su les faire fructifier, ces quelques sous. Il n'est pas dit que les protestants n'ont pas su, mieux que nous, conserver et développer une certaine valeur proprement chrétienne. Disons qu'ils ont su, mieux que nous, conserver et développer le sens de la liberté; (ce sens de la liberté que possédait si bien saint Thomas d'Aquin).

sou (m.): penny, cent

il n'est pas dit (que): it is possible that

Historiquement, notre catholicisme est un catholicisme de contre-réforme. Ajoutez la conquête (protestante). Vous avez notre catholicisme crispé, apeuré, ignorant, réduit à une morale sexuelle, et encore négative.

Jean-Paul Desbiens, *Les insolences du Frère Untel*, Les Editions de l'Homme, 1960.

Exploitation du texte

I Répondez aux questions suivantes.

1. Le christianisme représente-t-il une libération pour les Canadiens français d'après l'auteur? Expliquez.

2. Qu'est-ce qui détruit l'esprit du christianisme, selon l'auteur?

3. Quelle est la principale révélation du christianisme?

4. L'attitude des chrétiens d'aujourd'hui est-elle la même que celle des premiers chrétiens? Justifiez votre réponse en vous appuyant sur le texte.

5. Qu'est-ce que l'auteur pense des costumes portés par les Religieux et Religieuses? Développez.

6. Pourquoi l'auteur se moque-t-il des noms portés par les Religieux?

7. Qu'est-ce qui différencie les protestants et les catholiques, selon l'auteur?

8. Etes-vous d'accord avec les critiques faites par l'auteur? Développez.

II Remplacez les mots en italique par des expressions équivalentes prises dans le texte.

1. Ils *s'attaquent* toujours *au même problème.*

2. On *n'abandonne pas le* pouvoir.

3. On *feint* de croire que Jésus-Christ n'a rien dit de neuf.

4. Nous avons fait du chemin, mais à *l'envers.*

5. Un fidèle se levait *au milieu de l'*assemblée.

6. Pharisaïsme et jansénisme, c'est *la même chose.*

7. Ce n'est pas Jésus-Christ qui impose ces costumes aux Religieux, c'est notre *peur.*

8. La fonction du vêtement, ce n'est pas seulement de *cacher* le sexe.

9. Dans certains milieux, le catholicisme est vécu *mesquinement.*

10. Les protestants ont su *garder* le sens de la liberté.

III Expliquez les phrases suivantes en français ou en anglais.

1. Ils tapent toujours sur le même clou.

2. Comme si nous n'avions pas déjà eu les reins cassés.

3. C'est le moment de bien établir son autorité.

4. Cela supposerait que l'ouvrier en question se sente profondément intéressé par ce que dit l'évêque.

5. C'est tous des nous autres.

6. Ce n'est pas Jésus-Christ qui impose ces noms ridicules par lesquels nous marquons notre séparation du monde.

7. Qui n'a jamais su être libre, étant inférieur ne saura pas être chef, sorti du rang.

IV " . . . un fidèle se levait en pleine assemblée pour discuter . . . "
(vocabulaire: divers usages de "plein")

Complétez les phrases suivantes en utilisant une expression avec "plein" prise dans la colonne de droite.

1. L'assiette est tombée, mais je l'ai attrapée _____ .
2. Vous avez de belles couleurs. Vous avez l'air _____ .
3. Il nous a réveillés _____ pour nous demander un renseignement.
4. Nous n'avons plus d'essence. Nous devrions _____ .
5. Je n'aime pas rester enfermé, j'aime mieux la vie _____ .
6. Qu'est-ce que vous aimez mieux, travailler à temps partiel ou _____ .
7. Je déteste ce restaurant. Il pue les frites _____ .
8. Personne ne les a obligés à le faire. Ils ont accepté _____ .

pleine

en plein nuit
à plein nez
à plein temps
en plein air
de mon (ton, etc.) plein gré
en plein vol
en pleine forme
faire le plein

*V " . . . ne sachant nous exprimer que dans le blasphème . . . "
(vocabulaire: les jurons)

Rappel:

Le Frère Untel se plaint que les Canadiens-français ont tendance à beaucoup blasphémer, c'est-à-dire à prononcer des paroles qui outragent la religion. On dit de ces paroles que ce sont des jurons (ou jurements). Or, les jurons utilisés par un peuple témoignent souvent des tabous et des préoccupations de cette civilisation: en effet, un juron n'est perçu comme tel que si l'expression utilisée se réfère soit à un tabou sexuel, soit à un personnage, un objet ou une notion qu'on doit vénérer (dans sa propre religion). Il semble difficile d'imaginer, par exemple, l'utilisation de "maison" comme juron (*"Maison*, il est parti!") puisque ce mot ne rappelle aucun tabou. Par contre, une expression du type: *"Merde*, il est parti!" est immédiatement perçue comme juron puisqu'elle se réfère à un tabou social.

La religion catholique ayant joué un rôle si important dans la vie des Canadiens-français, on comprend donc que les jurons religieux, dont parle le Frère Untel, soient plus riches, plus variés et plus fréquents dans la langue canadienne-française que dans la langue française de France.

Voici quelques exemples relevés dans les oeuvres littéraires canadiennes-françaises. Expliquez ces phrases en français standard.

1. ''Toé, mon p'tit maudit, j'sé pas c'qui m'artient d'te crisser n'claque'' (Jean Barbeau, *Joualez-moi d'amour*)

2. ''Toé, mon hostie, farme ta grand'gueule'' (Claude Jasmin, *Ethel et le terroriste*)

3. ''Maudit qu'est-tait bonne'' (Michel Tremblay, *Demain matin Montréal m'attend*)

4. ''Maudit mangeux d'bouillie'' (Jean Barbeau, *Joualez-moi d'amour*)

5. ''Mais tu me fais plaisir en maudit'' (Gratien Gélinas, *'tit Coq*)

6. ''Sainte Bénite de guerre'' (Gratien Gélinas, *'tit Coq*)

7. ''J'peux quand même pas te dire que t'es belle! bonyeu, tu fais peur!'' (Michel Tremblay, *Demain matin Montréal m'attend*)

8. ''C'est touchant en sacrement'' (Jacques Godbout, *Salut Galarneau*)

9. ''Baptême, sacre ton camp ou je t'écrase la fiole sur le frigidaire, stie'' (Jacques Godbout, *Salut Galarneau*)

10. ''J'me sacre si on a du talent ou non . . .'' (Michel Tremblay, *Demain matin Montréal m'attend*)

11. ''Nous étions de joyeux petits calvaires de baveux'' (Claude Jasmin, *Ethel et le terroriste*)

12. ''Ah! Saperlipote de saperlipopette! sapristi! Moi, je serai rentier; il ne fait pas si bon de s'user les culottes sur les bancs, saperlipopettouille!'' (Jacques Godbout, *Salut Galarneau*)

VI ''Le christianisme est essentiellement libérateur.''
   (phonétique: [oe:R] ∞ [ø:z]

   Donnez la forme nominale qui correspond au verbe entre parenthèses. Attention aux sons [oe:R] ∞ [ø:z].
      Modèle: Il ne m'a pas rendu mon argent. (voler)
         Quel *voleur*!

Commencez:
   1. Il ne m'a pas rendu mon argent. (voler)
      Quel＿＿＿＿.

2. Elle a gagné le premier prix de patinage sur glace. (patiner)
   Oui, c'est la meilleure_____ du monde.
3. Elle m'a dit que tu l'aimais. (mentir)
   Oh là là, quelle_____ .
4. Il a vendu un million de disques. (chanter)
   Dire que moi je n'aime pas ce _____ !
5. Il a traversé le lac Ontario à la nage. (nager)
   Alors il doit être très bon_____ .
6. Elle a le sens du rythme. (danser)
   Elle pourrait devenir_____ si elle voulait.
7. Il a participé au tour de France. (courir)
   Alors c'est un excellent _____cycliste.
8. J'ai invité Jacques à dîner. (manger)
   Cuisine beaucoup. C'est un gros _____ .

*VII "Ce n'est pas Jésus-Christ, non plus, qui impose ces noms
   ridicules . . ."
   (pronom personnel + aussi; pronom personnel + non plus)

Répondez aux questions suivantes selon les modèles.

   Modèles: Est-ce que tu n'as pas lu le procès verbal?
            Non, moi non plus je n'ai pas lu le procès
            verbal.

            Est-ce que le curé porte une soutane?
            Oui, lui aussi il porte une soutane.

1. Est-ce que tu n'as pas lu le procès verbal?
2. Est-ce que le curé porte une soutane?
3. Est-ce que votre peuple a la frousse?
4. Est-ce que tu sais t'exprimer quand tu es ivre?
5. Est-ce qu'ils ne discuteraient pas avec leur évêque?
6. Est-ce que nous aurons le temps d'intervenir?
7. Est-ce que le prédicateur ne dénonce pas les pièges de
   l'Autorité?
8. Est-ce que vous faites semblant de le croire?
9. Est-ce qu'elles ne se sont pas agenouillées?

VIII "Lisez le procès-verbal . . ."
   (impératif)

Complétez les phrases suivantes à l'aide d'un verbe pris dans
la colonne de droite.

1. Jésus a dit à Lazare: "_____ et marche."
2. Vous avez parlé, maintenant _____ .
3. _____ attention, tu vas tomber.
4. _____ ici, je voudrais te parler.
5. Je vous en prie, _____ -moi la vérité.
6. Voici tes vêtements, _____ vite.
7. Si vous vous intéressez à la religion, _____ l'Evangile.
8. _____ sur cette chaise.

venir
s'asseoir
se taire
s'habiller
dire
faire
lire
se lever

IX (mots outils)

Complétez les phrases suivantes.
1. Rien ____ ____ qui opprime n'est chrétien.
2. On ne dénonce jamais l'esprit_____ domination_____
   haut____ ____ chaire.
3. On renonce _____ _____ argent, mais on ne renonce
   _____ _____ pouvoir.
4. On _____ semblant _____ croire _____ Jésus-
   Christ n'a rien dit _____ vraiment neuf.
5. _____ chrétienté s'obstine _____ feindre _____ rien
   n'a été prescrit _____ sujet _____ renversement _____
   _____ autorité.
6. Nous avons fait _____ chemin, mais _____ rebours.
7. Un fidèle s'est levé _____ pleine assemblée _____
   discuter_____ son évêque.
8. _____ fonction _____ vêtement, _____ n'est pas
   _____ masquer _____ sexe, c'est _____ signifier
   l'âme.

X "Cette révélation . . . originale du christianisme, c'est celle sur laquelle on insiste le moins."
(celui (celle) qui / que / dont / auquel, etc.)

Complétez les phrases suivantes à l'aide de celui qui / celle dont, etc., selon le cas.
1. Cette révélation originale du christianisme, c'est ____ ____ ____ on
   insiste le moins.
2. Des trois concupiscences ____ ____ frappe le plus durement
   les hommes, c'est ____ ____ on ne parle jamais, ____ ____ on
   ne dénonce jamais.
3. Je connais bien ce milieu; c'est ____ ____ j'ai vécu pendant
   longtemps.

4. Ne vous moquez pas de cette idée; c'est ___ ___ ___ beaucoup de gens sont morts.

5. Il a quatre femmes; la seconde est ___ ___ ___ il veut laisser tout son argent.

6. Redonne-moi ce livre; c'est ___ ___ j'ai besoin.

7. L'homme inférieur c'est ___ ___ n'a jamais su être libre.

8. Ces vêtements sont précisément _____ _____ je trouve irrationnels.

XI *"Il n'est pas nécessaire de s'appeler Frère Paphnuce ou Pancrace . . . "*
(un peu de géographie)

Les religieux ayant souvent des noms complexes, une quantité de noms de lieux dans le Québec témoignent de la même influence.

4. *En vous aidant d'un atlas ou d'une carte routière du Québec, placez les villes et les villages suivants en fonction de leur distance par rapport à la ville de Montréal et en commençant par le lieu le plus proche.*
   1. St. Tite-des-Caps
   2. St. Chrysostôme
   3. Ste Hyacinthe
   4. St. Adelphe de Champlain
   5. Ste Euphémie
   6. St. Herménégilde
   7. Ste Philomène

B. *Si je partais de Ste-Anne-de-Beaupré à 8h. du matin en voiture pour aller à Ste-Agathe-des-Monts, est-ce que je devrais m'arrêter en route:*
   1. pour faire le plein?
   2. pour déjeuner (le midi)?
   3. pour dîner (le soir)?

   Justifiez vos réponses.

Compositions écrites

Ecrivez une quarantaine de lignes sur un des sujets suivants.
   1. Pensez-vous que les Religieux doivent porter un costume qui les différencie des autres? Justifiez votre opinion.

2. Commentez cette citation de Voltaire: ''Si Dieu n'existait pas, il faudrait l'inventer.''
3. On assiste en ce moment à une sorte de renouveau de la religion. Quelles en sont les causes, à votre avis?
4. Plusieurs années se sont écoulées depuis que le frère Untel a écrit ses *Insolences*. Sur le plan religieux, quels changements ont eu lieu dans le Québec depuis 1960?

Mort de Panisse

Contenu linguistique

extrême-onction *(f.):* sacrement de l'église conféré à un fidèle en danger de mort

L'action se passe dans le Midi de la France, à Marseille. Panisse est mourant. Tous ses amis sont réunis autour de lui. Sur la demande de César, le curé Elzéar fait semblant de passer le voir par hasard, mais en réalité il vient le confesser et lui donner l'extrême-onction.

Personnages de la pièce

Honoré Panisse: mari de Fanny

César: ami de Panisse (et personnage très important dans la trilogie de Pagnol: *Marius, Fanny* et *César*)

Honorine:	belle-mère de Panisse
Claudine:	soeur d'Honorine
Félix Escartefigue:	amis de Panisse
M. Brun:	et de César
Elzéar:	curé et ami de tous

La chambre de Panisse

(C'est une grande chambre provençale, tapissée de tissu jaune à petites fleurs. Dans un grand lit, Panisse est couché. Il ne bouge pas. Autour du lit, Escartefigue, le chauffeur, M. Brun, Honorine. Tous pleurent. César entre, rapidement, sur la pointe des pieds. Il va vers Honorine qui sanglote. Il lui touche le bras, il parle à voix basse.)

provençal: du sud de la France

César:	Elzéar va venir . . . Et lui? *(Il montre le lit.)*
Honorine:	Il ne parle plus . . . Pas un mot, pas un geste . . . Le docteur vient de passer . . . *(Elle pleure.)*
César:	Et qu'est-ce qu'il a dit?
Honorine:	*(en larmes)* Il a dit: "il est cuit."
César:	Il est cuit?
Honorine:	Il est cuit. *(Elle sanglote.)* Il va revenir . . . Il a dit qu'il essaierait de lui faire une piqûre . . . Il a dit: "On pourra peut-être le prolonger de quelques jours, mais il est cuit."

il est cuit *(fam.):* il va mourir

piqûre *(f.):* injection

(Escartefigue pleure au pied du lit. César en silence va près de lui. Il renifle, lui aussi. Puis il se tourne vers M. Brun, et il murmure:)

renifler: aspirer par le nez avec bruit

| César: | Dites, monsieur Brun, Panisse est cuit! |

(M. Brun fait un grand geste de résignation et regarde tristement Panisse, dont les yeux sont déjà fermés.)

| César: | Mon pauvre Honoré! . . . |

(Silence. Tout à coup, Panisse remue faiblement. Puis à voix basse il murmure quelque chose, que personne ne comprend.)

| César: | *(joyeux)* Il a parlé! *(Il se penche sur le lit.)* Qu'est-ce que tu as dit, Honoré? |

(Honoré murmure un mot, assez faiblement articulé. Escartefigue qui était penché vers lui, a entendu et il en fait part à tout le monde.)

couillon (m.)
(vulg.): imbécile

couillon (m.)
(vulg.): imbécile

délire (m.):
égarement d'esprit
causé par une
maladie

gigot (m.): cuisse
de mouton,
d'agneau coupée
pour être mangée

un mot grossier: *a
dirty word*

croissance (f.):
growth

Escartefigue:	Il a dit: Couillons.
César:	Alors il va mieux!
	(Cependant, Panisse ne bouge pas. Silence.)
M. Brun:	*(à voix basse)* Il rêve peut-être . . . Ou alors il a le délire . . .
Panisse:	Qué délire? J'ai pas le délire . . . J'ai même pas de fièvre. Je suis froid comme du gigot . . .
Honorine:	*(doucement)* Alors pourquoi vous dites des mots grossiers?
Panisse:	*(qui ouvre enfin les yeux)* Parce qu'ils sont tous à pleurer autour de mon lit . . . C'est déjà assez triste de mourir . . . S'il faut encore voir pleurer les autres!
César:	*(qui pleure de joie)* Il a raison dans ce qu'il dit . . . seulement personne ne pleure . . . Et puis, tu ne meurs pas, Honoré! . . .
Panisse:	*(pâle et souriant)* Au contraire! Ce que j'ai, c'est peut-être une crise de croissance? . . .
	(Escartefigue part d'un énorme éclat de rire.)
César:	*(indigné, mais à voix basse)* Et l'autre qui rit comme au spectacle.
Panisse:	*(avec effort, mais souriant)* Laisse-le rire, César . . . Si j'ai demandé à vous voir tous, c'est pour entendre rire encore une fois . . . Ça me fait du bien, ça me retient sur terre . . . Le docteur est revenu?
Honorine:	Oui, il est revenu.
Panisse:	*(triste, mais résigné)* Et je ne l'ai pas entendu.
M. Brun:	*(qui cherche une excuse)* Il n'a pas voulu vous réveiller.
Panisse:	*(simplement)* C'est-à-dire que je n'avais pas ma connaissance.
Escartefigue:	*(à très haute voix)* Mais quand on dort, on n'a pas sa connaissance! Moi quand je dors, il peut venir n'importe qui dans ma chambre, je ne l'entends pas! Tiens, une fois, figurez-vous que je dormais . . . *(Il va raconter une histoire, mais César l'arrête brutalement.)*
César:	C'est ça, raconte-nous ta vie, c'est le moment!
Panisse:	*(s'est levé à demi, Honorine a glissé un coussin derrière son dos)* Il me semble que je suis mieux . . . Maintenant je peux respirer . . .

Escartefigue:	*(épanoui)* Respire, Honoré, respire! . . . L'air, c'est le meilleur aliment! Ça vous nettoie, ça vous dégorge! Moi, je crois que tu es sauvé! . . .
Panisse:	*(secoue la tête, incrédule)* Ah, sauvé! . . . Tu sais . . . Ecoute, Félix . . .
Escartefigue:	*(catégorique et bruyant)* Non, non, non. Je n'écoute pas! Et je veux te dire mon point de vue . . . *(Il va commencer une conférence.)*
César:	*(violent)* Voyons, laisse-le parler . . . Il n'a plus que quatre bouffées d'air, et tu lui coupes tout le temps la parole.
Escartefigue:	Mais puisque j'ai à dire quelque chose d'intéressant!
César:	Allons! Allons, n'essaie pas toujours de faire l'important, surtout dans un moment comme aujourd'hui. *(Nettement)* Qui est-ce qui meurt ici? C'est lui, ou c'est toi?
Escartefigue:	*(non moins nettement)* C'est lui.
César:	*(souverain)* Alors, un peu de pudeur, s'il vous plaît. *(Cependant, le malade les écoute et paraît inquiet. Honorine essaie aussitôt de sauver la face, et elle s'écrie:)*
Honorine:	Mais dites, il n'y a personne qui meurt! En voilà des rigolos!
Panisse:	Ne vous fâchez pas, Norine . . . Je le sais bien que c'est moi qui meurs . . .
César:	Mais non, Honoré! Jamais de la vie!
Escartefigue:	Tu penses bien qu'il m'a dit ça pour plaisanter!
M. Brun:	Si l'on vous croyait vraiment en danger, on ne dirait pas des choses pareilles.
Panisse:	*(sceptique et paisible)* Bien entendu . . . bien entendu . . .

épanoui: très joyeux

dégorger: faire sortir de soi

bouffée *(f.): puff*

rigolo *(m.) (fam.):* drôle

Devant le magasin de Panisse

Sur le quai. Le curé s'approche de la porte. Il porte une branche d'olivier, et, avec un grand geste d'autrefois, il bénit la maison.)

—Que la paix soit sur cette maison, et sur tous ceux qui l'habitent.
(Il entre. L'enfant de choeur le suit.)

choeur *(m.): choir*

dresser l'oreille: écouter attentivement

soutane (f.): cassock

feindre: faire semblant, simuler

(Dans la chambre de Panisse, il y a de nouveau le silence. Tous sont assis autour du grand lit provençal . . . Soudain, Honorine dresse l'oreille. Elle se lève, elle ouvre la porte, le curé entre. Il est tout simplement en soutane et il est seul. César feint une grande surprise.)

César:	Té, Elzéar! Bonjour, Elzéar! Ça fait bien six mois que je ne t'ai vu!
Elzéar:	Bonjour, César! Bonjour, Félix!
Escartefigue:	*(qui feint, maladroitement, de paraître stupéfait.)* Bonjour, Elzéar, comment vas-tu?

gêné: mal à l'aise

Elzéar:	*(joyeux, mais gêné)* Moi, le Bon Dieu me conserve, comme tu vois. Seulement, je serais bien content, si, le dimanche, je voyais un peu de la figure de mes vieux amis!

manille (f.): jeu de cartes

Escartefigue:	Eh bien, qui t'empêche de venir faire la manille avec nous, vers quatre-cinq heures?
Elzéar:	*(sévère)* Et toi, qui t'empêche de venir écouter une petite messe, là, entre nous? Ça te ferait bien plus léger, Félix. Tandis que si tu meurs brusquement un de ces quatre matins, tu feras déborder la marmite du diable!

déborder: to overflow

marmite (f.): grosse casserole

coquin de sort: juron du sud de la France

Escartefigue:	Oh, coquin de sort, mais on ne parle que de moi, ici!
	(Et soudain Elzéar se tourne vers Honoré, comme s'il le découvrait tout à coup.)
Elzéar:	Et Honoré? Qu'est-ce que tu as, mon pauvre Honoré? Il paraît que tu es malade?
Panisse:	*(affectueux, mais ironique)* Oui, il paraît que je suis malade. Et toi, mon pauvre Elzéar, il paraît que tu es menteur?
César:	*(scandalisé)* Oh! Honoré! Un prêtre!
Elzéar:	*(gêné)* Pourquoi me demandes-tu ça?
Panisse:	*(net)* Et toi, pourquoi fais-tu semblant de ne pas savoir ce que tu sais très bien?
Elzéar:	Qui te prouve que je le sais?
Panisse:	Oui, c'est vrai, rien ne le prouve. *(ironique et joyeux)* Tu passais par hasard . . .
César:	*(qui essaie de sauver la face)* Eh oui, par hasard . . .
Elzéar:	*(qui ne sait pas mentir)* Non, pas tout à fait par hasard . . .

221

Panisse:	Enfin, vaguement par hasard . . . Et tu es entré me dire bonjour.
Escartefigue:	Et pourquoi pas?
Elzéar:	*(sauvé)* Oui, pourquoi pas? Et si je suis venu, en passant, est-ce que c'est un crime?
Panisse:	*(avec une grande tendresse)* Non, Elzéar; c'est tout le contraire d'un crime.
	(Elzéar reprend courage. Il regarde autour du lit tous les vieux amis. Puis, après avoir tâté sa ceinture, et toussé une petite fois, il revient brusquement vers Honoré et tend son index vers lui.)
Elzéar:	La vérité, c'est que tu te crois plus gravement touché que tu ne l'es . . . Cependant, si tu as vraiment de l'inquiétude, si tu penses vraiment que ton heure est venue, il y a un gros poids que je puis t'enlever. Puisque je suis là, et que tu me parais en bonne disposition, si tu te confessais?
César:	Ça n'a jamais fait mourir personne!
M. Brun:	Oh certainement.
Panisse:	*(souriant)* Oui, puisque je n'ai rien du tout, et que je rajeunis à vue d'oeil, si tu me donnais l'extrême-onction?
Elzéar:	*(brusquement sévère)* Honoré, ne plaisante pas avec ces choses-là.
Panisse:	*(qui rit)* Mais c'est toi qui plaisantes, Elzéar, puisque tu me fais des finesses! Tu veux me confesser? Tu y tiens? Tu crois que c'est urgent?
Elzéar:	*(évasif)* C'est toujours urgent.
Panisse:	Mais à ton avis, c'est moins urgent pour Félix, ou pour César?
Elzéar:	*(sincère)* Oui, c'est moins urgent.
Panisse:	Bon. Eh bien, confesse-moi. *(Malgré le ton familier de ce qui précède, il y a maintenant dans la chambre quelque chose de solennel. Tous se lèvent, et ils vont sortir. Panisse les arrête.)* Attendez un peu, vous autres! *(Tous demeurent sur place.)* Elzéar, est-ce que c'est obligatoire que je reste seul avec toi?
Elzéar:	Non, Honoré. Les premiers chrétiens se confessaient devant tout le monde, en public; mais c'étaient des saints . . .

tâter: toucher attentivement avec la main

rajeunir: devenir plus jeune

à vue d'oeil: *visibly*

César:	*(près de la porte)* Oui, ils n'avaient pas grand'chose à dire.
Panisse:	*(avec une grande simplicité)* Eh bien, moi, je ne suis pas un saint, mais je voudrais que vous restiez là. *(Il a peur d'Elzéar et se tourne vers lui.)* Allons, Elzéar, pose-moi des questions.
Elzéar:	*(solennel)* Honoré, toute confession est grave. C'est pourquoi il convient de donner à cette cérémonie amicale un caractère de solennité. *(Un petit temps. Panisse rit.)*

chapeau melon *(m.):* **bowler hat**

Panisse:	Tu veux que je mette un chapeau melon?
Elzéar:	*(brutalement)* Je veux que tu cesses de plaisanter.

engueuler *(vulg.):* **to yell at**

César:	*(à Escartefigue)* Ça y est, maintenant il engueule un mort.
Panisse:	*(qui a entendu)* Pas encore, César!

foutre le camp *(vulg.):* s'en aller, partir

Elzéar:	*(gravement)* Si, dans de pareilles circonstances, vous ne pouvez pas être sérieux, moi, je fous le camp.
Escartefigue:	*(du fond du coeur)* Oui, Elzéar, c'est ça, va . . . Fous le camp, tu m'impressionnes . . .
Elzéar:	*(qui allait sortir, s'arrête près de la porte)* Si je n'avais pas un devoir à remplir . . .
Panisse:	*(conciliant)* Eh bien, remplis-le, ton devoir.
	(Elzéar hésite. Va-t-il partir? Va-t-il rester? Il prend la décision de rester. Mais il change d'aspect tout à coup. Ce n'est plus le vieux "copain". C'est le prêtre, doux au mourant, dur pour les autres comme pour lui-même. Avec un geste d'une autorité souveraine, il les éloigne.)
Elzéar:	Asseyez-vous tous.

ému: moved

	(Ils vont s'asseoir en demi-cercle, sous les fenêtres. Ils sont émus, ils ont peur.) Et maintenant, mon fils, à ce moment suprême, je vais vous poser les questions rituelles sur votre vie terrestre. Voyons, mon fils . . .
Panisse:	Ecoute, Elzéar, je vais te le dire franchement: si tu m'appelles ton fils, je vais rigoler.

rigoler *(fam.):* rire

excédé: exaspéré

Elzéar:	*(excédé)* Et comment veux-tu que je t'appelle?
Panisse:	Honoré.
Elzéar:	Bon; si tu veux.

se recueillir: to turn one's thoughts to God

(Elzéar se recueille quelques secondes, les yeux fermés. Quand il les rouvre, son visage a changé:

ce n'est plus le vieux camarade; c'est le prêtre qui va parler.)

Elzéar: Honoré, répète après moi cette phrase: "Bénissez-moi, mon père, parce que j'ai péché."

Panisse: Bénissez-moi, mon père, parce que j'ai péché.

Elzéar: Que le Seigneur soit dans ton coeur et sur tes lèvres, afin que tu fasses une sincère et entière confession de tous tes péchés, au nom du Père, du Fils et du Saint-Esprit, ainsi soit-il.

(Au fond de la chambre, César, Escartefigue, le chauffeur et M. Brun se signent en même temps que le prêtre.)

Elzéar: En somme, tu n'as pas vécu comme un bon chrétien, Honoré. Tu n'as pas observé les commandements de notre Sainte Mère l'Eglise. Tu as négligé tes devoirs envers toi-même et envers Dieu . . . J'espère qu'il te pardonnera. Et maintenant, as-tu fait le mal dans ta vie?

Honoré: Oh, certainement, Elzéar. On ne peut pas vivre sans faire le mal, même sans le faire exprès. Tu n'en as jamais fait, toi, du mal?

exprès: *on purpose*

Elzéar: *(humble)* Sans doute, sans doute . . . Je suis qu'un homme . . . Mais enfin, ce n'est pas moi qui me confesse, c'est toi. Toi, quel mal as-tu fait?

Honoré: Je ne sais pas. Je veux dire, je ne sais pas ce que, toi, tu appelles du mal.

Elzéar: Ce n'est pas moi qui décide, Honoré. Ce sont les commandements de Dieu. César, approche-toi, et lis-nous les commandements de Dieu, l'un après l'autre. Ça sera l'occasion de te les rappeler.

(César confus prend ses lunettes, et il va lire à haute voix, avec respect, les commandements.)

confus: gêné, mal à l'aise

César: Un seul Dieu tu adoreras
Et aimeras parfaitement.

Honoré: Ça, ça va. D'accord. Je n'ai jamais adoré plusieurs dieux, Elzéar. Parole d'honneur.

parole (f.) **d'honneur:** je te jure

César: Le nom de Dieu ne jureras
Ni sans raison, ni faussement.

Honoré: Ayayaïe. Celui-là est mauvais pour moi. J'ai dit beaucoup de jurons, Elzéar!

Elzéar: Je le sais, tu n'es pas Marseillais pour rien!

Honoré: Mais je te jure . . .

Elzéar:	Encore?!
Honoré:	Excuse-moi. ''Je t'affirme'' qu'au moment où je prononçais des jurons terribles, je ne pensais pas du tout au Bon Dieu. Ça voulait dire simplement que j'étais en colère. Mais tu penses bien que le Bon Dieu, fort comme il est, je n'avais pas du tout l'intention de le provoquer!
Elzéar:	Bien. Continuons.
César:	Les dimanches sanctifieras En servant Dieu dévotement. *(Et la confession continue.)*
Elzéar:	Et maintenant je désire rester seul avec toi. Retirez-vous, je vous prie. *(Tous se lèvent et sortent sur la pointe des pieds.)*

Dans la salle à manger de Panisse

(César, Escartefigue, Claudine, Honorine, M. Brun, le chauffeur, l'enfant de choeur sont assis autour de la table. Honorine qui pleure, sert des verres de vin blanc . . . .)

tenir le coup
(fam.): supporter

Honorine:	Va, buvez quelque chose pour tenir le coup . . . C'est le petit vin blanc d'Honoré . . .

d'un trait: *at one gulp*

peuchère: exclamation utilisée dans le Midi exprimant une commisération affectueuse ou ironique

Escartefigue:	*(boit d'un trait la moitié de son verre, puis il sanglote.)* Peuchère, il savait le choisir . . . *(César, immobile, ne dit rien, il réfléchit, il paraît troublé.)*
César:	Ça m'a fait quelque chose de lire les Commandements de Dieu. Ça m'a fait peur. Et vous, monsieur Brun, qu'est-ce que vous en dites?
M. Brun:	Ma foi, je ne suis pas particulièrement croyant. Cependant, j'ai vu dans cette cérémonie familière quelque chose de rassurant . . . De réconfortant . . .
Escartefigue:	Dites, ça vous réconforte quand vous voyez venir le curé avec celui-là? *(Il montre l'enfant de choeur.)*
Claudine:	Et on ne lui a pas encore passé les huiles. Ça, c'est le plus terrible, vé . . .
Honorine:	Oui, c'est terrible. Mais au moins on peut se dire qu'après il sera tout prêt pour comparaître devant Dieu.

Claudine:	Ça, c'est vrai. Après, on est bien tranquille; on a fait la paix avec le Bon Dieu.
César:	Oui, peut-être. Mais moi, il y a une idée qui me tracasse: Le Bon Dieu d'Elzéar,—le nôtre, enfin—SI ÇA N'ETAIT PAS LE VRAI?
Escartefigue:	*(épouvanté)* Oh, couquin de Diou!
Honorine:	*(scandalisée)* Mais qu'est-ce que vous dites?
César:	Je veux dire que je connais des musulmans, des Hindous, des Chinois, des nègres. Leur Bon Dieu, ce n'est pas le même, et ils ne font pas comme nous! . . . . Nous, nous avons des péchés, que chez eux c'est une bonne action, et versi-versa . . . Peut-être qu'ils ont tort, remarquez bien . . . Seulement ils sont des millions de milliasses . . . S'ils avaient raison, monsieur Brun?
M. Brun:	Il est certain que la question peut se poser.
César:	Le pauvre Honoré est tout préparé, bien au goût du Bon Dieu d'Elzéar. Et si, en arrivant au coin d'un nuage, il se trouve en face d'un Bon Dieu à qui on ne l'a jamais présenté? Un Bon Dieu noir, ou jaune, ou rouge? Ou un de ces Bons Dieux habillés en guignol, comme on en voit chez l'anti-quaire, ou celui qui a le gros ventre? Ou bien celui qui a autant de bras qu'une pieuvre? Le pauvre Panisse, qu'est-ce qu'il va lui dire? En quelle langue? Avec quels gestes? Tu te vois, toi, déjà fatigué par ta mort, et tout vertigineux de ton voyage, en train de t'expliquer avec un Dieu qui ne te comprend pas? Et tu as beau lui faire des prières, il te dit: "Quoi? Comment? Qu'est-ce que vous dites?" Et il te le dit en chinois?
Escartefigue:	Situation terrible. Là, tu me donnes le grand frisson. *(Il boit.)*
Honorine:	*(en colère)* Taisez-vous, grand mécréant. Et la Sainte Bible, c'est des mensonges? Et les Evangiles? Vous n'avez pas honte de dire des choses pareilles devant l'enfant de choeur?

tracasser *(fam.)*: tourmenter

épouvanté: terrifié

couquin de Dieu (coquin de Dieu): injure exprimée avec l'accent du Midi

versi-versa (vice-versa): réciproquement

milliasse *(f.)*: un grand nombre (en plaisantant)

guignol *(m.)*: puppet

ventre *(m.)*: belly

pieuvre *(f.)*: octopus

vertigineux: qui donne le vertige (dizziness). Ici César emploie le terme dans le sens de: "qui a le vertige".

frisson *(m.)*: shivers

mécréant *(m.)*: qui ne professe pas la foi considérée comme vraie

226

pastis (m.): boisson alcoolisée à l'anis qu'on boit surtout dans le midi de la France	**Claudine:** *(sarcastique)* Si vous alliez un peu plus souvent à l'église, au lieu de boire tant de pastis, vous sauriez qu'il n'y a qu'un Dieu! Et ce Dieu, c'est le nôtre.
se faire avoir: *to be had*	**César:** Oui, évidemment, le bon, c'est le nôtre. Mais alors, sur toute la terre, il y a beaucoup de gens qui se font avoir. Ça me fait de la peine pour eux. N'est-ce pas, monsieur Brun?

Marcel Pagnol, *César,* Editions Pastorelly, 1937.

Exploitation du texte

I Répondez aux questions suivantes.

1. Les amis de Panisse font des efforts énormes pour lui remonter le moral, mais ils font également des gaffes énormes (ils disent des paroles très maladroites). Faites la liste des gaffes faites par chaque ami. Qui en fait le plus?
2. Pourquoi est-ce que César ne veut pas laisser Escartefigue dire son point de vue?
3. Est-ce que Panisse devine la cause de la visite d'Elzéar? Justifiez votre réponse.
4. En quoi cette confession ne ressemble-t-elle pas aux confessions ordinaires?
5. Comment Panisse essaie-t-il d'excuser ses jurons?
6. Le problème que pose l'existence des diverses religions est exposé par César avec simplicité et humour. Résumez ce qu'il en dit.
7. L'auteur, Marcel Pagnol, est maître en l'art de faire à la fois rire et pleurer. Discutez cette affirmation en vous basant exclusivement sur cet extrait.

*II Remplacez les mots en italique par des expressions
  équivalentes, prises dans le texte.*

1. Panisse ne *remue* pas.
2. César entre *sans faire de bruit.*
3. Une fois, *imaginez*-vous que je dormais . . .
4. Il n'a que quelques minutes à vivre, et tu *l'interromps.*
5. Le malade *semble* inquiet.
6. Il m'a dit ça pour *rire.*
7. Soudain Honorine *écoute attentivement.*
8. Je ne vois plus *le visage* de mes amis.
9. Si tu penses que *tu vas mourir,* je peux t'aider.
10. Je rajeunis *visiblement.*
11. Tu veux me confesser? Tu *insistes*?
12. Les premiers chétiens n'avaient pas *beaucoup* à dire.
13. Ce n'est plus le *vieil ami.*
14. César, Escartefigue et les autres *font le signe de la croix.*
15. On ne fait pas toujours le mal *volontairement.*
16. Je n'ai pas adoré plusieurs dieux, *je te le jure.*
17. *Sortez, s'il vous plaît.*
18. Buvez quelque chose pour *supporter ces moments difficiles.*
19. Escartefigue *pleure très fort.*
20. Il y a une idée qui *m'inquiète.*

III "Il est cuit."
  (langue familière ou vulgaire / langue neutre)

*Identifiez dans chacune des phrases suivantes les indices
d'une langue familière ou même vulgaire. Redites ces phrases
dans une langue plus soutenue.*

1. Si vous ne pouvez pas être sérieux, je fous le camp.
2. Ça y est, maintenant il engueule un mort.
3. Si tu m'appelles ton fils, je vais rigoler.
4. On pourra peut-être le prolonger de quelques jours, mais il est cuit.
5. Mais dites, il n'y a personne qui meurt. En voilà des rigolos.
6. J'ai pas le délire.
7. J'ai même pas de fièvre.
8. Il y a beaucoup de gens qui se font avoir.

*IV "Parce qu'ils sont tous à pleurer autour de mon lit."
  (phonétique: [oe] ∞ [ø] ∞ [u])

  Lisez à haute voix les phrases suivantes. Attention aux sons
  [oe], [ø] et [u]. Arrondissez bien les lèvres.

  1. Autour du lit, tous pleurent.
  2. Je veux mourir sans voir pleurer les autres.
  3. Le docteur est venu tout à l'heure, mais il n'a pas voulu
     vous réveiller.
  4. Je peux vous dire que l'air est le meilleur aliment.
  5. Un peu de pudeur pour ceux qui meurent!
  6. L'enfant de choeur ouvre la porte.
  7. Soudain Elzéar se tourne vers Honoré, comme s'il le décou-
     vrait tout à coup.
  8. Je veux que tu cesses d'engueuler ton vieux copain qui
     meurt.

  V "Il regarde . . . tous les vieux amis."
   (phonétique: opposition [oe] ∞ [ø] ∞ [u])

Jeu

Deux étudiants choisissent chacun dix mots de la liste suivante et
les dictent à la classe. Le gagnant est celui qui se fait le mieux
comprendre par la classe (c'est-à-dire, celui pour lequel il y a le
moins d'erreurs). Chaque étudiant doit dicter cette liste en
tournant le dos à la classe et n'a pas le droit d'utiliser la liste dans
l'ordre où elle est donnée.

douze heures	choeur
deux heures	cour
pour	cou
peur	queue
sous	l'heure
ceux	lourd
eux	ces doux visages
où	ces deux visages

VI "Elzéar va venir."
  (aller + infinitif = futur)

Rappel:

Dans la langue parlée on utilise fréquemment la structure: *aller
(au présent) + verbe à l'infinitif* au lieu de mettre le verbe au
futur.

A. Lisez le passage suivant.

Attention à toi!

La maman de Lucien lui fait la morale. Elle lui dit:
1. ''Quand tu es méchant, tu vois ce qui t'arrive:
2. Ton père et moi, nous ne voulons plus te faire plaisir,
3. tu es puni,
4. tu n'as plus d'argent de poche,
5. tu ne peux pas t'amuser avec tes amis,
6. personne ne te tient compagnie,
7. tu ne sors pas,
8. tu restes tout seul,
9. tu t'ennuies,
10. tu finis par être très malheureux.
11. Alors mon petit, pourquoi ne pas être gentil, hein?''

*B. Redites chacune des phrases de l'exercice A à la forme qui convient. (Utilisez exclusivement le futur exprimé avec le verbe aller + infinitif.)

Maintenant la maman de Lucien le menace. Elle lui dit:
1. ''Si tu es méchant, tu vas voir . . .
2. . . .
11. Alors, attention à toi, tu entends!

*VII ''Un seul Dieu tu adoreras
Et aimeras parfaitement.''
(futur)

Une fin tragique

Marcel est très imprudent. Il sort sans imperméable sous une pluie torrentielle. Qu'est-ce qui lui arrivera?

Expliquez les conséquences désastreuses de l'imprudence de Marcel.

> *Modèle:* prendre / froid
> Il prendra froid.

1. Prendre / froid.
2. Avoir / pneumonie,
3. etre / très malade,
4. ne pas / vouloir / prendre / ses médicaments.

5. Alors / devoir / rester / à/ maison / au moins trois semaines,
6. ne plus / sortir,
7. ne plus / aller / chez ses amis,
8. ne plus / faire / de / ski.
9. Peut-être même qu'il en / mourir.
10. Ça lui / apprendre!

VIII *"Il a dit qu'il essaierait de lui faire une piqûre."*
   (conditionnel = futur dans le passé)

présent ⟶ imparfait
futur ⟶ conditionnel

*Escartefigue raconte ce qui s'est passé la veille chez Panisse.
Mettez le texte suivant au discours indirect. Attention à la
concordance des temps.*
1. Quand le médecin est venu, il nous a dit: "Panisse est cuit,
   mais je pourrai peut-être le prolonger de quelques jours.
2. Il a ajouté: "Je lui ferai une piqûre, mais vous devrez le
   laisser se reposer."
3. Alors César nous a dit:"Je sais que Panisse ne voudra pas
   se confesser. Je demanderai donc à Elzéar de faire semblant de passer, comme par hasard." Et il est parti chercher
   notre vieil ami.
4. Quand Panisse s'est réveillé, il nous a dit: "Vous mourrez
   tous un jour, mais moi je partirai le premier et je ne jouerai
   plus à la manille avec vous."
5. Elzéar est arrivé et il nous a dit: "Vous pouvez vous retirer et
   moi je vais rester seul avec Panisse."

IX " . . . j'étais en colère . . . "
   (mots outils)

*Lisez les phrases suivantes en ajoutant les articles,
prépositions et toutes les indications de genre et de nombre
qui manquent.*
1. Si j'____ demandé ____ vous voir tous, c'est ____ entendre
   rire encore ____fois.
2. Taisez- ____ et écoutez- ____ car il a quelque chose_____
   intéressant ____dire.
3. ____ curé____ approche ____ la porte; il porte____ branche
   ____ olivier et, avec____ grand geste, il bénit____maison.

4. Pourquoi fais-____ semblant ____ ne ____ savoir ce ____ tu sais très bien?
5. Si ____ suis venu ____ passant, est-ce ____ c'est ____ crime?
6. Les premiers chrétiens ____ confessaient devant tout monde, ____ public, mais c'étaient ____ saints.
7. Au moment ____ je prononçais ____ jurons terribles, je ne pensais pas ____ tout ____ Bon Dieu.
8. Si vous alliez ____ peu plus souvent ____ église, ____ lieu ____ boire tant ____ pastis, vous sauriez ____ n'y a ____ un Dieu; c'est ____ nôtre.

X "M. Brun . . . regarde tristement Panisse . . . "
(adverbe = $\begin{cases} \text{d'un / d'une + nom + adjectif} \\ \text{avec + nom} \end{cases}$

Dans les phrases suivantes remplacez l'adverbe par une expression plus ou moins équivalente en utilisant la structure: d'un / d'une + nom + adjectif ou la structure: avec + nom.

Modèle: Ils le regardaient tristement.
a) Ils le regardaient d'un air triste.
b) Ils le regardaient avec tristesse.

1. Ils le regardaient tristement.
2. Il a dit cela joyeusement.
3. Le voisin la regardait timidement.
4. Le malade a parlé calmement.
5. Elle le caressa doucement.
6. Le curé le bénit solennellement.
7. Il répondit méchamment qu'il ne voulait pas se confesser.
8. Elle le contemplait affectueusement.

Suggestions:
voix
air
geste
ton
regard

XI "Il lui touche le bras"
(traduction: anglais / français)

Traduisez en français.
1. His mother washes his face.
2. He kissed my hand.
3. She touches his arm.
4. I scratched my nose.
5. Did he step on your foot?
6. After the operation, the doctors stitched his stomach.
7. This story breaks my heart.
8. This news left me breathless.

Expressions utiles:
couper le souffle
coudre
écraser
gratter
crever
serrer la main

232

9. I brush my teeth three times a day.
10. I shook hands with him.

XII (traduction: français / anglais)

Traduisez en anglais.
1. César entre sur la pointe des pieds.
2. Tu lui coupes la parole.
3. Honorine essaie de sauver la face.
4. Elle dresse l'oreille.
5. Ça n'a jamais fait mourir personne.
6. Je rajeunis à vue d'oeil.
7. Tu y tiens?
8. Les saints n'ont pas grand'chose à dire.
9. Ça y est, maintenant il engueule un mort.
10. J'ai un devoir à remplir.

XIII "Un seul Dieu tu adoreras
   Et aimeras parfaitement."
   (stylistique: les dix commandements)

Le texte des commandements lus par César, dans la pièce qui précède, ne provient pas de la Bible, mais du catéchisme.

A. Lisez les dix commandements dans la version du catéchisme.
1. Un seul Dieu tu adoreras,
   Et aimeras parfaitement.
2. Le nom de Dieu ne jureras,
   Ni sans raison ni faussement.
3. Les dimanches sanctifieras,
   En servant Dieu dévotement.
4. Tes père et mère honoreras,
   Les assistant fidèlement.
5. Homicide point ne seras,
   Sans droit ni volontairement.
6. L'impureté ne commettras,
   De corps ni de consentement.
7. Le bien d'autrui tu ne prendras,
   Ni retiendras injustement.
8. Faux témoignage ne diras,
   Ni mentiras aucunement.

9. Désirs mauvais repousseras,
   Pour garder ton coeur chastement.
10. Bien d'autrui ne convoiteras,
    Pour l'avoir malhonnêtement.

B. *Lisez les dix commandements dans la version de la Bible.*
1. "Tu n'auras pas d'autre dieu que moi.
2. "Tu ne feras aucune image sculptée de rien qui ressemble à ce qui est dans les cieux là-haut, ou sur la terre ici-bas ou dans les eaux au-dessous de la terre. Tu ne te prosterneras pas devant ces images ni ne les serviras. Car moi, Yahvé, ton Dieu, je suis un Dieu jaloux, qui punis la faute des pères sur les enfants, les petits-enfants et les arrière-petits-enfants, pour ceux qui me haïssent, mais qui fais grâce à des milliers, pour ceux qui m'aiment et gardent mes commandements.
3. "Tu ne prononceras pas le nom de Yahvé ton Dieu à faux, car Yahvé ne laisse pas impuni celui qui prononce son nom à faux.
4. "Observe le jour du sabbat pour le sanctifier, comme te l'a commandé Yahvé, ton Dieu. Pendant six jours tu travailleras et tu feras tout ton ouvrage, mais le septième jour est un sabbat pour Yahvé ton Dieu. Tu n'y feras aucun ouvrage, toi, ni ton fils, ni ta fille, ni ton serviteur, ni ta servante, ni ton boeuf, ni ton âne ni aucune de tes bêtes, ni l'étranger qui réside chez toi. Ainsi, comme toi-même, ton serviteur et ta servante pourront se reposer. Tu te souviendras que tu as été en servitude au pays d'Egypte et que Yahvé ton Dieu t'en a fait sortir d'une main forte et d'un bras étendu; c'est pourquoi Yahvé ton Dieu t'a commandé de garder le jour du sabbat.
5. "Honore ton père et ta mère, comme te l'a commandé Yahvé ton Dieu, afin d'avoir longue vie et bonheur sur la terre que Yahvé ton Dieu te donne.
6. "Tu ne tueras pas.
7. "Tu ne commettras pas d'adultère.
8. "Tu ne voleras pas.
9. "Tu ne porteras pas de faux témoignage contre ton prochain.
10. "Tu ne convoiteras pas la femme de ton prochain, tu ne désireras ni sa maison, ni son champ, ni son serviteur ou sa servante, ni son boeuf ou son âne: rien de ce qui est à lui."

C. *Comparez les deux versions des dix commandements: Quelles sont les différences essentielles du point de vue du style? Les idées exprimées sont-elles affectées par le style utilisé? Laquelle préférez-vous? Pourquoi?*

D. *Expliquez et discutez chaque commandement.*

Compositions orales

1. Imaginez un dialogue dans lequel un chrétien explique à un non-chrétien (qui ne sait rien de la chrétienté) ce qu'est Noël, ce qu'on célèbre; comment on le célèbre, etc. Le non-chrétien demande constamment des éclaircissements et comprend mal la commercialisation d'une fête théoriquement religieuse.
2. Présentez à la classe un rite d'une religion autre que le christianisme. Mentionnez-en la date, l'origine, la valeur et la manière dont on le célèbre.
3. Imaginez une discussion entre quelqu'un qui croit qu'il existe un paradis et un enfer et quelqu'un qui ne croit pas à une vie future.
4. Faites un exposé de quelques minutes au sujet des dix commandements. Selon l'Ancien Testament, à qui est-ce que Dieu a donné ces commandements? quand? pourquoi? comment? etc.

Jeu: Testez vos connaissances religieuses

Mettez le mot ou le nom qui correspond aux définitions ou aux références données.

1. __ i __ __ __
2. __ i __ __ __ __
3. __ __ __ i __ __
4. __ __ __ i __ __
5. __ __ i __
6. __ i __ __ __ __
7. __ __ __ __ i __ __ __
8. __ __ __ i __ __ __
9. __ __ __ __ __ i __ __ __
10. __ __ i __ __
11. __ __ i __ __
12. __ i __ __ __ __
13. __ __ i __
14. __ __ __ i __ __ __
15. __ __ __ __ i __

1. Livre saint
2. Nom souvent donné à Marie
3. Lieu où l'on va prier
4. Vase sacré où l'on met le vin de messe
5. Peuple auquel appartenait Jésus
6. Il a dit: "Je m'en lave les mains."
7. Prélat, membre du Sacré Collège et conseiller du pape. Richelieu en était un.
8. Il était grand et fort, pourtant une petite pierre au front l'a tué.
9. Livre où l'on raconte la vie de Jésus-Christ
10. Il a été sauvé des eaux.
11. Religieux vivant le plus souvent en communauté mais à l'écart du monde
12. Prince du mal
13. Il a dit: "Suis-je le gardien de mon frère?"
14. Saint-Siège; résidence du pape
15. Pain sacré utilisé pendant la messe

Nous sommes tous des sorcières

Contenu linguistique

donner le bon Dieu sans confession à qn.: se dit d'une personne d'apparence vertueuse (et trompeuse)

Un jeune homme à qui l'on donnerait le Bon Dieu sans confession, M. Maxime Préaud, est responsable de la plus diabolique exposition jamais offerte au public parisien: ''Les Sorcières''. Cette exposition qui a eu lieu en 1973, a été la première consacrée à un sujet encore peu étudié, bien que très à la mode.

Une mode qui s'explique: la sorcellerie nourrit un besoin de fantastique aggravé par la rationalisation de la vie moderne. Les sorcières sont les spécialistes de l'évasion.

237

Première constatation: rien n'est moins imaginatif que la sorcellerie. Ainsi, depuis le XIVe siècle, l'essentiel de ces pratiques qui a trait au Sabbat satanique, est fixé et ne changera plus.

Pour se rendre au Sabbat, la sorcière prépare dans sa marmite une pommade à base de crapauds, d'ordures, de graisse de bébés (de préférence non baptisés), etc. Elle s'en enduit et est alors "transportée"—pas nécessairement sur un balai—au Sabbat. Ses fidèles lui rendent hommage en lui baisant le postérieur. Ensuite, festin—mais jamais de sel qui, symbolisant l'éternité, est voué à Dieu—et orgies.

Les sources de ce schéma invariable sont diverses. Le "trip" de la sorcière, qui résulte de l'usage d'une drogue, est une pratique ancienne qui est, aujourd'hui encore, respectée dans certaines sociétés dites primitives. L'orgie témoigne de la survivance du paganisme qui a subsisté, plus qu'on ne le soupçonne, sous la religion dominante, dans les campagnes (car la sorcellerie est un phénomène rural, non urbain).

Mais la source essentielle est dans le monde que la sorcellerie conteste. Et parce que ce monde est chrétien, elle sera antichrétienne. Ou, plus exactement: contre-chrétienne. La sorcellerie, c'est la religion inversée. Le Sabbat est l'antimesse, et Satan, l'anti-Dieu. Sans Eglise, pas de sorciers.

Tout ce que nous savons sur les sorciers, nous le devons aux minutes des procès qui leur furent faits et dont l'Eglise donna le signal. Tolérante jusqu'au XIIIe siècle, elle se raidit avec la fondation de l'ordre des Dominicains, l'ordre de l'Inquisition. En 1326, un pape français, Jean XXII, donna aux Dominicains le droit de poursuivre les sorcières: la chasse aux sorcières commençait. Elle allait faire, jusqu'à la fin du XVIIe siècle, des milliers et des milliers de victimes.

Dans ces centaines de procès, jamais l'ombre d'une preuve. Du moins, de ce que nous appellerions une preuve. Des "preuves" d'une autre espèce, il y en avait en quantité: posée sur l'eau, pieds et poings liés, l'accusée flottait; interrogée, elle ne pleurait pas. D'ailleurs, à quoi bon des preuves? Les dénonciations suffisaient. Le témoignage d'un voisin dont la vache est morte mystérieusement, d'un enfant mythomane ou qui en veut à son père, d'une religieuse obsédée suffit à vous envoyer au bûcher. La sorcière est le bouc émissaire.

Si les sorcières sont infiniment plus nombreuses que les

marmite (f.): récipient dans lequel on fait bouillir l'eau, cuire des aliments

pommade (f.): ointment

crapaud (m.): toad

enduire: recouvrir d'une matière plus ou moins molle

festin (m.): feast

dites: so-called

se raidir: devenir plus dur

poing (m.): fist

mythomane: déséquilibré qui a tendance à imaginer des mensonges

bûcher (m.): stake

bouc émissaire (m.): scapegoat

Célébration d'une messe noire.

misogyne: qui hait les femmes

sorciers, n'est-ce pas parce que le Moyen-Age est misogyne, qu'on a longtemps soutenu que la femme n'avait point d'âme, et que l'Inquisition la tenait pour l'instrument diabolique par excellence? La chasse aux sorcières se confond souvent avec l'antisémitisme, avec la peur de ''l'étranger''. Si les Anglais avaient gagné la guerre de Cent Ans, Jeanne d'Arc figurerait dans les manuels d'histoire comme sorcière. Son cas nous rappelle que si la sorcière est très souvent une pauvre fille, une malade qui ne comprend rien à ce qui lui arrive, elle peut aussi être, parfois, une contestataire.

contestataire: (*m. ou f.*): personne qui met en doute les choses établies

mettre au point: *to perfect*

procès de Moscou: procès célèbres pendant lesquels il est dit que les accusés ont avoué des crimes qu'ils n'avaient pas commis

Mais pourquoi avouent-elles? Et pourquoi ce qu'elles avouent est-il toujours la même chose? La réponse est simple: elles n'ont pas le choix. Le procès de Jeanne d'Arc prouve que l'Inquisition avait su mettre au point des techniques de torture morale qui n'ont rien à envier même aux procès de Moscou. Avouer, pour en finir. Mais il faut que les aveux tiennent: donc, on dira ce que la pression terrible des juges souhaite vous faire dire. Comment

239

se défendre? Un médecin allemand du XVIe siècle, Johann Wier, qui a le courage de parler des sorcières comme des malades, sera lui-même accusé de sorcellerie. Charcot, deux siècles plus tard, rencontrera chez les hystéro-épileptiques des caractères qui sont précisément ceux des sorcières et des possédés.

Si certaines avouent avec empressement, c'est sans doute l'effet d'un masochisme qui correspond au sadisme de leurs juges. Pierre de Lancre, juge à Bordeaux, fit brûler quelques six cents sorciers et sorcières basques en quelques semaines. Ces hommes inhumains étaient des humanistes: pour chasser leurs démons, ils brûlaient leur prochain.

basque: qui vient du Pays Basque (situé entre la France et l'Espagne, dans les Pyrénées)

Arme suprême: la torture physique. Tous les raffinements sont connus: un évêque allemand invente même une ''maison des sorcières'', sorte de camp d'extermination.

La dernière exécution de sorcière a lieu au XVIIIe siècle. Les progrès simultanés des connaissances et de la tolérance mettent un terme à la persécution. Du moins, à la persécution légale . . .

Mais ce serait mal connaître la capacité d'adaptation du Diable que de croire qu'il a perdu son pouvoir de faire des victimes.

Les paroles qu'écrivait en 1617 un jésuite allemand ne sont que trop compréhensibles aujourd'hui: ''La torture remplit notre terre d'Allemagne de sorcières et y fait apparaître une méchanceté inouïe; et non pas seulement l'Allemagne, mais toute nation qui en use. Si nous n'avons pas tous avoué être sorciers, c'est que nous n'avons pas été torturés.''

inouï: unheard of, outrageous

Pierre Schneider, *L'Express*, 22-28 janvier 1973.

Exploitation du texte

I Répondez aux questions suivantes.
1. Pourquoi est-ce que la sorcellerie est très à la mode de nos jours?
2. Qu'est-ce que la sorcière fait avant d'aller au Sabbat?
3. Pourquoi est-ce que l'auteur écrit: ''Sans Eglise, pas de sorciers''?

4. Est-ce qu'il fallait des preuves pour condamner une sorcière?
5. Pourquoi invente-t-on des boucs émissaires? Connaissez-
   vous des boucs émissaires célèbres dans l'histoire? Développez.
6. Pourquoi est-ce qu'on chassait surtout les femmes?
7. "Si les Anglais avaient gagné la guerre de Cent Ans, Jeanne
   d'Arc figurerait dans les manuels d'histoire comme sorcière." Discutez en citant quelques faits historiques.
8. Est-ce que les accusées pouvaient se défendre? Développez.

*II " . . . la sorcière prépare dans sa marmite . . . "
  (phonétique: masculin [e] ——▶ féminin [ɛR])

  Mettez les phrases suivantes au féminin.
1. Tous les sorciers étaient là.
2. Ils sont tous légers.
3. Les ouvriers doivent suivre des cours d'enseignement
   technique.
4. J'achète le sucre chez l'épicier du coin.
5. Nous n'avons pas tous avoué être sorciers.
6. Les derniers seront les premiers.
7. Vous les voulez tout entiers?
8. Tous les boulangers étaient en grève.

III (expansion du vocabulaire)

  Trouvez dans le texte des mots ou expressions ayant plus ou
  moins le même sens que les mots en italique.
1. Un jeune homme *d'apparence vertueuse* a réalisé cette
   exposition.
2. La sorcière se prépare pour *aller* au Sabbat.
3. On lui rend hommage en lui *embrassant* le *derrière*.
4. Des "preuves" d'une autre *sorte*, il y en avait en quantité.
5. La sorcière est *rendue responsable de tous les malheurs*.
6. Les Dominicains ont eu le droit de *s'attaquer aux* sorcières.
7. Le Moyen Age *hait les femmes*.
8. L'Inquisition la *considérait comme* l'instrument diabolique.
9. L'Inquisition avait su *perfectionner* des techniques de torture.
10. Les progrès des connaissances et de la tolérance mettent
    fin à la persécution.

241

IV (expansion du vocabulaire)

Complétez les phrases suivantes à l'aide d'un mot de la même famille que le mot entre parenthèses.

1. (imaginer) (a) Il n'y a rien de moins _imaginatif_ que la sorcellerie.

   (b) Les artistes ont souvent beaucoup d' _imagination_

2. (spécial) (a) Tous les _spécialistes_ assistaient à cette conférence.

   (b) C'est la _spécialité_ de la maison.

3. (Christ) (a) Est-ce que les _chrétiens_ et les juifs croient au même Dieu?

   (b) Le _christianisme_ est la religion prédominante des pays de l'Ouest.

4. (humain) (a) Ces hommes inhumains étaient des _humanistes_

   (b) _La humanité_ entière va bientôt disparaître.

5. (vrai) (a) Est-ce qu'on obtient _la vérité_ par ces moyens?

   (b) Au Moyen Age, il y a eu une _vraie_ chasse aux sorcières.

V "Un jeune homme à qui l'on donnerait le Bon Dieu sans confession . . ."
(expansion du vocabulaire)

Un certain nombre d'expressions françaises courantes témoignent de l'influence de la religion sur la vie et la langue des Français.

Remplacez les mots en italique par des expressions équivalentes prises dans la colonne de droite. (Faites les changements nécessaires.)

1. Cesse de *faire l'important*. Tu m'ennuies.
2. Il te paiera *quand les poules auront des dents*.
3. Tu sais, tout ce que dit le Premier Ministre n'est pas *toujours vrai*.
4. Ne fais pas l'*innocente*.
5. Il ne savait plus *quoi faire pour solutionner ses problèmes*.
6. Ecouter cette conférence pendant une heure . . . Quelle *souffrance*!
7. Il mène une vie *affreuse*.
8. Ils habitent *très loin*.

la Sainte-Nitouche 4
à la Saint Glinglin 2
calvaire 6
parole d'Evangile 3
à quel saint s'avouer 5
au fond du diable 8
d'enfer 7
toute la sainte journée
un gros ponte
pontifier 1

242

*VI Les paroles qu'écrivait en 1617 . . . ''
   (expressions de temps: en, au, dans . . .)

Rappel:
L'expression du temps est relativement complexe en français.
Voici cependant quelques règles utiles.
   A. Absence d'article, de préposition, etc. + jour de la semaine
       Exemple: Ils sont venus nous voir *dimanche* dernier.

   B. Le +{jour de la semaine (habitude, répétition)
          {date
       Exemples: Les musulmans vont à la mosquée *le ven-
                   dredi.*
                   On célèbre la Saint-Jean Baptiste *le 24 juin.*
                   Nous irons chez eux *le mercredi 8 juillet.*

   C. En +{mois
          {année
       Exemples: Il fait souvent chaud *en juillet.*
                   La révolution française a eu lieu *en 1789.*

   D. *Au* + nombre ordinal + siècle
       Exemple: Est-ce que vous serez vivants *au XXIe siècle*?

   E. *Dans* + durée (événement à venir)
       Exemple: Ses parents auront droit à la pension fédérale
                  dans cinq ans.

   F. *En* + durée (temps nécessaire)
       Exemples: Il a fait ce gâteau *en un quart d'heure.*
                   Je peux faire ce travail *en un jour*, mais je ne
                   peux le faire que *dans trois semaines.*

   *Répondez aux questions suivantes selon le modèle et en
   utilisant les indications données.*
       Modèle: Quand le pape donna-t-il aux Dominicains le
                 droit de poursuivre les sorcières? (1326)
                 Il le leur donna en 1326.

Commencez:
1. Quand le pape donna-t-il aux Dominicains le droit de
   poursuivre les sorcières? (1326)
2. Quand a eu lieu la dernière exécution de sorcière? (XVIIIe
   siècle)

3. Quand finirez-vous vos études? (deux ans)
4. Quand disait-on que la femme n'avait pas d'âme? (Moyen Age)
5. Quand doit naître son enfant? (octobre)
6. Quand rejoindrez-vous vos amis? (trois semaines)
7. Quand est-il mort? (1940)
8. Quand l'exposition va-t-elle ouvrir? (quatre jours)

VII "Les paroles qu'écrivait en 1617 . . . "
   (expressions de temps: traduction de "in")

   Traduisez en français.
   1. She was born in 1967.
   2. I can prepare a meal in twenty minutes.
   3. He'll be back in ten minutes.
   4. There was no electricity in the seventeenth century.
   5. School starts in September.
   6. I'll see them in two months.
   7. He wrote this novel in a month.
   8. In the Middle Ages, it was believed that women had no soul.

*VIII "Mais il faut que les aveux tiennent . . . "
   (subjonctif après les verbes impersonnels)

   Transformez les phrases suivantes selon le modèle.
      Modèle: Les juges n'ont pas obtenu la vérité. (Mais il faudrait)
               Mais il faudrait qu'ils obtiennent la vérité!

   Commencez:
   1. Les juges n'ont pas obtenu la vérité. (Mais il faudrait)
   2. La sorcière ne sait pas ce qui lui arrive. (Mais il se peut aussi . . .)
   3. Le festin n'aura pas lieu à l'aube. (Mais il est possible)
   4. On n'a pas mis fin à la persécution. (Il vaut mieux)
   5. Nous ne sommes pas prêts. (Il faut)
   6. Nous ne prendrons pas notre temps. (Il est préférable)
   7. Elle n'a pas lu la vie de Jeanne d'Arc. (Il vaudrait mieux)
   8. Ces pratiques ne vont pas disparaître. (Mais il se peut)

*IX *"Ses fidèles lui rendent hommage en lui baisant le postérieur."*
   (en + participe présent)

Rappel:

Formation du participe présent
Pour la plupart des verbes, on forme le participe présent en partant de la forme de *nous* du présent de l'indicatif et en changeant *ons* [õ] en *ant* [ã].

Infinitif	Présent de l'indicatif	Participe présent
chanter	nous chantons [ʃãtõ]	en chantant (ʃãtã)
finir	nous finissons (finisõ)	en finissant (finisã)
vendre	nous vendons (vãdõ)	en vendant (vãdã)
prendre	nous prenons (prənõ)	en prenant (prənã)
tenir	nous tenons (t(ə)nõ)	en tenant (təña)
peindre	nous peignons (pɛɲõ)	en peignant (pɛɲã)

Exceptions:
avoir ⟶ en ayant
être ⟶ en étant
savoir ⟶ en sachant

Répondez aux phrases suivantes selon le modèle, et en utilisant les indications données.

   Modèle: Comment ses fidèles lui rendent-ils hommage? (baiser, postérieur)
   Ils lui rendent hommage en lui baisant le postérieur.

Commencez:

1. Comment ses fidèles lui rendent-ils hommage? (baiser, postérieur)
2. Comment est-ce que je pourrais les convaincre? (dire, vérité)
3. Comment avez-vous réussi à les prévenir? (écrire, lettre)
4. Comment pourras-tu arriver à l'heure? (prendre, taxi)
5. Comment célèbrent-ils le Sabbat? (faire, festin)
6. Comment se prépare la sorcière? (s'enduire, pommade)
7. Comment gagne-t-il sa vie? (peindre, tableaux)
8. Comment l'Inquisition a-t-elle puni les sorcières? (envoyer, bûcher)

*X "Pour se rendre au Sabbat . . . "
(pour + infinitif = but)

Transformez les phrases suivantes selon le modèle.

Modèle: En se transportant sur son balai la sorcière se
rend au Sabbat.
La sorcière se transporte sur son balai pour se
rendre au Sabbat.

Commencez:
1. En se transportant sur son balai la sorcière se rend au
Sabbat.
2. En piétinant l'hostie les sorciers s'opposent à l'église.
3. En avouant, les accusés mettent fin à leur torture.
4. En brûlant leur prochain, certains hommes chassent les
démons.
5. En torturant les accusés, on leur fait avouer leurs crimes.
6. En écrivant ce livre il se moque des intellectuels.
7. En dénonçant son père, il se venge de lui.

XI (traduction: français / anglais)

Traduisez en anglais.
1. La sorcellerie nourrit un besoin de fantastique aggravé par
la rationalisation de la vie moderne.
2. Depuis le XIVe siècle, l'essentiel de ces pratiques qui a trait
au Sabbat satanique, est fixé et ne changera plus.
3. Si les sorcières sont infiniment plus nombreuses que les
sorciers, n'est-ce pas que le Moyen-Age est misogyne et
que l'Inquisition tenait [la femme] pour l'instrument diabolique par excellence?
4. L'Inquisition a su mettre au point des techniques de torture
morale qui n'ont rien à envier même aux procès de Moscou.
5. La torture remplit notre terre d'Allemagne de sorcières et y
fait apparaître une méchanceté inouïe.

*XII Répondez aux questions suivantes en imitant la réponse que
vous entendrez et en utilisant les indications données.
1. Qui est Monsieur Maxime Préaud?
jeune / homme / donner (conditionnel) Bon Dieu /
confession / mais / responsable / exposition / diabolique.
2. Comment s'explique le fait que la sorcellerie soit à la mode?
C'est / sorcellerie / nourrir / besoin / fantastique /
aggravé / rationalisation / vie.

3. Que fait la sorcière avant d'aller au Sabbat?
préparer / marmite / pommade / crapauds / ordures / bébés / baptisés.
4. D'où vient la tradition de l'orgie?
témoigner / survivance / paganisme / subsister / plus / soupçonner / campagnes.
5. Quelle a été l'attitude de l'église vis-à-vis des sorcières?
tolérante / fin / XIIIe / mais / se raidir / fondation / ordre / Dominicains / ordre / Inquisition.
6. Fallait-il des preuves pour accuser les sorcières?
témoignage / voisin / vache / morte / mystérieusement, / enfant / vouloir / père, / religieuse / obsédée / suffir / envoyer / bûcher.
7. Pourquoi les sorcières avouaient-elles?
pas / choix. / procès / d'Arc / prouver / Inquisition / mettre / point / techniques / torture / rien / envier / moyens / modernes.
8. Est-ce qu'on exécute encore les sorcières?
depuis / XVIIe / progrès / simultanés / connaissances / tolérance / mettre / terme / persécution; / moins / légale.

Compositions écrites

Ecrivez quelques lignes sur un des sujets suivants.
1. La sorcellerie de nos jours.
2. Commentez ces paroles: ''Si nous n'avons pas tous avoué être sorciers, c'est que nous n'avons pas été torturés.''
3. Comment expliquez-vous dans certaines sociétés le pouvoir des sorciers sur les gens?
4. Décrivez la sorcière telle qu'on la représente dans les livres d'enfants, par exemple.
5. Une sorcière explique à un enfant qu'elle n'est pas méchante du tout, que ce sont les auteurs des livres d'enfants qu'on devrait détester.

A Villequiers

(4 septembre 1847)

1. Maintenant que Paris, ses pavés et ses marbres,
   Et sa brume et ses toits sont bien loin de mes yeux;
   Maintenant que je suis sous les branches des arbres,
   Et que je puis songer à la beauté des cieux;

   brume*(f.):*
   brouillard léger

   je puis: je peux
   songer: penser

5. Maintenant que du deuil qui m'a fait l'âme obscure
       Je sors, pâle et vainqueur,
   Et que je sens la paix de la grande nature
       Qui m'entre dans le coeur . . .

   deuil *(m.):*
   mourning

9. Maintenant, ô mon Dieu! que j'ai ce calme sombre
       De pouvoir désormais
   Voir de mes yeux la pierre où je sais que dans l'ombre
       Elle dort pour jamais . . .

   désormais: *from
   now on*

13. Je viens à vous, Seigneur, père auquel il faut croire;
    Je vous porte, apaisé,
 Les morceaux de ce coeur tout plein de votre gloire
    Que vous avez brisé;

briser: casser

17. Je viens à vous, Seigneur! confessant que vous êtes
 Bon, clément, indulgent et doux, ô Dieu vivant!
 Je conviens que vous seul savez ce que vous faites,
 Et que l'homme n'est rien qu'un jonc qui tremble au vent;

convenir (de): être d'accord
jonc (m.) (bot.): rush

21. Je dis que le tombeau qui sur les morts se ferme
    Ouvre le firmament;
 Et que ce qu'ici-bas nous prenons pour le terme
    Est le commencement;

firmament (m.): ciel
ici-bas (lgue. soutenue): sur terre
terme (m.): fin

25. Je conviens à genoux que vous seul, père auguste,
 Possédez l'infini, le réel, l'absolu;
 Je conviens qu'il est bon, je conviens qu'il est juste
 Que mon coeur ait saigné, puisque Dieu l'a voulu . . .

saigner: to bleed

29. Nous ne voyons jamais qu'un seul côté des choses;
 L'autre plonge en la nuit d'un mystère effrayant.
 L'homme subit le joug sans connaître les causes.
 Tout ce qu'il voit est court, inutile et fuyant.

subir: to suffer, to put up with
joug (m.): yoke
fuyant (poétique): qui s'éloigne rapidement, qui court

33. Vous faites revenir toujours la solitude
    Autour de tous ses pas.
 Vous n'avez pas voulu qu'il eût la certitude
    Ni la joie ici-bas!

37. Dès qu'il possède un bien, le sort le lui retire.
 Rien ne lui fut donné, dans ses rapides jours,
 Pour qu'il s'en puisse faire une demeure, et dire:
 C'est ici ma maison, mon champ et mes amours!

bien (m.): chose qu'on possède
sort (m.): destinée

41. Il doit voir peu de temps tout ce que ses yeux voient;
    Il vieillit sans soutiens.
 Puisque ces choses sont, c'est qu'il faut qu'elles soient;
    J'en conviens, j'en conviens! . . .

soutien (m.): support

45. Je sais que vous avez bien autre chose à faire
    Que de nous plaindre tous,
 Et qu'un enfant qui meurt, désespoir de sa mère,
    Ne vous fait rien, à vous!

plaindre (qn.): avoir pitié de qn.

49. Je sais que le fruit tombe au vent qui le secoue,
    Que l'oiseau perd sa plume et la fleur son parfum;
    Que la création est une grande roue
    Qui ne peut se mouvoir sans écraser quelqu'un;

51. Les mois, les jours, les flots des mers, les yeux qui pleurent,
    Passent sous le ciel bleu;
    Il faut que l'herbe pousse et que les enfants meurent;
    Je le sais, ô mon Dieu! . . .

flots *(m. pl.):* eaux en mouvement

55. Peut-être est-il utile à vos desseins sans nombre
    Que des êtres charmants
    S'en aillent, emportés par le tourbillon sombre
    Des noirs événements . . .

dessein *(m.) (lgue. soutenue):* intention, plan d'action

tourbillon *(m.):* whirlpool

59. Je vous supplie, ô Dieu! de regarder mon âme,
    Et de considérer
    Qu'humble comme un enfant et doux comme une femme,
    Je viens vous adorer!

supplier: *to beg*

âme *(f.): soul*

63. Considérez encor que j'avais, dès l'aurore,
    Travaillé, combattu, pensé, marché, lutté,
    Expliquant la nature à l'homme qui l'ignore,
    Eclairant toute chose avec votre clarté;

aurore *(f.):* lever du jour (ici: l'enfance)

67. Que j'avais, affrontant la haine et la colère,
    Fait ma tâche ici-bas,
    Que je ne pouvais pas m'attendre à ce salaire,
    Que je ne pouvais pas

affronter: faire face avec courage

tâche *(f.) (lgue. soutenue):* travail

71. Prévoir que vous aussi, sur ma tête qui ploie
    Vous appesantiriez votre bras triomphant,
    Et que vous qui voyiez comme j'ai peu de joie,
    Vous me reprendriez si vite mon enfant!

ployer *(lgue. soutenue):* plier

appesantir: appuyer avec force, rendre plus lourd, plus oppressif

75. Qu'une âme ainsi trappée à se plaindre est sujette,
    Que j'ai pu blasphémer,
    Et vous jeter mes cris comme un enfant qui jette
    Une pierre à la mer!

79. Considérez qu'on doute, ô mon Dieu! quand on souffre,
    Que l'oeil qui pleure trop finit par s'aveugler,
    Qu'un être que son deuil plonge au plus noir du gouffre,
    Quand il ne vous voit plus, ne peut vous contempler . . .

gouffre *(m.):* abyss

en délire: fou,
déraisonnable
oser: *to dare*
maudire: *to curse*

83. Seigneur, je reconnais que l'homme est en délire
    S'il ose murmurer;
    Je cesse d'accuser, je cesse de maudire,
    Mais laissez-moi pleurer!

paupière (*f.*): *eyelid*

87. Hélas! laissez les pleurs couler de ma paupière,
    Puisque vous avez fait les hommes pour cela!
    Laissez-moi me pencher sur cette pierre
    Et dire à mon enfant: Sens-tu que je suis là?

91. Laissez-moi lui parler, incliné sur ses restes,
    Le soir, quand tout se tait,
    Comme si, dans sa nuit rouvrant ses yeux célestes,
    Cet ange m'écoutait!

95. Hélas! vers le passé tournant un oeil d'envie,
    Sans que rien ici-bas puisse m'en consoler,
    Je regarde toujours ce moment de ma vie
    Où je l'ai vue ouvrir son aile et s'envoler!

99. Je verrai cet instant jusqu'à ce que je meure,
    L'instant, pleurs superflus!
    Où je criai: L'enfant que j'avais tout à l'heure,
    Quoi donc! je ne l'ai plus!

plaie (*f.*): *wound*
soumis: docile,
obéissant
résigné: qui
accepte sans
protester

103. Ne vous irritez pas que je sois de la sorte,
     O mon Dieu! cette plaie a si longtemps saigné!
     L'angoisse dans mon âme est toujours la plus forte,
     Et mon coeur est soumis, mais n'est pas résigné . . .

107. Voyez-vous, nos enfants nous sont bien nécessaires,
     Seigneur; quand on a vu dans sa vie, un matin,
     Au milieu des ennuis, des peines, des misères,
     Et de l'ombre que fait sur nous notre destin,

111. Apparaître un enfant, tête chère et sacrée,
     Petit être joyeux,
     Si beau, qu'on a cru voir s'ouvrir à son entrée
     Une porte des cieux;

croître: grandir,
pousser

115. Quand on a vu, seize ans, de cet autre soi-même
     Croître la grâce aimable et la douce raison,
     Lorsqu'on a reconnu que cet enfant qu'on aime
     Fait le jour dans notre âme et dans notre maison,

116. Que c'est la seule joie ici-bas qui persiste
        De tout ce qu'on rêva,
    Considérez que c'est une chose bien triste
        De le voir qui s'en va!

Victor Hugo (1802-1885), *Les Contemplations*.

Exploitation du texte

1. Répondez aux questions suivantes.

1. Léopoldine, la fille de Hugo, est morte le 4 septembre 1843. A quel âge est-elle morte? Où est-elle morte, selon vous? Justifiez.
2. Quelle a été l'attitude de Hugo vis-à-vis de Dieu, à la mort de Léopoldine?
3. Le vers "Et mon coeur est soumis, mais n'est pas résigné" résume l'attitude actuelle de Hugo. Expliquez ce vers. Relevez dans le poème tous les détails qui montrent que Hugo est soumis et tous ceux qui suggèrent qu'il n'est pas résigné. Lequel des sentiments est le plus fort, selon vous? Justifiez.
4. Selon Hugo, l'homme peut-il être heureux sur terre? Illustrez votre réponse d'exemples précis.
5. Comment Victor Hugo explique-t-il que sa tristesse soit inconsolable?
6. "Et que ce qu'ici-bas nous prenons pour le terme / Est le commencement"
   Expliquez ces vers. Discutez cette affirmation.
7. Victor Hugo se classe parmi les plus grands écrivains français. Donnez quelques détails sur son oeuvre.
8. La mort de Léopoldine a joué un rôle important dans la vie de Victor Hugo. Discutez cette affirmation en donnant quelques détails biographiques sur cet auteur.

II Analyse stylistique

1. On trouve, dans ce poème, une abondance de termes qui se réfèrent à l'obscurité. *Exemples:* "l'âme obscure; ce

calme sombre,'' etc. Relevez tous les mots qui suggèrent l'obscurité. Relevez d'autre part tous les mots qui suggèrent la lumière. Comparez vos listes. Comment interprétez-vous les résultats?

2. ''Je viens à vous, Seigneur, *père auquel il faut croire.*'' Comparez avec:''père auquel je crois.'' Justifiez le choix du poète.

3. Quel effet produit l'accumulation des participes passés au vers 64?

4. L'antithèse est un procédé stylistique utilisé pour mettre en évidence une pensée. Nous avons déjà mentionné au numéro 1 le contraste entre le jour et la nuit. Relevez deux autres antithèses en iliustrant d'exemples précis.

La Secte Hare Krishna

Des membres de la secte Hare Krishna dansent devant le château Rettershof, centre principal de cette secte, en Allemagne.

Préparation à l'écoute

Complétez les phrases suivantes à l'aide d'un mot pris dans la colonne de droite à la forme qui convient.

1. Je n'aime pas prendre de bains. Je préfère les _____ .
2. Est-ce que tu préfères dormir dans un _____ ou dans une chambre privée?
3. Il est très discipliné. Il suit tous les réglements à la _____ .
4. Le prisonnier n'avait même pas de matelas. Il devait dormir à _____ le _____ .
5. Je trouve la _____ de la dinde un peu sèche. Et toi?
6. Je n'ai plus d'argent. Je dois en _____ à la banque.
7. Jésus est mort sur la croix pour le _____ de tous les hommes.
8. Croyez-vous que les _____ familiaux soient une _____ à la liberté individuelle?

chapelet
même
dortoir
salut
emprunter
tordre
sol
hanche
litanie
lettre
chair
tracasser
entre-jambes
lien
douche
entrave

254

9. Ce pantalon est trop petit. Il est trop serré aux _____ et à l'_____ .

10. Il est très pieux. Il récite au moins dix _____ par jour. Ça me fatigue d'entendre sa _____ .

11. Cesse de te _____ . Tu vas voir; tout va s'arranger.

12. Elle avait si mal qu'elle se _____ de douleur.

Questions sur l'écoute

1. Mettez V (vrai), F (faux) ou O (on ne sait pas) devant les énoncés suivants.

__1. Pour être un Hare Krishna il faut vivre en Amérique du Nord.

__2. Les moines mendient pour donner l'argent aux pauvres.

__3. Ils prennent une douche froide par jour.

__4. Ils font la même prière 1728 fois par jour.

__5. Les moines ne mangent jamais de pommes.

__6. Tous les moines sont célibataires jusqu'à l'âge de trente ans.

__7. Ils ne mangent jamais de viande.

__8. Les Hare Krishna ont le culte de la famille.

__9. La secte Hare Krishna s'est développée récemment aux Etats-Unis.

__10. Sa Sainteté Srila Bhaktivedanta Swami Prabhupada est aussi pauvre que tous ses moines.

II Répondez aux questions suivantes.

1. Décrivez l'aspect physique d'un moine de la secte Hare Krishna.

2. Résumez les activités quotidiennes d'un moine de cette secte.

3. Quelle est l'attitude de cette secte vis-à-vis de la sexualité? Développez.

4. Retracez le développement de cette secte aux Etats-Unis. Qui en est le fondateur? Qui ont été ses premiers adeptes? Comment les a-t-il attirés? etc.

5. Y a-t-il selon vous un rapport entre la drogue, la guerre du Vietnam et le développement de la secte Hare Krishna? Justifiez votre réponse.

6. Que pensez-vous des jeunes gens qui adoptent la philosophie et le mode de vie des Hare Krishna? Pourquoi?

Confucius: un sage ou un contre-révolutionnaire?

Préparation à l'écoute

Complétez les phrases suivantes à l'aide d'un mot ou d'une expression pris dans la colonne de droite à la forme qui convient.

1. Je n'aime pas qu'on me _____ quand je travaille.
2. ''_____'' est une expression utilisée pour marquer l'étonnement, le doute.
3. Le _____ est un homme qui règne dans un _____ .
4. Je n'_____ aucun respect pour son attitude. Je n'ai que du _____ pour toute sa personne.
5. Le contraire de ''punition'' est _____ .
6. Les traditions qu'ils ne veulent plus maintenir _____ à deux mille ans avant Jésus-Christ.
7. Les marxistes _____ le concept même d'une société _____ .
8. _____ les idées qu'il prêche sont révolutionnaires.
9. Il n'a aucun esprit d'initiative. Il _____ d'obéir.

par certains côtés
souverain
dédain
déranger
éprouver
se contenter
royaume
sans blague
récompense
remonter
hiérarchisé
rejeter

Questions sur l'écoute

1. Philippe est très surpris par l'attitude des Chinois. Donnez deux raisons qui justifient sa réaction.
2. Est-ce que c'est vraiment vers Confucius que les attaques des Chinois sont dirigées? Expliquez.
3. Quel type de souverain est-ce que Confucius a cherché durant toute sa vie? Comment expliquez-vous le fait qu'il ne l'ait pas trouvé?
4. Quelles étaient les idées politiques de Confucius?
5. Quelle était l'attitude de Confucius envers la religion?
6. Est-ce que les idées de Confucius et celles des marxistes sont totalement opposées? Justifiez votre réponse.
7. Selon vous, est-ce que le gouvernement d'un pays a le droit d'interdire un culte religieux?

Les Oblats de Marie évangélisent le Grand Nord

Eglise esquimaude à Pelby Bay, Territoires du Nord-Ouest.

Mettez devant chaque mot de la liste de gauche la lettre qui correspond au sens ou aux idées suggérées par le sens de ces mots.

1. (   ) la tâche
2. (   ) dégoûtant
3. (   ) le ravitaillement
4. (   ) un traîneau
5. (   ) le cuir
6. (   ) recroquevillé
7. (   ) fondre
8. (   ) courber
9. (   ) un pou
10. (   ) geler
11. (   ) un orignal
12. (   ) régner

a. objet que l'on peut tirer sur la neige
b. une petite bête noire
c. plier
d. on peut en faire des habits
e. devenir liquide
f. devenir solide (par le froid)
g. la nourriture (pour une armée, etc.)
h. qui enlève tout appétit
i. plissé, tordu, comme une feuille morte
j. animal canadien
k. le travail
l. avoir un très grand pouvoir

Répondez aux questions suivantes.

1. Qu'est-ce qui a retardé l'évangélisation des tribus indiennes par les missionnaires catholiques?
2. Quel rôle ont joué la compagnie de la Baie d'Hudson et la Compagnie du Nord-Ouest dans la vie des missionnaires? Développez.
3. Quelles étaient les conditions de vie des Oblats du Grand Nord? Développez à l'aide d'exemples tirés du texte.
4. Pourquoi les missionnaires souffraient-ils de la soif?
5. Selon vous, est-ce que le Père Tessier a eu raison de permettre aux Indiens de manger une femme morte?

Parlons peu mais jurons bien

Préparation à l'écoute

I Les mots suivants, qui sont liés au culte catholique, sont couramment utilisés comme jurons en franco-canadien.

1. hostie (f.)
2. tabernacle (m.)
3. calice (m.)
4. ciboire (m.)
5. calvaire (m.)
6. sacrement (m.)

Expliquez en quelques mots chacun de ces termes.

II Complétez les phrases suivantes en vous aidant des mots suggérés.

1. Sa mère l'a puni parce qu'il a dit un ____.
2. Le professeur était très ____ parce que ses élèves l'interrompaient toutes les deux minutes.
3. Tu ne sais pas que c'est très ____ d'entrer dans le bureau de quelqu'un sans frapper?
4. Ne prends pas au sérieux ce que t'a dit mon frère. Il plaisantait. Il est très ____, tu sais!
5. Dès qu'il rentre à la maison, mon mari enlève ses chaussures et met ses ____.
6. Dans la Bible on dit que Caïn a été ____ de Dieu.
7. Tout était désert. Il n'y avait personne aux ____.

pantoufles
sacre (can.-fr.)
mal élevé
moqueur
alentours
maudit
énervé
méchant

Questions sur l'écoute

Répondez aux questions suivants:

1. Donnez quelques détails sur la vie de Robert Dupuis.
2. D'après Robert Dupuis, est-ce qu'on jure le plus en anglais ou en français?
3. Sur quels tabous sont basés les jurons anglais? Et les jurons français?
4. Pourquoi est-ce que Robert Dupuis préfère jurer en ''joual''?
5. Est-ce que Robert Dupuis jure uniquement lorsqu'il est en colère? Justifiez votre réponse.
6. Est-ce que Robert Dupuis s'exprime de la même façon devant un groupe d'hommes et devant un groupe de femmes? Justifiez votre réponse.
7. Selon Robert Dupuis, quels sont les trois jurons les plus courants?
8. Robert Dupuis avait un ami qu'on appelait: ''P'tit Crisse'' (Christ). Pourquoi est-ce qu'on lui avait donné ce surnom? Quelle était la réaction du garçon quand on l'appelait ainsi?
9. ''Il est méchant en maudit.''
   ''Il est méchant en calvaire.''
   ''Il est méchant en Crisse.''
   ''Il est méchant en sacrement.''
   Classez ces quatre jurons par ordre croissant, c'est-à-dire en allant du plus faible au plus fort.
10. Selon Robert Dupuis, est-ce qu'on jure plus qu'avant ou moins? Comment est-ce qu'il justifie sa réponse?

11. Est-ce que vous jurez? Quelles sont les raisons qui vous poussent à le faire—ou à ne pas le faire?
12. Comment est-ce que vous réagissez quand vous entendez une femme jurer? Expliquez pourquoi vous réagissez ainsi.

L'occultisme se porte bien

Préparation à l'écoute

Expliquez en français ou en anglais les expressions en italique.
1. Il y a, au Canada, un nombre *croissant* d'*assistantes* sociales.
2. Ce théologien a *fait une tournée* de conférences en Afrique.
3. Une commission *oecuménique* a analysé les problèmes récents des diocèses.

4. Il est vrai qu'il est *gérant*, mais ça ne veut pas dire *pour autant* qu'il soit très intelligent.
5. Le monde *des affaires* a pris des mesures *draconiennes* pour *résoudre* le problème de l'énergie.
6. Quelles sont les sectes qui acceptent des *prêtresses*?
7. Il a le *don* de détecter les erreurs.
8. Des médecins *estimés des environs portent un intérêt* tout particulier à la *télépathie*.
9. *Poursuivant cette même ligne de pensée*, on peut conclure que dans notre société moderne, l'homme est un *être anonyme*.

Questions sur l'écoute

Répondez aux questions suivantes.
1. Est-ce que l'occultisme est un domaine que M. Lafoi connaît bien? Justifiez votre réponse.
2. Donnez quelques exemples qui prouvent que l'occultisme est vivant en Europe.
3. Est-ce que la sorcellerie attire uniquement des gens peu cultivés? Justifiez votre réponse.
4. Quelle est l'attitude des parapsychologues vis-à-vis de l'occultisme?
5. Comment s'explique l'intérêt que beaucoup de gens portent actuellement à l'occultisme?
6. Pourquoi les gens semblent-ils se tourner vers les sciences occultes plutôt que vers l'église?
7. Quelle est l'attitude de M. Lafoi vis-à-vis de l'occultisme?
8. Croyez-vous à l'astrologie, à la télépathie, au spiritisme, etc.? Expliquez votre attitude, votre position à ce sujet?

La mule du pape

De tous les jolis dictons dont nos paysans de Provence ornent leurs discours, je n'en sais pas un plus pittoresque ni plus singulier que celui-ci. A quinze lieues autour de mon moulin, quand on parle d'un homme rancunier, vindicatif, on dit: "Cet homme-là! méfiez-vous! . . . il est comme la mule du Pape, qui garde sept ans son coup de pied."

rancunier: rancorous, spiteful

J'ai cherché bien longtemps d'où ce proverbe pouvait venir. Personne ici n'a pu me renseigner à ce sujet, pas même Francet Mamaï . . .

—Vous ne trouverez cela qu'à la bibliothèque des Cigales, m'a-t-il dit.

L'idée m'a paru bonne, et comme la bibliothèque des Cigales est à ma porte, je suis allé m'y enfermer . . . Après une semaine de recherches, j'ai fini par découvrir ce que je voulais, c'est-à-dire l'histoire de ma mule et de ce fameux coup de pied gardé pendant sept ans. Le conte en est joli quoiqu'un peu naïf, et je vais essayer de vous le dire tel que je l'ai lu hier matin . . .

Qui n'a pas vu Avignon du temps des Papes, n'a rien vu. Pour la gaieté, la vie, l'animation, le train des fêtes, jamais une ville pareille . . . Ah! l'heureux temps! l'heureuse ville! Des épées qui ne coupaient pas; des prisons d'Etat où l'on mettait le vin à rafraîchir. Jamais de disette; jamais de guerre . . . Voilà comment les Papes savaient gouverner leur peuple; voilà pourquoi leur peuple les a tant regrettés! . . .

disette (f.): manque de nourriture

Il y en a un surtout, un bon vieux, qu'on appelait Boniface . . . Oh! celui-là, que de larmes on a versées en Avignon quand il est mort! C'était un prince si aimable, si avenant! Il vous riait si bien du haut de sa mule! Et quand vous passiez près de lui, il vous donnait sa bénédiction si poliment! . . . La seule Jeanneton qu'on lui ait jamais connue, à ce bon père, c'était sa vigne—une petite vigne qu'il avait plantée lui-même, à trois lieues d'Avignon, à Château-Neuf.

avenant: agréable, aimable

Jeanneton: fréquemment utilisé pour dire "amie"

vigne (f.): vineyard

vêpres (f. pl.): prière du soir (vespers)

faire la cour: to court (a young lady)

souche (f.): stump, stub (or tree)

déboucher: to uncork, open (a bottle)

déguster: manger avec grand plaisir

attendri: moved, touched

amble (m.): ambling pace

barrette (f.): clerical hat

raffoler: aimer à la folie

écurie (f.): stable

mangeoire (f.): manger

aromate (m.): épice

air bon enfant: aspect aimable, obligeant

à preuve: pour le prouver

effronté: qui n'a honte de rien

galopin (m.): young scamp

débaucher: to lead s.o. astray, to corrupt

drôle (m.): rascal

malin: shrewd, cunning

rempart (m.): mur, fortification

Tous les dimanches, en sortant de vêpres, le digne homme allait lui faire sa cour, et quand il était là-haut, assis au bon soleil, sa mule près de lui, ses cardinaux tout autour étendus aux pieds des souches, alors il faisait déboucher une bouteille de vin, —ce beau vin, couleur de rubis, qui s'est appelé depuis le Château-Neuf des Papes, —et il le dégustait par petits coups, en regardant sa vigne d'un air attendri. Puis, la bouteille vidée, le jour tombant, il rentrait joyeusement à la ville; et, lorsqu'il passait sur le pont d'Avignon, au milieu des tambours et des danses, sa mule, mise en train par la musique, prenait un petit amble sautillant, tandis que lui-même il marquait le pas de la danse avec sa barrette, ce qui scandalisait beaucoup ses cardinaux, mais faisait dire à tout le peuple: ''Ah! le bon prince! Ah! le brave pape!''

Après sa vigne de Château-Neuf, ce que le pape aimait le plus au monde, c'était sa mule. Le bonhomme en raffolait de cette bête-là. Tous les soirs avant de se coucher, il allait voir si son écurie était bien fermée, si rien ne manquait dans sa mangeoire, et jamais il ne se serait levé de table sans faire préparer sous ses yeux un grand bol de vin à la française, avec beaucoup de sucre et d'aromates, qu'il allait lui porter lui-même, malgré les observations de ses cardinaux . . . Il faut dire aussi que la bête en valait la peine. C'était une belle mule noire mouchetée de rouge, douce comme un ange, l'oeil naïf, et deux longues oreilles, toujours en mouvement, qui lui donnaient l'air bon enfant. Tout Avignon la respectait, et, quand elle allait dans les rues, il n'y avait pas de bonnes manières qu'on ne lui fît; car chacun savait que c'était le meilleur moyen d'être bien en cour, et qu'avec son air innocent, la mule du Pape en avait mené plus d'un à la fortune, à preuve Tistet Védène et sa prodigieuse aventure.

Ce Tistet Védène était un effronté galopin, que son père, Guy Védène, le sculpteur d'or, avait été obligé de chasser de chez lui, parce qu'il ne voulait rien faire et débauchait les apprentis. Pendant six mois, on le vit traîner dans tous les ruisseaux d'Avignon, mais principalement du côté de la maison papale; car le drôle avait depuis longtemps son idée sur la mule du Pape, et vous allez voir que c'était quelque chose de malin . . . Un jour que Sa Sainteté se promenait toute seule sous les remparts avec sa bête, voilà mon Tistet qui l'aborde, et lui dit en joignant les mains d'un air d'admiration:

—Ah! mon Dieu! grand Saint-Père, quelle brave mule vous avez là! . . . Laissez un peu que je la regarde . . . Ah! mon

Pape, la belle mule! . . . L'empereur d'Allemagne n'en a pas une pareille.

Et il la caressait, et il lui parlait doucement comme à une demoiselle:

— Mon bijou, mon trésor, ma perle fine . . .

Et le bon Pape, tout ému, se disait dans lui-même:

— Quel bon petit garçonnet! . . . Comme il est gentil avec ma mule!

Et puis le lendemain savez-vous ce qui arriva? Tistet Védène entra dans la maîtrise du Pape, où jamais avant lui on n'avait reçu que des fils de nobles et des neveux de cardinaux . . . Voilà ce que c'est que l'intrigue! . . . Mais Tistet ne s'en tint pas là.

Une fois au service du Pape, le drôle continua le jeu qui lui avait si bien réussi. Insolent avec tout le monde, il n'avait d'attentions ni de prévenances que pour la mule. Si bien qu'à la fin le bon Pape, qui se sentait devenir vieux, en arriva à lui laisser le soin de veiller sur l'écurie et de porter à la mule son bol de vin à la française; ce qui ne faisait pas rire les cardinaux.

Ni la mule non plus, cela ne la faisait pas rire . . . Maintenant, à l'heure de son vin, elle voyait toujours arriver chez elle cinq ou six petits clercs de maîtrise qui se mettaient vite dans la paille; puis, au bout d'un moment, une bonne odeur chaude de caramel et d'aromates emplissait l'écurie, et Tistet Védène apparaissait portant avec précaution le bol de vin à la française. Alors le martyre de la pauvre bête commençait.

Ce vin parfumé qu'elle aimait tant, qui lui tenait chaud, qui lui mettait des ailes, on avait la cruauté de le lui apporter, là, dans sa mangeoire, de le lui faire respirer; puis, quand elle en avait les narines pleines, passe, je t'ai vu! la belle liqueur de flamme rose s'en allait toute dans la gorge de ces garnements . . . Et encore, s'ils n'avaient fait que lui voler son vin; mais c'étaient comme des diables, tous ces petits clercs, quand ils avaient bu! . . . L'un lui tirait les oreilles, l'autre la queue; Quiquet lui montait sur le dos, Béluguet lui essayait sa barrette, et pas un de ces galopins ne songeait que d'une ruade la brave bête aurait pu les envoyer tous dans l'étoile polaire, et même plus loin . . . Mais non! On n'est pas pour rien la mule du Pape, la mule des bénédictions et des indulgences . . . Les enfants avaient beau faire, elle ne se fâchait pas; et ce n'était qu'à Tistet Védène qu'elle en voulait . . . Celui-là, par exemple, quand elle le sentait derrière elle, son sabot lui démangeait, et vraiment il y avait

maîtrise (f.): chorale

prévenance (f.): attention, délicatesse

narine (f.): nostril
garnement (m.): enfant insupportable

ruade (f.): kick (of horse, etc.)

démanger: causer un grand envie

264

Palais des papes, Avignon.

vilain tour *(m.): bad trick*

clocheton *(m.): petit clocher*

en colimaçon: *spiral (staircase)*

grimper: monter avec effort

éblouissant: *dazzling*

caserne *(f.): barracks*

vitre *(f.): window-pane*

bien de quoi. Ce vaurien de Tistet lui jouait de si vilains tours! Il avait de si cruelles inventions après avoir bu!

Un jour il la fit monter avec lui au clocheton de l'église! . . . Et ce que je vous dis là n'est pas un conte, deux cent mille Provençaux l'ont vu. Vous figurez-vous la terreur de cette malheureuse mule, lorsque, après avoir tourné pendant une heure dans un escalier en colimaçon et grimpé je ne sais combien de marches, elle se trouva tout à coup sur une plate-forme éblouissante de lumière, et qu'à mille pieds au-dessous d'elle elle aperçut tout un Avignon fantastique, les soldats du Pape devant leur caserne comme des fourmis rouges, et là-bas, sur un fil d'argent, un petit pont microscopique où l'on dansait, où l'on dansait . . . Ah! pauvre bête! quelle panique! Du cri qu'elle en poussa, toutes les vitres du palais en tremblèrent.

— Qu'est-ce qu'il y a? qu'est-ce qu'on lui fait? s'écria le bon Pape en se précipitant sur son balcon.

Tistet Védène était déjà dans la cour, faisant mine de pleurer et de s'arracher les cheveux:

— Ah! grand Saint-Père, ce qu'il y a! Il y a que votre mule . . . Mon Dieu! qu'allons-nous devenir? Il y a que votre mule est montée dans le clocheton . . .

— Toute seule???

— Oui, grand Saint-Père, toute seule . . . Tenez! regardez-la là-haut . . . Voyez-vous le bout de ses oreilles qui passe? . . . On dirait deux hirondelles . . .

— Miséricorde! fit le pauvre Pape en levant les yeux . . . Mais elle est donc devenue folle! Mais elle va se tuer . . . Veux-tu bien descendre, malheureuse! . . .

Pécaïre! elle n'aurait pas mieux demandé, elle, que de descendre . . . mais par où? L'escalier, il n'y fallait pas songer: ça se monte encore; mais, à la descente, il y aurait de quoi se casser cent fois les jambes . . . Et la pauvre mule se désolait, et, tout en rôdant sur la plate-forme avec ses gros yeux pleins de vertige, elle pensait à Tistet Védène:

— Ah! bandit, si j'en réchappe . . . quel coup de sabot demain matin!

Cette idée de coup de sabot lui redonnait un peu de courage; sans cela elle n'aurait pas pu se tenir . . . Enfin on parvint à la tirer de là-haut; mais ce fut toute une affaire. Il fallut la descendre avec un cric, des cordes, une civière. Et vous pensez quelle humiliation pour la mule d'un pape de se voir pendue à cette hauteur, nageant des pattes dans le vide comme un hanneton au bout d'un fil. Et tout Avignon qui la regardait!

La malheureuse bête n'en dormit pas de la nuit. Il lui semblait toujours qu'elle tournait sur cette maudite plate-forme, avec les rires de la ville au-dessous, puis elle pensait à cet infâme Tistet Védène et au joli coup de sabot qu'elle allait lui détacher le lendemain matin. Ah! mes amis, quel coup de sabot! De Pampérigouste on en verrait la fumée . . . Or, pendant qu'on lui préparait cette belle réception à l'écurie, savez-vous ce que faisait Tistet Védène? Il descendait, s'en allait à la cour de Naples avec la troupe de jeunes nobles que la ville envoyait tous les ans près de la reine Jeanne pour apprendre la diplomatie et les belles manières. Tistet n'était pas noble; mais le Pape tenait à le récompenser des soins qu'il avait donnés à sa bête, et principalement de l'activité qu'il venait de déployer pendant la journée du sauvetage.

C'est la mule qui fut désappointée le lendemain!

hirondelle (f.): swallow

pécaïre (régionalisme): exlamation affectueuse ou ironique

rôder: errer avec une intention hostile

vertige (m.): dizziness

en réchapper: en sortir vivant

cric (m.): (lifting) jack

corde (f.): rope

civière (f.): stretcher, litter

hanneton (m.): may-bug

déployer: montrer, manifester

grelot *(m.):* petite cloche

— Ah! le bandit! il s'est douté de quelque chose! . . . pensait-elle en secouant ses grelots avec fureur . . . Mais c'est égal, va, mauvais! tu le retrouveras au retour, ton coup de sabot . . . je te le garde!

Et elle le lui garda.

Après le départ de Tistet, la mule du Pape retrouva sa vie tranquille et ses allures d'autrefois. Plus de Quiquet, plus de Béluguet à l'écurie. Les beaux jours du vin à la française étaient revenus, et avec eux la bonne humeur, les longues siestes, et le petit pas de danse quand elle passait sur le pont d'Avignon. Pourtant, depuis son aventure, on lui montrait toujours un peu de froideur dans la ville. Il y avait des chuchotements sur sa route; les vieilles gens hochaient la tête, les enfants riaient en se montrant le clocheton. Le bon Pape lui-même n'avait plus autant de confiance en son amie, et, lorsqu'il se laissait aller à faire un petit somme sur son dos, le dimanche, en revenant de la vigne, il gardait toujours cette arrière-pensée: ''Si j'allais me réveiller là-haut, sur la plate-forme!'' La mule voyait cela et elle en souffrait, sans rien dire; seulement, quand on prononçait le nom de Tistet Védène devant elle, ses longues oreilles frémissaient, et elle aiguisait avec un petit rire le fer de ses sabots sur le pavé.

chuchotement *(m.):* murmure

somme *(m.):* nap

aiguiser: rendre pointu

Sept ans se passèrent ainsi; puis, au bout de ces sept années, Tistet Védène revint de la cour de Naples. Son temps n'était pas encore fini là-bas; mais il avait appris que le premier moutardier du Pape venait de mourir subitement en Avignon, et, comme la place lui semblait bonne, il était arrivé en grande hâte pour se mettre sur les rangs.

moutardier *(m.):* celui qui fait de la moutarde

se mettre sur les rangs: se présenter pour obtenir un poste

Quand cet intrigant de Védène entra dans la salle du palais, le Saint-Père eut peine à le reconnaître, tant il avait grandi. Il faut dire aussi que le bon Pape s'était fait vieux de son côté, et qu'il n'y voyait pas bien sans lunettes.

Tistet ne s'intimida pas.

— Comment! grand Saint-Père, vous ne me reconnaissez plus? . . . C'est moi, Tistet Védène! . . .

— Védène? . . .

— Mais oui, vous savez bien . . . celui qui portait le vin français à votre mule.

— Ah! oui . . . oui . . . je me rappelle . . . Un bon petit garçonnet, ce Tistet Védène! . . . Et maintenant, qu'est-ce qu'il veut de nous?

— Oh! peu de chose, grand Saint-Père . . . Je venais vous demander . . . A propos, est-ce que vous l'avez toujours, votre mule? Et elle va bien? . . . Ah! tant mieux! . . . Je venais vous demander la place du premier moutardier qui vient de mourir.

— Premier moutardier, toi! . . . Mais tu es trop jeune. Quel âge as-tu donc?

— Vingt ans deux mois, illustre pontife, juste cinq ans de plus que votre mule . . . Ah! palme de Dieu, la brave bête! . . . Si vous saviez comme je l'aimais cette mule-là! . . . comme elle m'a manqué en Italie! . . . Est-ce que vous ne me la laisserez pas voir?

— Si, mon enfant, tu la verras, fit le bon Pape tout ému . . . Et puisque tu l'aimes tant, cette brave bête, je ne veux plus que tu vives loin d'elle. Dès ce jour, je t'attache à ma personne en qualité de premier moutardier . . . Mes cardinaux crieront, mais tant pis! j'y suis habitué . . . Viens nous trouver demain, à la sortie des vêpres, nous te remettrons les insignes de ton grade en présence de notre chapitre, et puis . . . je te mènerai voir la mule, et tu viendras à la vigne avec nous deux . . . hé! hé! Allons! va . . .

Si Tistet Védène était content en sortant de la grande salle, avec quelle impatience il attendit la cérémonie du lendemain, je n'ai pas besoin de vous le dire. Pourtant il y avait dans le palais quelqu'un de plus heureux encore et de plus impatient que lui: c'était la mule. Depuis le retour de Védène jusqu'aux vêpres du jour suivant, la terrible bête ne cessa de **se bourrer** d'avoine et de frapper le mur avec ses sabots de derrière. Elle aussi se préparait pour la cérémonie . . .

se bourrer: manger beaucoup

Et donc, le lendemain, après les vêpres Tistet Védène fit son entrée dans la cour du palais papal. Tout le haut clergé était là, le bas clergé aussi, les soldats du Pape, les sacristains, tous, tous, jusqu'aux donneurs d'eau bénite, et celui qui allume, et celui qui éteint . . . il n'y en avait pas un qui manquât . . . Ah! c'était une belle ordination! Des cloches, des **pétards**, du soleil, de la musique, et toujours ces tambourins qui menaient la danse, là-bas, sur le pont d'Avignon . . .

pétard (m.): firecracker

Quand Védène parut au milieu de l'assemblée, son aspect imposant et sa belle mine y firent courir un murmure d'admiration. C'était un magnifique Provençal, mais des blonds, avec de grands cheveux **frisés** au bout et une petite barbe **follette**. Le bruit courait que dans cette barbe blonde les doigts de la reine Jeanne avaient quelquefois joué; et le sire de Védène avait bien, en effet, l'air glorieux et le regard distrait des hommes que les reines ont aimés . . . Ce jour-là, pour faire honneur à sa nation,

frisés: curly
follette: un peu folle

il avait remplacé ses vêtements napolitains par une jaquette bordée de rose à la Provençale, et sur son chapeau tremblait une grande plume d'ibis de Camargue.

Sitôt entré, le premier moutardier salua d'un air galant, et se dirigea vers le haut perron, où le Pape l'attendait pour lui remettre les insignes de son grade: la cuiller de buis jaune et l'habit de safran. La mule était au bas de l'escalier, toute harnachée et prête à partir pour la vigne . . . Quand il passa près d'elle, Tistet Védène eut un bon sourire et s'arrêta pour lui donner deux ou trois petites tapes amicales sur le dos, en regardant du coin de l'oeil si le Pape le voyait. La position était bonne . . . La mule prit son élan:

— Tiens! attrape, bandit! Voilà sept ans que je te le garde!

Et elle vous lui détacha un coup de sabot si terrible, si terrible, que de Pampérigouste même on en vit la fumée, un tourbillon de fumée blonde où voltigeait une plume d'ibis; tout ce qui restait de l'infortuné Tistet Védène! . . .

Les coups de pied de mule ne sont pas aussi foudroyants d'ordinaire; mais celle-ci était une mule papale; et puis, pensez donc! elle le lui gardait depuis sept ans . . . Il n'y a pas de plus bel exemple de rancune ecclésiastique.

Alphonse Daudet (1840-1897), *Les lettres de mon moulin.*

Le Cardinal Léger

Je vis maintenant en Afrique où règnent la faim, la pauvreté, la maladie et la misère avec leurs tristes conséquences. Le fossé qui sépare les pays riches des pays pauvres s'élargit et se creuse chaque jour davantage.

Il ne faut donc pas s'étonner si la colère gronde dans ces pays défavorisés. C'est le cri de la justice qui doit désormais pénétrer la conscience des pays riches.

Je suis un homme, seulement un homme. Une parcelle de l'humanité. Ma seule ambition est de témoigner de la possibilité de faire le bien dans cette terre d'Afrique.

Depuis ma venue ici, j'ai écouté les Africains et leurs chefs: ils

Camargue: région du sud de la France

perron (m.): steps (leading to a building)

buis (m.): boxwood

safran (m.): saffron

harnacher: to harness

tape (f.): slap

voltiger: to fly about

foudroyant: crushing, terrifying

m'ont beaucoup appris. Ils savent faire preuve d'ouverture d'esprit, de bonne volonté et de tolérance pourvu que nous répondions à leurs besoins réels et non à ce que nous estimons, un peu à la légère, être leurs besoins.

Depuis dix ans, à toutes les conférences internationales sur le développement, des experts ont répété sur tous les tons que l'aide financière des pays riches n'était pas à la hauteur des besoins du tiers monde.

L'humanité est comme une immense pâte à la surface de la planète. Maïs au lieu de faire lever cette pâte par le levain évangélique, on a cru devoir faire appel aux structures de béton et d'acier des gratte-ciel, du barrage d'Assouan ou des pylônes de la Manicouagan.

L'Evangile de Jésus-Christ nous offre une solution bien plus positive. L'homme doit chercher sa libération par la voie des valeurs spirituelles, celles qui, à la longue, lui sont le plus nécessaires parce qu'on ne "voit bien qu'avec le coeur", selon le mot du Petit Prince de Saint-Exupéry.

Nous sommes tous partie de l'humanité. A ce titre, nous devons nous préoccuper de nos frères du tiers monde, non par simple obligation, mais parce que ce souci révèle notre véritable raison d'être.

Tôt ou tard, il est possible d'atteindre ces objectifs grâce au secours de Dieu. Si l'homme peut conquérir l'espace, livrer des guerres de représailles massives, pourquoi ne pourrait-il pas libérer les trois quarts de l'humanité des fardeaux qui l'oppressent?

Je voudrais en particulier faire entendre aux jeunes cet appel au secours. Nous avons un besoin pressant d'hommes et de femmes intelligents et bien doués, prêts à mettre leur vie et leurs talents au service de leurs frères défavorisés.

J'ai voulu, en me vouant à l'Afrique, me faire l'avocat du tiers monde. Devant les injustices actuelles, ma conscience m'incite à lancer le S.O.S. qui permettra à mes frères opprimés et défavorisés de préserver leurs droits naturels et leurs espoirs humains.

Paul-Emile Cardinal Léger, extrait d'un article, octobre 1971

Ah! si mon moine voulait danser

2. Ah! si mon moine voulait danser! (*bis*)
   Un ceinturon je lui donnerais. (*bis*)
   Danse . . .

3. Ah! si mon moine voulait danser! (*bis*)
   Un chapelet je lui donnerais. (*bis*)
   Danse . . .

4. Ah! si mon moine voulait danser! (*bis*)
   Un froc de bur' je lui donnerais. (*bis*)
   Danse . . .

5. S'il n'avait fait voeu de pauvreté (*bis*)
   Bien d'autres chos' je lui donnerais (*bis*)
   Danse . . .

Minuit Chrétiens

Auteur des paroles inconnu

Air d' Adolphe Adam
Arr. par A. E. Heacox

Mi - nuit! ___ Chré - tiens, ___ c'est l'heu - re so - len -

nel - le Où l'hom - me Dieu des - cen - dit jus - qu'à

nous, Pour ef - fa - cer ___ la tache o - ri - gi -

nel - le Et de son Père ar - rê - ter le cour - roux.

Le monde en - tier tres - sail - le d'es - pé - ran - ce A

cet - te nuit qui lui donne un Sau - veur! ___

Le Rédempteur a brisé toute entrave,
La terre est libre et le ciel est ouvert.
Il voit un frère où n'était qu'un esclave,
L'amour unit ceux qu'enchaîne le fer.
Qui lui dira notre reconnaissance?
C'est pour nous tous qu'il naît, qu'il souffre et meurt.
Peuple, debout, chante ta délivrance,

Noël! Noël! chantons le Rédempteur,
Noël! Noël! chantons le Rédempteur.

Alleluia

J'allais sur toutes les routes vagabondant
Au gré du temps, au gré du vent,
Traînant partout ma lassitude,
Au gré du temps, au gré du vent.

Pour l'amour où Dieu m'habite,
Pour la vie qu'il partage avec moi,
Pour le bonheur que je lui dois,
Alleluia!
Pour la joie que Dieu me donne,
Pour la paix qu'il garde sous mon toit,
Pour le salut que je lui dois,
Alleluia!
Je marchais dans la tristesse
Et l'ennui était mon chant.
Je marchais dans la tristesse,
Paix et bonheur partout cherchant.

Au hasard de mes aventures,
Un soir d'été, Dieu j'ai rencontré.
Lui ai confié ma solitude,
Et son amitié m'a sauvée.
La, la, la, la . . .

Soeur Sourire

Livres suggérés

Georges Bernanos, *Un crime,* Le livre de poche. (difficile)
Jean-Paul Desbiens, *Sous le soleil de la pitié,* Les éditions du jour,
    1968. (moyen)
André Gide, *La symphonie pastorale,* Le livre de poche. (moyen)
Giovanni Guareschi, *Le petit monde de don Camillo,* (traduit de l'italien),
    Editions G.T. (Presses de la Cité). (moyen)
Albert Laberge, ''Le notaire'', dans *De Québec à St-Boniface,*
    Gérard Bessette réd., Macmillan of Canada, 1969, pp. 52-60.
    (facile)
Roger Lemelin, ''Le chemin de croix'', dans *De Québec à
    St-Boniface,* Gérard Bessette réd., Macmillan of Canada, 1969,
    pp. 138-153. (facile)

Vive la Canadienne

La plus belle fille du monde ne peut donner que ce qu'elle a.
(dicton)

Table des matières

Les femmes canadiennes

Contenu linguistique

La journaliste française, Mme Pierrette Sartin, auteur de l'article qui suit, est spécialiste des questions de l'emploi et auteur d'un ouvrage sur la "Promotion des femmes". Elle a séjourné dans le Québec pendant quelques années et a enseigné à l'université Laval.

besogner: faire un travail fatigant, pénible, inintéressant

peiner: se donner du mal

"Du matin au soir, du lundi au samedi, nos vaillantes mères de famille besognent, peinent, travaillent et se donnent. Les repas sont tout d'abord prévus, préparés et servis; il faut qu'elles y mettent le temps et elles y ajoutent du coeur et de l'amour. . ."
"Depuis le petit déjeuner jusqu'à l'heure du coucher, c'est la mère de famille qui dirige les moindres mouvements domesti-

ques de la journée. Sans relâche, du matin au soir sa pensée vagabonde d'une besogne urgente à une autre, son coeur vibre pour la vie familiale comme un soleil ardent qui réchauffe et enveloppe les personnes et les choses de ses tendres caresses.''

''Il est beau de voir nos mères de famille à l'oeuvre; il est certain qu'elles font preuve d'ingéniosité, de dévouement, d'un renoncement parfois héroïque. Il y a du plaisir à faire plaisir semble être la devise de nos bonnes mères de famille. Il paraît impossible de trouver autant d'amour et autant de sacrifices aussi joyeusement consentis . . . ''

D'où ces images sont-elles extraites? De quel pays et surtout de quelle époque ont-elles surgi?

On les trouvait, il y a deux ans encore, dans les manuels de français que les élèves de la province du Québec avaient entre les mains, révèle l'Alliance des professeurs de Montréal dans le mémoire qu'elle a présenté à la commission royale d'enquête sur la situation des femmes au Canada. Et il suffit de parcourir les manuels et les revues scolaires pour voir se dessiner l'image traditionnelle de la femme, cuisinière, ménagère, femme en prière, mais toujours vouée au sacrifice et à la réclusion. L'image du père au foyer, note encore le mémoire, est complètement absente de ces textes.

Les manuels cités ci-dessus s'adressent aux élèves comptant déjà six et sept années d'études, mais ils ne font que reprendre et développer les thèmes exploités depuis la première année d'enseignement . . . et il n'est pas possible de donner ici tous les clichés attendrissants proposés aux femmes comme modèles de référence, depuis celui de ''la pauvre veuve chargée d'enfants qui gagne sa vie à faire des bonnets'' jusqu'à celui de la ''pauvre fileuse'', en passant par celui de la femme de cultivateur qui, tout en surveillant ses enfants, garde les petits poulets près du poêle de la cuisine de peur qu'ils ne s'échappent (sic).

Quand on connaît le confort qui règne dans les fermes, quand on songe que ces manuels ont été édités en 1964 et qu'ils sont encore, m'ont affirmé des mères de famille, en usage dans les écoles des petites villes de province, on demeure stupéfait par la persistance de tels anachronismes.

Les fermières revendiquent

Le décalage entre le modèle et la réalité est d'autant plus frap-

sans relâche: continuellement

vagabonder: to wander

à l'oeuvre: au travail

faire preuve (de): to show

dévouement (m.): self-sacrifice, devotion to duty

devise (f.): motto, slogan

surgir: naître, se manifester brusquement

mémoire (m.): report

parcourir: lire très vite

vouer: destiner irrévocablement

réclusion (f.): privation de liberté

foyer (m.): home

attendrissant: touchant

veuve (f.): femme dont le mari est mort

fileuse (f.): spinner

cultivateur (m.): fermier

surveiller: to watch

sic: s'emploie à la suite d'une phrase citée pour attirer l'attention sur une étrangeté

décalage (m.): gap

"Bravo, maman!", York University.

livre de comptes *(m.):* cahier sur leuqel on note les recettes et les dépenses

de main de maître: avec habileté

jouir (de): *to enjoy*

citadin *(m.):* qui habite la ville

convaincre: *to convince*

revendication *(f.):* *demand, claim*

réclamer: exiger, demander

pant que la bonnetière et la pauvre fileuse travaillent maintenant en usine. Quant aux femmes des cultivateurs, ce sont en général de solides fermières.

Traditionnellement plus instruites que leurs maris qui souvent quittaient l'école après la septième année d'études, alors qu'elles poursuivaient les leurs pendant une douzaine d'années, ce sont elles, souvent, qui tiennent les livres de comptes, et elles mènent leur maison de main de maître.

Parfaitement adaptée à la vie moderne, la "fermière" canadienne jouit d'une très grande liberté, se réserve du temps pour lire et se cultiver et est affiliée à des associations professionnelles diverses et actives comme le Cercle des fermières. Tout autant que la citadine, la femme des milieux agricoles veut jouer un rôle dans l'évolution de la société.

Il suffit, pour s'en convaincre, de lire les revendications que le Cercle des fermières, par exemple, a présentées à la commission royale d'enquête pour améliorer la condition de la femme. Les femmes y réclament une réforme du code civil élargissant leurs droits, des programmes d'éducation permanente et une télévision éducative.

279

En face de cette image complètement périmée de la femme qui lui est donnée depuis la maternelle, la Canadienne, et particulièrement la Québécoise, n'a pas perdu le sens des réalités concrètes. Elle n'a pas renoncé à être une mère et une épouse, et les familles de six et huit enfants sont encore nombreuses, bien que chez les jeunes la natalité soit beaucoup moins forte. Mais elle n'a plus le goût du sacrifice. Elle a appris à se faire reconnaître et respecter en tant que personne et non pas seulement en tant que fonction ou objet. La proximité des Etats-Unis lui a fait prendre conscience de l'évolution inévitable d'un monde placé sous le signe de la science et du progrès technique et de la nécessité de s'y adapter, pour ne pas être écrasée par lui. Et, du même coup, elle a pris conscience des lacunes de sa formation intellectuelle dues en grande partie à l'insuffisance d'un corps enseignant chez qui, jusqu'à ces dernières années, les préoccupations confessionnelles l'emportaient sur les exigences culturelles.

périmé: ancien, démodé
maternelle (f.): *nursery school*

lacune (f.): manque, insuffisance

l'emporter sur: gagner, se montrer supérieur

Retour à l'université

Elle a compris que ni sa formation scolaire ni sa formation universitaire, souvent interrompu par le mariage, ne lui permettaient d'entrer dans la vie professionnelle en y exerçant un métier qui réponde à ses aspirations, et elle estime que si le foyer reste pour elle un lieu d'enrichissement et d'épanouissement, il n'est pas le seul possible, le seul souhaitable . . . Et elle l'affirme, sans provocation et sans fausse honte, comme un droit de la personne à disposer d'elle-même.

épanouissement (m.): développement libre de toutes ses possibilités
fausse honte (f.): *self-consciousness*

A ces considérations s'ajoute, chez de nombreuses femmes, un sens civique très développé. Leur tâche maternelle devenue moins pressante à partir du moment où les enfants ont atteint une certaine autonomie, elles jugent qu'il est de leur devoir de participer à la vie politique, sociale ou professionnelle.

Aussi voit-on des femmes de tous les âges, de toutes les formations, de tous les milieux, retourner à l'école ou sur les bancs de l'université.

Le ministère de l'éducation a créé un système d'éducation permanente qui permet aux adultes, après un examen d'entrée, de suivre les mêmes cours et d'obtenir les mêmes diplômes que les étudiants. Les femmes y sont venues en masse.

Et l'on voit couramment des mères de famille ayant élevé cinq, six et parfois neuf enfants revenir à l'université, suivre régulièrement les cours, passer les examens comme leurs fils ou leurs filles. Parmi elles, pour ne prendre qu'un exemple, la femme du maire de Québec, qui suit à l'université des cours de mathématiques, ce qui ne l'empêche pas de seconder son mari dans une tâche difficile aux horaires chargés.

tâche *(f.):* devoir, travail

horaire *(m.)* chargé: emploi du temps bien rempli

Les disciplines traditionnellement considérées comme féminines

pour autant: pour cela

Est-ce à dire pour autant que les femmes soient satisfaites et qu'elles aient toutes les raisons de l'être? Ce serait méconnaître la force de ces traditions et de ces images de référence inculquées depuis l'enfance. Un grand nombre de femmes se contentent encore de suivre des cours de catéchèse, de pédagogie, de psychologie de l'enfant. De son côté, le ministère et les établissements d'enseignement ont tendance à les orienter vers les disciplines sociales, littéraires, pédagogiques, considérées traditionnellement comme féminines.

catéchèse *(f.):* enseignement de la religion chrétienne

détourner: écarter

Est-ce un moyen subtil de les détourner des carrières professionnelles où elles pourraient devenir pour les hommes des concurrentes? Est-ce ignorance des véritables problèmes que pose dans le monde la condition de la femme, ou simplement désir de répondre au souhait des femmes en général?

concurrent *(m.):* rival

parcouru: fait

Il serait bien difficile de décider. Mais quand on mesure le chemin parcouru en moins de dix ans par les femmes canadiennes et plus particulièrement par les Québécoises, il est permis d'espérer, si les jeunes marchent sur les traces de leurs aînées, qu'elles auront accès sans aucune discrimination à l'enseignement et à la vie professionnelle.

aîné *(m.):* ancêtre, devancier

Pierrette Sartin, *Le Monde,* 1er janvier 1969.

Exploitation du texte

I Répondez aux questions suivantes.

1. Comment est-ce que les manuels de français du Québec représentaient la mère de famille?

2. Comment l'auteur cité à la première page crée-t-il des "clichés" attendrissants? (Choix des adjectifs, répétitions, etc.)

3. A qui est-ce que tous ces clichés sont donnés comme modèles de référence? Pourquoi?

4. Est-ce que le portrait de la mère de famille donné par les manuels est réaliste? Justifiez votre réponse.

5. Quelle vie mènent aujourd'hui les femmes des cultivateurs?

6. Quels changements se sont opérés chez la Canadienne? Qu'est-ce qui les a motivés?

7. Est-ce que la formation intellectuelle de la Québécoise était adéquate jusqu'à ces dernières années?

8. Donnez les raisons pour lesquelles beaucoup de femmes retournent à l'école ou à l'université.

9. Dans quelle mesure est-ce que la tradition influence l'éducation des femmes? Développez.

10. Est-ce que l'auteur pense que les femmes canadiennes peuvent être entièrement satisfaites de leur situation actuelle? Pourquoi?

*Il " . . . l'on voit . . . des mères de famille ayant élevé cinq, six et parfois neuf enfants .. . . "
(phonétique: prononciation de quelques nombres)

Lisez à haute voix les phrases suivantes.
1. Voyons! Un artichaut ne coûte pas un dollar! Tu exagères!

2. Elle a deux enfants?
   Oui, elle en a deux; deux filles!

3. Tu as cinq livres?
   Oui, j'en ai cinq.

4. Nous avons six dollars.
   Six et six font douze.
   Elle a eu six idées intelligentes dans sa vie.

5. J'ai sept amis qui ont sept chiens tous pareils.
   (Au Canada, on dit fréquemment [sɛʃjɛ̃] au lieu de [sɛtʃjɛ̃]

6. Je prendrai ces huit gâteaux.
   Il y a huit erreurs dans ce texte; oui, huit.

7. Comme elle avait neuf ans, il y avait neuf bougies sur son gâteau d'anniversaire.
   (Au Canada, on dit souvent [noebuʒi] au lieu de [noefbuʒi]

*III (phonétique: prononciation de quelques nombres — suite)

Lisez à haute voix les phrases suivantes.

1. Le train part dans dix minutes. C'est ça, à dix heures dix.
2. Elle aura dix-neuf ans dans neuf mois.
3. En six ans il n'a eu que six jours de vacances. —Seulement six? Ce n'est pas suffisant.
4. J'avais quarante-huit pommes et je n'en ai plus que huit.
5. Avec un mari et un enfant, j'ai trente-six mille choses à faire.
6. Ça fait cent mille fois que tu me demandes de te parler de la guerre de Cent Ans.
7. A vingt-trois ans il avait déjà écrit trois romans.
8. Il arrivera le vingt-cinq janvier à deux heures cinq.
9. Il y aura deux séances: la première à deux heures et la seconde à huit heures.
10. Est-ce qu'il y a six ou sept péchés capitaux?

IV " . . . bien que chez les jeunes la natalité soit beaucoup moins forte."
(subjonctif)

Salle de classe. Le professeur fait la liste des qualités que doit posséder la mère de famille. Une des élèves pose des questions embarrassantes qui restent sans réponse.

Le professeur: La mère de famille doit comprendre son mari et ses enfants . . .

Une élève: Pourquoi faut-il qu'elle comprenne son mari et ses enfants?

Le professeur: et leur faire plaisir . . .

L'élève: Pourquoi faut-il qu'elle leur fasse plaisir?

Le professeur: Elle doit être dévouée . . .

L'élève: Pourquoi faut-il qu'elle . . .

Le professeur: et avoir de la patience . . .

L'élève: Pourquoi . . .

Le professeur: Elle doit tenir la maison propre . . .

L'élève: Pourquoi faut-il . . .

Le professeur: préparer les repas . . .

L'élève: Pourquoi . . .

Le professeur: et servir sa famille . . .

L'élève: Pourquoi . . .

Le professeur: Elle doit connaître les besoins de sa famille . . .

L'élève: . . .

Le professeur: et vouloir les satisfaire . . .

L'élève: . . .

Le professeur: Elle doit pouvoir seconder son mari . . .

L'élève: . . .

Le professeur: savoir aider ses enfants . . .

L'élève: . . .

Le professeur: et se réjouir de leur succès . . .

L'élève: . . .

Le professeur: Malgré les questions idiotes qu'on m'a posées, je crois vous avoir clairement montré, mes chers enfants, le beau rôle qui vous attend dans la vie.

L'élève: Pourquoi faut-il que nous ayons le beau rôle?

V "On les trouvait . . ."
(imparfait)

Michel qui vient de se quereller avec son ami Jules, exprime sa colère devant sa soeur Suzanne.

Michel: Je suis fâché avec Jules. Je ne lui parlerai plus . . .

Suzanne: Quand je pense que tu lui parlais si souvent.

Michel: Je ne lui téléphonerai plus . . .

Suzanne: Et tu . . .

Michel: Je ne lui écrirai plus . . .

Suzanne: Oh là là! Toi qui . . .

Michel: Je ne sortirai plus avec lui . . .

Suzanne: Et tu . . .

Michel: Je n'irai plus le chercher . . .

Suzanne: Et tu . . .

Michel: Je ne lui rendrai plus visite . . .

Suzanne: Quand je pense que tu . . .

Michel: Je ne serai plus avec lui . . .

Suzanne: Et tu . . .

Michel: Je ne le verrai plus . . .

Suzanne: C'est triste; toi qui . . .

Michel: Je ne lui ferai plus plaisir . . .

Suzanne: Pourtant tu . . .

Michel: Mais alors, moi, je n'aurai plus l'occasion de me battre avec lui.

Suzanne: En effet, et tu . . . l'occasion de te battre avec lui.

Michel: Ça, je ne peux pas le supporter. Je vais lui téléphoner pour voir s'il a envie de sortir avec moi ce soir.

*VI *"Traditionnellement plus instruites que leurs maris . . ."*
   (plus de / plus que)

Rappel:

plus de + nom + *que* + nom (ou pronom)
plus + adjectif + *que* + nom (ou pronom)
plus de + nombre (+ nom / pronom)
plus + *que* + nom / pronom

> *Exemples:* J'ai *plus d'*argent *que* mon frère (lui).
> Il est *plus* intelligent *que* sa soeur (elle).
> Ils ont *plus de* cent mille dollars.
> Des amis? J'en ai *plus que* toi.

Répliquez aux phrases suivantes selon les modèles.

> *Modèles:* Les fermiers ne sont pas très instruits. Et leurs femmes?
> Elles sont plus instruites qu'eux.
>
> Tu gagnes $5,000 dollars par an?
> Non, je gagne plus de $5,000 dollars par an.

Commencez:

1. Les fermiers ne sont pas très instruits. Et leurs femmes?
2. Tu gagnes $5,000 dollars par an?
3. Ta soeur a cinq enfants?
4. Ma fille est intelligente. Et votre fils?
5. Tu es membre de deux associations professionnelles?
6. Elle a séjourné à Québec pendant quatre ans?
7. Jacques court vite. Et Françoise?
8. Il est fatigué. Et toi?

VII *" . . . le chemin parcouru en moins de dix ans . . ."*
   (autant, plus, moins + de / que)

Complétez les phrases suivantes en utilisant les expressions qui conviennent. (Il y a parfois plusieurs possibilités.)

1. Elle est _____ instruite _____ son mari, mais elle gagne ___ ____ argent _____ lui.
2. Il y a eu des changements considérables en ___ ___ dix ans.
3. La citadine a ___ ___ temps de libre _____ la fermière.
4. Elles réclament ___ ___ programmes éducatifs.

5. Il a suivi____ ____ cours _____ son père.
6. Personne ne montre autant _____ amour _____ la mère de famille.
7. Elle est_____ éduquée _____ son frère, pourtant je la trouve_____ intelligente _____ lui.
8. Je n'ai jamais eu autant _____ travail et pourtant je suis ____ ____ cours _____ l'an dernier.
9. En général, la Canadienne anglaise a ____ ____ enfants ____ ____la Québécoise.
10. La tradition a toujours ____ ____ influence sur elles que dans le passé.

VIII *"Il est beau de voir . . . "*
(*expressions utilisant* à *ou* de + infinitif)

A. *Complétez les phrases suivantes en utilisant* à *ou* de *selon le cas.*
1. Il est beau_____ voir nos mères de famille travailler.
2. Il y a du plaisir_____faire plaisir est leur devise.
3. Il paraît impossible _____ éprouver autant d'amour.
4. Il suffit _____ parcourir ces manuels pour le comprendre.
5. Il n'est pas possible_____ donner tous les clichés qui existent.
6. Elle gagne sa vie _____ faire des bonnets.
7. La Québécoise n'a pas renoncé _____ être une mère et une épouse.
8. Mais elle a appris _____ se faire respecter.
9. Sa formation scolaire ne lui permettait pas _____ entrer dans la vie professionnelle.
10. Elle réclame le droit de la personne _____ disposer d'elle-même.
11. Les femmes pensent qu'il est de leur devoir_____ participer à la vie politique.
12. Le système d'éducation permet aux adultes_____ suivre des cours à l'université.
13. Les études n'empêchent pas certaines femmes _____ seconder leur mari.
14. Les femmes ont toutes les raisons_____ être satisfaites.
15. Un grand nombre de femmes se contentent _____suivre des cours de catéchèse et de pédagogie.
16. Les établissements d'enseignement ont tendance_____ les orienter vers ces cours.

17. Est-ce un moyen subtil_____les détourner des carrières professionnelles? Est-ce, au contraire, désir_____ répondre au souhait des femmes?
18. Il est bien difficile_____décider.
19. En tout cas, il est permis _____ espérer qu'elles auront accès à la vie professionnelle.
20. Seront-elles invitées _____ y participer?

B. *Faites la liste des structures (de l'exercice VIIIA) qui exigent* de *et celles qui exigent* à *devant l'infinitif.*

Exemple:	*de*	*à*
	Il est + adjectif + *de* + infinitif	*Il y a du* + nom + *à* + infinitif

*IX *Complétez les phrases suivantes à l'aide des prépositions, des indications de genre et de nombre, etc. qui manquent.*

1. _____ matin _____ soir, _____ lundi _____ samedi, nos (vaillant) mères _____ famille besognent, peinent, travaillent et _____ donnent.
2. On les trouvait_____ les manuels_____ français que _____ élèves _____ la province _____ Québec avaient _____ les mains.
3. _____ suffit_____ parcourir les manuels ou les revues scolaires _____voir_____ dessiner l'image ____ ____ femme, toujours vouée _____ sacrifice et _____ _____ réclusion.
4. Ce sont elles, souvent,_____ tiennent _____livres____ comptes, et elles mènent _____ maison _____main _____maître.
5. Parfaitement adaptée____ ____vie moderne, _____ "fermière" (canadien) jouit ____ ____ très (grand) liberté et _____ réserve _____ temps _____ lire et _____ cultiver.
6. _____ femme _____ maire _____ Québec suit _____ _____université_____ cours _____mathématiques.
7. Est-ce ignorance _____ véritables problèmes _____ pose _____ le monde _____ condition_____ la femme, ou simplement désir _____ répondre _____ souhait _____femmes _____ général?
8. Quand on mesure _____ chemin parcouru _____ moins _____ dix ans par _____ femmes (canadien), il est permis_____ espérer_____ elles auront accès _____ l'enseignement et ____ ____vie professionnelle.

X *"Les femmes y réclament une réforme du code civil . . . "*
   (y / en)

(Réunion féminine: Cercle des fermières.) A la fin de la soirée, la leader qui a organisé la réunion résume ce qui a été dit.

Leader: Ainsi vous êtes maintenant convaincues d'avoir joué un rôle secondaire?

Choeur: Oui, nous en sommes convaincues.

Leader: Vous avez pris conscience de vos lacunes intellectuelles?

Choeur: Oui . . .

Leader: Et vous voulez mettre fin à cette situation?

Choeur: Oui . . .

Leader: Vous aimeriez retourner à l'université ou à l'école?

Choeur: Oui . . .

Leader: Vous aimeriez suivre des cours?

Choeur: Oui . . .

Leader: Vous aimeriez obtenir des diplômes?

Choeur: Oui . . .

Leader: Vous voulez entrer dans la vie professionnelle?

Choeur: Oui . . .

Leader: Et vous voulez participer à la vie politique et sociale?

Choeur: Oui, nous . . .

Leader: Vous ne pouvez plus vous contenter de végéter?

Choeur: Non . . .

Leader: Et vous demandez des changements radicaux?

Choeur: Oui . . .

Leader: Alors, allons toutes au Parlement revendiquer nos droits de citoyennes.

Choeur: Oui, . . . !

XI *(y / en: suite)*

Y et *en* s'utilisent dans un certain nombre de gallicismes (constructions typiquement françaises). En voici quelques-uns:

y 1. Allez! *Vas-y!* Plonge!
   2. Il y avait tout dans leur tente, *y compris* une baignoire!
   3. Je regrette ce qui vous arrive, mais *je n'y suis pour rien.*
   4. Que voulez-vous, c'est le règlement. *Je n'y peux rien.*
   5. *Ça y est.* J'ai fini. On peut partir.

6. Tu dis que sa femme est la sœur de la belle-mère de Jules.
   Ah bon! Maintenant *j'y suis!*
7. Je ne sais pas comment *il s'y prend* pour attirer toutes les femmes.

en 1. Laisse-le se reposer; *il n'en peut plus,* le pauvre!
2. Merci.
   Je vous en prie.
3. *Nous en avons assez* (marre) de toujours travailler!
4. *Il s'en prend* toujours aux autres pour les fautes qu'il a commises lui-même.
5. *Allez-vous-en!* Vous m'ennuyez.
6. Je me moque des *qu'en dira-t-on.*
7. Ça va s'arranger, *ne vous en faites pas.*
8. Quel scandale! *Je n'en reviens pas.*

Faites une phrase avec chacune des expressions ci-dessus.

XII *"La mère de famille . . . / le maire de Québec"*
   (opposition sémantique réalisée par le genre)

   Un certain nombre de mots français ont un sens différent selon le genre de l'article qui peut les précéder.

A. *Comparez le sens de:*

   1. a) la mère
      b) le maire
   2. a) la poste
      b) le poste
   3. a) la poêle
      b) le poêle
   4. a) la livre
      b) le livre
   5. a) la manche
      b) le manche
   6. a) la morale
      b) le moral
   7. a) la somme
      b) le somme
   8. a) la poignée
      b) le poignet
   9. a) la foi
      b) le foie
   10. a) la boue
       b) le bout
   11. a) la radio
       b) le radio

B. *Complétez les phrases suivantes en utilisant un mot de la liste ci-dessus à la forme qui convient.*
   1. En rentrant, achète _____ de beurre.
   2. Nous avons reçu ce colis par _____ .

3. _____ de veau est plus cher que_____ de boeuf, mais je le préfère.
4. J'ai froid. Allume _____ .
5. Depuis qu'il a perdu _____ il est chômeur.
6. Quelle est _____ de quatre et cinq?
7. Je me suis cassé_____ en faisant du ski.
8. Elle se tient toute droite comme _____ à balai!
9. Je suis bien fatiguée. J'ai envie de faire _____ .
10. Depuis qu'ils ont perdu _____ , ils ne vont plus à l'église.
11. Il a été courageux jusqu'_____ .
12. Il rend visite à _____ toutes les semaines.
13. J'ai entendu cette nouvelle à _____ .
14. Est-ce que les cochons aiment se rouler dans _____?
15. Voyons! Ne sois pas bête! On ne fait pas cuire une omelette dans une casserole mais dans_____ .
16. Je ne comprends pas _____ de l'histoire.
17. Elle l'a tiré par_____ pour attirer son attention.
18. Il a _____ très bas depuis que sa femme l'a quitté.
19. La salle était presque déserte. Il n'y avait là qu'_____ d'invités.
20. _____ de l'avion ne répondait plus.
21. Je le trouve pédant. Il parle toujours comme_____ .
22. Est-ce que tu sais qui est _____ de Montréal?

C. Faites une phrase avec chacun des mots suivants:

1. a) un père
   b) une paire
2. a) un vice
   b) une vis
3. a) le vase
   b) la vase
4. a) le champagne
   b) la Champagne
5. a) un col
   b) une colle

XIII ''Nos mères de famille / le maire de Québec''
(quelques homonymes: problèmes d'orthographe)

Jean est mauvais en orthographe. Corrigez ses fautes en remplaçant les mots barrés par un mot qui aurait la même prononciation. Faites ensuite une phrase en utilisant correctement le mot barré.

Exemple: Nous aimons la plage. Nous passons des heures au bord de la mère.

Correction: mer.
Phrase correcte: Ma mère aura bientôt cinquante ans.

1. Ma ~~tente~~ habite à Trois-Rivières.
2. ''Il est grave. Il est ~~maire~~ et père de famille.'' (Verlaine)
3. Son budget est mal équilibré. Il fait mal ses ~~contes~~.
4. Il court le 500 ~~maîtres~~ en vingt secondes.
5. Je viens de m'acheter deux ~~pères~~ de chaussures.
6. Elle a cassé un ~~ver~~ en cristal.
7. Après six verres de whisky, il était complètement ~~sous~~.
8. Le matin je mange un morceau de ~~pin~~ et je bois une tasse de café.
9. Les ~~fards~~ de ma voiture ne marchent pas.
10. Je n'aime pas les oeufs à la ~~coq~~. Je préfère les oeufs brouillés.

XIV (les professions et la femme)
  Voici une liste de professions possibles pour un homme.

 A. Donnez-en le féminin, s'il y en a un.

Mon frère est acteur ⟶ Et ma soeur est actrice.
Mon frère est instituteur _____
Mon frère est professeur _____
Mon frère est infirmier _____
Mon frère est docteur _____
Mon frère est consul _____
Mon frère est ouvrier _____
Mon frère est couturier _____
Mon frère est ambassadeur _____
Mon frère est avocat _____
Mon frère est juge _____
Mon frère est agent de police _____
Mon frère est ingénieur _____
Mon frère est boulanger _____
Mon frère est directeur _____
Mon frère est maire _____

 B. Faites la liste de toutes les professions pour lesquelles il n'y a pas de forme féminine. Comment expliquez-vous qu'il n'y ait pas de féminin pour ces mots?

XV (mots dérivés)

Faites des phrases de plus de dix mots en utilisant des noms de métiers féminins dérivés des mots donnés.

  Exemple: cuisine

    Ma mère n'apprécie ni le ballet ni la musique classique, mais c'est une excellente *cuisinière.*

1. cuisine
2. ferme
3. couture
4. épices
5. charcuterie
6. pâtisserie
7. bijou
8. roman

Compositions écrites

Ecrivez une vingtaine de lignes sur un des sujets suivants.

1. Selon l'auteur de cet article '' 'la fermière' canadienne [est] parfaitement adapté à la vie moderne, . . . jouit d'une très grande liberté [et] se réserve du temps pour lire et se cultiver''. Est-ce que vous pensez que cette image représente la réalité?
2. Selon vous est-ce qu'il est facile pour une femme mariée de retourner à l'école ou à l'université? Justifiez votre point de vue.
3. Dans quelle mesure est-ce que la tradition influence encore un très grand nombre de femmes?
4. Comparez ''la'' fermière canadienne-française (telle qu'on la décrit dans cet article) à ''la'' fermière canadienne-anglaise.

Jeu: La femme et ses attributs

Remplacez les tirets par les lettres qui conviennent pour former des mots qui correspondent aux définitions données.

1. ___ ___ ___euse
2. ___ ___ ___ ___euse
3. ___ ___ ___ ___ ___ euse
4. ___ ___ ___ ___ euse
5. ___ ___ ___ ___ euse
6. ___ ___ ___ ___euse
7. ___ ___ ___ ___euse
8. ___ ___ ___ ___ ___ euse
9. ___ ___ ___ ___ ___ euse
10. ___ ___ ___ ___ ___ ___ euse

1. Elle prend les choses qui ne sont pas à elle.
2. Elle ne dit pas la vérité.
3. La chance lui sourit.(*canadien-français*)
4. Elle apprécie son bonheur.
5. Elle a peur de tout.
6. Elle est très fâchée.
7. Elle est grave, ne rit pas beaucoup, et ne prend pas de liberté avec la morale sexuelle.
8. Elle ne respecte pas les règles du jeu. (*a cheater*)
9. Elle éprouve une grande affection pour un homme.
10. Elle ennuie tout le monde. (*vulgaire*)

Trois portraits

Contenu linguistique

Premier portrait

Deuxième portrait

Troisième portrait

Premier portrait

1. Madame Jeanne Leduc: trente-trois ans, mariée depuis treize ans, mère de trois enfants.

Moi, j'me suis mariée à vingt ans. J'avais pas une grosse éducation mais je savais faire la cuisine pis tenir une maison propre. Octave pis moi, on s'aimait beaucoup. Aujourd'hui, c'est pu comme avant mais Octave c'est un bon mari. Y est ben tranquille, y court pas les autres femmes. Oh! y prend son petit coup de temps en temps mais y é ben travaillant. Y fait des bons salaires sur la construction mais c'est pas steady. On se dé-

se débrouiller: to get on, to manage

294

brouille. J'ai jamais travaillé en dehors. Octave y veut pas. Y dit qu'y est capable de me faire vivre. D'abord j'sais ben pas ce que je pourrais faire. Vendeuse peut-être comme quand j'étais fille. Mais c'est ben fatigant pis ça paye pas pour la peine. Ça fait que je suis ménagère. Ça m'occupe assez. J'arrête pas une minute excepté quand y a un bon film à la T.V.

J'ai eu mon premier bébé à vingt-deux ans. Après ça, j'en ai eu deux autres de file. Octave y est ben porté sur la chose. Moi je fais ça pour lui. C'est bon pour les hommes ça. La pilule, on prenait pas ça y a treize ans. Aujourd'hui je la prends mais j'aime pas ça: c'est défendu par le pape pis y paraît que ça donne le cancer. C'est dur d'élever des enfants. Ça arrête pas de demander. On est pas toujours d'humeur à être gentille. La seule chose c'est de les dresser mais on fait pas toujours ce qu'on veut avec les enfants. C'est ben du trouble, surtout les filles. Un garçon c'est pas pareil; y peut toujours se débrouiller mais une fille si elle se marie pas elle peut revirer mal.

Le grand rêve d'Octave, c'est de s'acheter un camp dans le nord. Moi ça me dit rien. C'est pas des vacances pour moi. Mais mon rêve c'est d'aller à Miami trois semaines toute seule avec Octave. Depuis qu'on a des enfants, on a jamais été tout seuls. C'est pas bon ça. Mais on a pas d'argent. Surtout de ce temps-ci avec tout le chômage. On est jamais tranquille, on sait jamais ce qui va arriver d'une journée à l'autre. Moi si Octave mourait, j'sais pas ce que je ferais.

ménagère *(f.):* femme qui ne travaille pas hors de la maison

de file: l'un après l'autre

être porté sur: (l'expression correcte est: **être porté à**) avoir tendance à faire (certaines choses)

dresser qn. *(fam.):* plier qn. à une discipline sévère

revirer mal *(canad.):* mal tourner, mener une vie repréhensible

chômage *(m.):* unemployment

Exploitation du texte

I (phonétique et langue parlée)

Ecoutez la bande et dites comment se prononcent les mots et les expressions suivants dans la langue parlée.

1. puis
2. ce n'est plus
3. il est capable
4. peut-être
5. il ne veut pas
6. il dit
7. je ne sais pas
8. à la télévision
9. il est bien porté
10. il y a
11. puis il paraît que

*II Dictée
  (phonétique et langue parlée)

  Ecrivez en français standard les phrases que vous entendrez.

*III Dictée
  (phonétique et langue parlée)

  Ecrivez en français standard les phrases que vous entendrez.

IV (langue familière; canadianismes)

  Le texte qui précède contient des exemples savoureux de
  langue très familière et de canadianismes. Comment Madame
  Leduc exprime-t-elle les idées suivantes?
  1. Je ne suis pas très instruite.
  2. Octave est calme. Il ne me trompe pas.
  3. Octave aime boire de temps à autre.
  4. Il travaille beaucoup.
  5. Je ne me repose jamais.
  6. Octave aime bien faire l'amour.
  7. Les enfants exigent beaucoup de choses.
  8. Les filles surtout donnent beaucoup d'ennuis.
  9. Une fille peut mal tourner.
  10. Octave rêve de s'acheter un chalet dans le nord.

  V La famille Leduc est-elle aisée? Donnez plusieurs exemples
    pour justifier votre réponse.

VI (langue familière / langue neutre)

  La voisine de Madame Leduc, Madame Leblanc, femme très
  cultivée, raconte à son mari ce qu'elle vient d'apprendre à
  propos de Madame Leduc.

  Redites le premier paragraphe dans une langue plus soutenue.

Deuxieme portrait

2. *Louise Talbot: vingt ans, célibataire, presseuse.*

J'ai commencé à travailler chez un cleaner à quinze ans. Aujourd'hui, j'sais tout faire. L'année passée y m'ont mis presseuse à \$1.10 de l'heure. C'est pas ben gros mais ça finit par faire un bon salaire quand on travaille quarante heures par semaine. A l'ouvrage, j'ai deux breaks de dix minutes pis une demi-heure pour dîner. On n'a pas de cafeteria ça fait qu'on dîne à côté des machines. L'été, c'est pas drôle; y fait ben chaud là-dedans. Moi j'sus ben tannée de travailler là. J'ai déjà vu des places pires mais là le boss y arrête pas de me pincer les fesses. Y voudrait ben mais moi j'veux pas. C'est rien qu'un gros sale pis à part ça, je me fiance à Noël. Mais je sens venir le jour où y va me slaquer si je continue à pas vouloir. Y a déjà fait ça à d'autres. On peut rien faire. Y a pas de syndicats. L'année passée, les livreurs ont voulu se syndiquer. On a pas marché parce qu'y sont venus nous chercher seulement quand y ont eu besoin de nous autres. Quand le boss l'a su y nous a dit que la première qui s'occupait du syndicat serait slaquée. Moi j'ai rien fait: y a au moins trois stools dans ma section. Les jobs sont rares pour les filles surtout quand on a pas d'instruction. Le syndicat est pas entré finalement.

J'ai ben hâte de me marier. M'as travailler encore cinq ans pis après ça m'as arrêter, pour élever ma famille. Les premiers temps, ça va être dur de travailler en dehors pis de faire le ménage à maison mais après ça . . . Dans le fond, j'sus ben chanceuse. J'connais des putains qui sont des amies des filles avec qui j'me tiens; eux autres, y ont ben mal tourné. Y faut dire que ça paye plus qu'un cleaner mais moi j'serais pas capable de faire ça. C'est pas que j'sus meilleure que les autres. Y en a qui ont de la chance, y en a qui n'en ont pas.

à l'ouvrage (m.): (canad.): au travail

tanné (canad.): fatigué

pincer: to pinch

fesse (f.): buttock

slaquer (anglicisme): renvoyer, mettre à la porte

livreur (m.): delivery man

stool (anglicisme): informateur, mouchard (stool pigeon)

putain (f.) (vulg.): prostituée

Exploitation du texte

I (anglicismes)

Redites les phrases suivantes sans utiliser d'anglicismes.
1. J'ai commencé à travailler chez un cleaner.
2. J'ai deux breaks de dix minutes.

3. Le boss n'arrête pas de me pincer les fesses.
4. La première qui s'occupe du syndicat sera slaquée.
5. Y a au moins trois stools dans ma section.
6. Je suis contente d'avoir une job.

*II Dictée
(langue neutre / langue parlée)

Ecrivez en français standard les phrases que vous entendrez.

III " . . . on dîne à côté des machines."
(français-canadien et français de France)

Les repas portent un nom différent au Canada et en France—ce
qui peut créer des malentendus fâcheux.
En France, on dit:
1. Je prends mon *petit déjeuner* à sept heures.
2. Je *déjeune* toujours au bureau.
3. Nous *dînons* vers huit heures.
4. J'aime terminer une sortie au spectacle par un bon *souper*
   vers minuit.
Au Canada, on dit:
1. Je prends mon *déjeuner* à sept heures. (ou: Je déjeune à
   sept heures.)
2. Je *dîne* toujours au bureau.
3. Nous *soupons* vers six heures.

1. Qu'est-ce qu'un Français vous dirait pour vous inviter à
   manger chez lui, le soir? Et un Canadien?
2. Qu'est-ce qu'on mange en France comme petit déjeuner?
   Et au Canada comme déjeuner?
3. A quel repas est-il fréquent de prendre de la soupe (ou du
   potage) en France? Et au Canada?

IV (français de France / français canadien)

Dites si les phrases suivantes sont en français standard ou en
français canadien. Donnez l'autre dialecte s'il y a lieu.
(Rappelez-vous que les deux dialectes ont tout de même
beaucoup d'expressions communes.)
1. A l'ouvrage, j'ai une demi-heure pour dîner.
2. L'été, c'est pas drôle.
3. Y fait ben chaud.
4. Le syndicat est pas entré finalement.

5. Je suis bien fatiguée de travailler.
6. On a pas marché.
7. J'ai ben hâte de me marier.
8. M'as travailler encore cinq ans.
9. J'serais pas capable de faire ça.
10. J'ai de la chance.
11. Y sont venus nous chercher seulement quand y ont eu besoin de nous autres.
12. Ça va être dur de travailler en dehors.
13. Eux autres, y ont bien mal tourné.

V Résumez les problèmes auxquels Louise Talbot doit faire face. Ces problèmes sont-ils liés à sa condition sociale ou à sa condition de femme?

Troisième portrait

3. Madame Angèle Laforêt: vingt-huit ans, mariée, sans enfants, travailleuse sociale.

Je fais un travail que j'aime. J'aurais voulu devenir psychanaliste mais on m'y a découragée. Les études sont longues, il faut constamment se recycler, bref, c'est une profession très difficile pour une femme. Il faut renoncer à trop de choses. Moi je voulais concilier ma profession et la vie familiale. Etant travailleuse sociale, c'est plus facile d'y arriver. D'autant plus que je reste près du milieu de la psychanalyse. A l'hôpital où je travaille, je fais le triage des cas pour les psychanalistes. Ce sont tous des hommes très bien et très compétents. Je fais un bon salaire et j'ai des chances d'avancement bien que je ne puisse espérer prendre la direction du service. La gérance de l'hôpital préfère que ce soit un homme qui s'en occupe car l'emploi est surtout de type administratif.

Je me suis mariée, il y a trois ans. Hugues est médecin et c'est un homme très compréhensif. Parfois, quand il a le temps, il m'aide à faire le souper. Il comprend que cette tâche n'est pas réservée uniquement aux femmes. D'ailleurs, il aime ça faire la cuisine. Pour le reste des travaux domestiques, je m'en occupe. Il ne faut toujours pas trop lui en demander. Mais comme après ma journée de travail, je suis presque aussi fatiguée que lui, je me suis permise d'engager à mes frais une femme de ménage. Tout va donc pour le mieux et d'ici un an ou deux je prévois avoir un enfant. Ce qui ne m'empêchera pas de retourner au travail même si cela m'occasionne des frais de gardienne. Une femme doit travailler même si ce n'est pas toujours facile.

Hugues et moi formons un couple stable. Nous avons eu des relations sexuelles avant de nous marier. Je pense que c'est essentiel de se bien connaître quand on doit passer toute sa vie avec la même personne.

Les trois portraits sont extraits du *Manifeste des femmes québécoises*, L'Etincelle, 1971.

renoncer (à): *to give up*

faire le triage: faire le choix

gérance *(f.): management*

tâche *(f.): travail*

femme *(f.):* **de ménage:** *cleaning lady*
prévoir: *to foresee*
occasionner: *to bring about*
frais *(m.): expense*
gardienne *(f.): baby-sitter*

Exploitation du texte

*I Répondez aux questions suivantes en imitant le plus possible la réponse que vous entendrez.

1. Pourquoi a-t-on découragé Mme Laforêt de poursuivre des études de psychanalyse?
   Etudes / longues. / Recycler. / Renoncer / choses.

2. Mme Laforêt est-elle satisfaite de sa profession?
   Oui / milieu / psychanalyse. / Faire / triage / cas.

3. Pourquoi Mme Laforêt ne peut-elle pas espérer prendre la direction du service?
   Gérance / hôpital / préférer / homme / s'occuper / emploi / administratif.

4. Est-ce que son mari l'aide à faire la cuisine?
   Oui. / Comprendre / tâche / pas réservée / femmes.

5. Est-ce qu'elle restera à la maison quand elle aura des enfants?
   Non. / Pas empêcher / travail / même si / occasionner / frais / femme / ménage / gardienne.

6. Pourquoi a-t-elle eu des relations sexuelles avec son futur mari avant son mariage?
   Penser / essentiel / connaître / avant / passer / vie / même / personne.

II Quel est le niveau de langue de ce passage? Justifiez votre réponse à l'aide de quatre ou cinq exemples.

III Mme Leduc et Mme Laforêt parlent toutes les deux de leur mari et de leur couple. Comparez ce qu'elles disent de chacun de ces sujets.

La Corriveau

Contenu linguistique

— Si vous vouliez me le permettre, mes jeunes messieurs, je vous conterais ce qui est arrivé à mon défunt père, qui est mort.

défunt: mort

— Oh! conte-nous cela, José; conte-nous ce qui est arrivé à ton défunt père, qui est mort, s'écria Jules, en accentuant fortement les trois derniers mots.

— Oui, mon cher José, dit de Locheill, faites-nous donc ce plaisir.

— Ça m'est pas mal difficile, reprit José, car, voyez-vous, je n'ai pas le bel accent, ni la belle voix du cher défunt. Quand il nous contait ses aventures dans les veillées, tout le corps nous

veillée *(f.)*
(canad.):
soirée

302

en frissonnait comme des fiévreux, que ça faisait plaisir à voir; mais, enfin, je ferai de mon mieux pour vous contenter.

Un jour, mon défunt père, qui est mort, avait laissé la ville pas mal tard, pour s'en retourner chez nous. Il avait passé la soirée à boire avec ses connaissances de la Pointe-Lévis. Il aimait un peu la goutte, le brave et honnête homme! et il portait toujours, quand il voyageait, un flacon d'eau-de-vie dans son sac; il disait que c'était le lait des vieillards.

Quand mon défunt père voulut partir, il faisait tout à fait nuit. Ses amis firent alors tout leur possible pour le garder à coucher, en lui disant qu'il allait bien vite passer tout seul devant la cage de fer où la Corriveau faisait sa pénitence, pour avoir tué son mari. Elle était bien tranquille dans sa cage, la méchante bête, avec son crâne sans yeux; mais ne vous y fiez pas; c'est une sournoise, allez! si elle ne voit pas le jour, elle sait bien trouver son chemin la nuit pour tourmenter le pauvre monde.

Mon défunt père, qui était brave comme l'épée de son capitaine, leur dit qu'il ne s'en souciait guère; qu'il ne lui devait rien à la Corriveau; et un tas d'autres raisons que j'ai oubliées. Il donne un coup de fouet à son cheval, qui allait comme le vent, la fine bête! et le voilà parti.

Quand il passa près du squelette, il lui sembla bien entendre un bruit comme qui dirait une plainte; mais comme il ventait beaucoup il crut que c'était le vent qui sifflait dans les os du cadavre. Ça le tourmentait et il prit un bon coup, pour se réconforter. Tout bien considéré, à ce qu'il se dit, il faut s'entr'aider entre chrétiens: peut-être que la pauvre femme demande des prières. Il ôte donc son bonnet, et récite dévotement un *déprofundi* à son intention; pensant que, si ça ne lui faisait pas de bien, ça ne lui ferait pas de mal, et que lui, toujours, s'en trouverait mieux.

Il continua donc à aller vite; ce qui ne l'empêchait pas d'entendre derrière lui, tic tac, tic tac, comme si un morceau de fer eût frappé sur des cailloux. Il crut que c'était quelques fers de sa charrette qui étaient décloués. Il descend donc de voiture; mais tout était en règle. Un petit bout de temps après, il entend encore tic tac sur les cailloux. Comme il était brave, il n'y fit pas grande attention.

Arrivé sur les hauteurs de Saint-Michel, l'endormitoire le prit. Après tout, ce que se dit mon défunt père, un homme n'est pas un chien! faisons un somme; mon cheval et moi nous nous en trouverons mieux.

Il lui sembla, cependant, tout à coup, que l'île d'Orléans était tout en feu. Il saute un fossé, s'appuie sur une clôture, ouvre de grands yeux, regarde, regarde . . . Il vit à la fin que des flammes dansaient le long de la grève. Le défunt père, tout brave qu'il était, avait une si fichue peur, que l'eau lui coulait par le bout du nez. Il était là, le cher homme, les yeux plus grands que la tête, sans oser bouger. Il lui sembla bien qu'il entendait derrière lui le tic tac qu'il avait déjà entendu plusieurs fois pendant sa route; mais il avait trop à faire par-devant pour s'occuper de ce qui se passait derrière lui. Tout à coup, au moment où il s'y attendait le moins, il sent deux grandes mains sèches, comme des griffes d'ours, qui lui serrent les épaules: il se retourne tout effrayé, et se trouve face à face avec la Corriveau, qui s'accrochait à lui. Elle avait passé les mains à travers les barreaux de sa cage de fer, et s'efforçait de lui monter sur le dos; mais la cage était trop lourde, et à chaque élan qu'elle prenait, elle retombait à terre, sans lâcher pourtant les épaules de mon pauvre défunt père, qui pliait sous le grand poids. Mon pauvre défunt père était si saisi d'horreur, qu'on aurait entendu l'eau qui lui coulait de la tête tomber sur la clôture.

    — Mon cher François, dit la Corriveau, fais-moi le plaisir de me mener danser avec mes amis de l'île d'Orléans.

    — Ah! satanée bigre de chienne! cria mon défunt père; c'était le seul jurement dont il usait, le saint homme, et encore dans les moments très difficiles.

    — Satanée bigre de chienne, est-ce pour me remercier de mon *déprofundi* et de mes autres bonnes prières que tu veux me mener au sabbat? Je pensais bien que tu en avais, au moins, pour trois à quatre mille ans dans le purgatoire pour ces mauvaises actions. Tu n'avais tué que deux maris: c'était trop peu! (aussi ça me faisait encore de la peine, à moi qui ai toujours eu le coeur tendre pour cette femme, et je me suis dit: Il faut lui donner un coup d'épaule); et c'est là ton remerciement, que tu veux monter sur mes épaules, pour me traîner en enfer comme un hérétique!

    — Mon cher François, dit la Corriveau, mène-moi danser avec mes bons amis; et elle cognait sa tête sur celle de mon défunt père, que le crâne lui résonnait comme un sac plein de cailloux.

    — Tu peux être sûre, dit mon père, satanée bigre de fille de Judas l'Escariot, que je vais te servir de bête de somme pour te mener danser au sabbat avec tes jolis mignons d'amis!

    — Mon cher François, répondit la sorcière, il m'est impossible

fossé: (m.): ditch

clôture (f.): . fence

grève (f.):bank

une si fichue peur (fam.): une si grande peur

griffe (f.): claw

s'efforcer: essayer

prendre son élan: to take off (for a spring)

lâcher: to let go

jurement (m.): action de jurer

sabbat (m.): assemblée nocturne et bruyante de sorciers

traîner: to drag

enfer (m.): hell

cogner: frapper

bête (f.) de **somme:** animal that carries heavy burdens

mignon: cute

"... la Corriveau s'efforçait de lui monter sur le dos; mais la cage était trop lourde..."

bénit: *blessed*

de passer le Saint-Laurent, qui est un fleuve bénit, sans le secours d'un chrétien.

— Passe comme tu pourras, satanée pendue, que lui dit mon défunt père; passe comme tu pourras: chacun son problème.

tambour-major *(m.):* celui qui commande et dirige les tambours (drums) d'un régiment

marmite *(f.):* pot, pan

ébranler: faire trembler, secouer

Le tambour-major cesse enfin tout à coup de battre la mesure sur sa grosse marmite. Tous les sorciers s'arrêtent et poussent trois cris, trois hurlements, comme font d'ordinaire les sauvages avant les expéditions guerrières. L'île en est ébranlée jusque dans ses fondations.

Mon pauvre défunt père crut que c'était, pour le moins, la fin du monde et le jugement dernier.

tonnerre *(m.):* *thunder*

Le géant sorcier frappe trois coups; et le plus grand silence succède à ce bruit infernal. Il lève le bras du côté de mon défunt père, et lui crie d'une voix de tonnerre: Veux-tu bien te dépêcher, chien de chrétien, de faire traverser notre amie? Nous n'avons plus que quatorze mille quatre cents rondes à faire autour de l'île avant le chant du coq.

— Va-t'en à tous les diables d'où tu sors, toi et les tiens, lui cria mon défunt père, perdant toute patience.

— Allons, mon cher François, dit la Corriveau, un peu de bonne volonté, tu fais l'enfant pour un rien; tu vois pourtant que le temps presse: voyons, mon fils, un petit coup de collier.

donner un coup de collier: faire un effort énergique mais momentané

collier (m.): necklace

— Non, non, fille de satan! dit mon défunt père. Je voudrais bien que tu l'eusses encore le beau collier que le bourreau t'a passé autour du cou, il y a deux ans: tu ne parlerais pas autant.

bourreau (m.): executioner

Pendant ce dialogue, les sorciers de l'Ile reprenaient leur refrain:

> Dansons à l'entour,
> Toure-Loure
> Dansons à l'entour.

— Mon cher François, dit la sorcière, si tu refuses de m'y mener vivant je vais t'étrangler; je monterai sur ton âme et je me rendrai au sabbat. En disant cela, elle le saisit à la gorge et l'étrangle.

étrangler: to strangle

âme (f.): soul

— Comment, dirent les jeunes gens, elle étrangla votre pauvre défunt père?

— Quand je dis étranglé, il l'était presque, le cher homme, reprit José, car il perdit tout à fait connaissance.

perdre connaissance (f.): to faint

Lorsqu'il revint à lui, il entendit un petit oiseau qui criait: *qué-tu?*

revenir à soi: to recover consciousness

— Ah! ça! dit mon défunt père, je ne suis donc pas en enfer, puisque j'entends les oiseaux du bon Dieu! Il ouvre un oeil, puis un autre, et voit qu'il fait grand jour; le soleil lui brillait sur le visage.

Le petit oiseau, perché sur une branche voisine, criait toujours: *qué-tu?*

— Mon cher petit enfant, dit mon défunt père, il m'est malaisé de répondre à ta question, car je ne sais trop qui je suis ce matin: hier encore je me croyais un brave et honnête homme craignant Dieu; mais j'ai eu tant d'aventures cette nuit, que je ne saurais assurer si c'est bien moi, François Dubé, qui suis ici présent en corps et en âme. Et puis il se mit à chanter, le cher homme:

malaisé: difficile

craindre: avoir peur (de)

> Dansons à l'entour,
> Toure-Loure;
> Dansons à l'entour.

Il était encore à moitié ensorcelé. A la fin il s'aperçut qu'il était couché de tout son long dans un fossé où il y avait heureu-

ensorceler: to cast a spell

vase *(f.): mud*

muni: équipé

trépasser *(litt.):* mourir

orignal *(m.): moose*

bernique: interjection exprimant la déception

en confidence: secrètement

atteler: *to harness*

avoir connaissance (de): *to be aware (of)*

à ce qu'il paraît: *so they say; so it seems*

sement plus de vase que d'eau, car sans cela mon pauvre défunt père, qui est mort comme un saint, entouré de tous ses parents et amis, et muni de tous les sacrements de l'Eglise, sans en manquer un, aurait trépassé sans confession, comme un orignal au fond des bois. Quand il sortit du fossé où il était, le premier objet qu'il vit fut son flacon près du fossé; ça lui redonna un peu de courage. Il étendit la main pour prendre un coup; mais, bernique! il était vide! la sorcière avait tout bu.

— Mon cher José, dit de Locheill, je ne suis pourtant pas plus peureux qu'un autre; mais si une pareille aventure m'était arrivée, je n'aurais jamais voyagé seul de nuit.

— Ni moi non plus, interrompit d'Haberville.

— A vous dire le vrai, mes messieurs, dit José, puisque vous avez tant d'esprit, je vous dirai en confidence que mon défunt père, qui, avant cette aventure, aurait été dans un cimetière en plein coeur de minuit, n'était plus si brave après cela; car il n'osait aller seul dans l'étable après soleil couché.

— Il avait raison; mais termine ton histoire, dit Jules.

— Elle est déjà finie, reprit José; mon défunt père attela son cheval, qui n'avait eu connaissance de rien, à ce qu'il paraît, la pauvre bête, et prit au plus vite le chemin de la maison: ce ne fut que quinze jours après qu'il nous raconta son aventure.

Philippe Aubert de Gaspé, *Les anciens Canadiens*, Tome I, Augustin Côté et Cie, Québec, 1877.

Exploitation du texte

I Répondez aux questions suivantes.
1. La Corriveau est un personnage très célèbre dans le folklore canadien-français. Trouvez le plus de détails possibles sur la Corriveau.

2. Comment savons-nous que le père de José aimait bien ''la goutte''?

3. D'après vous, quel est le but principal du *De Profundis* récité par le père?
4. Trouvez dans le texte toutes les expressions qui décrivent la peur du père.
5. Pourquoi le grand sorcier est-il pressé de voir arriver la Corriveau?
6. Comment le père sait-il qu'il n'est pas en enfer?
7. Quel effet est-ce que cette aventure a eu sur le père?
8. Quels sont les sentiments que José éprouve pour son père? Justifiez votre réponse en vous appuyant sur le texte.
9. A votre avis, est-ce que l'aventure du père est réelle ou imaginaire? Justifiez votre interprétation à l'aide du texte.
10. On trouve dans les verbes du récit de José un passage inhabituel du passé au présent et vice-versa. Comment expliquez-vous ce fait?
(*Exemple*: Ça le *tourmentait* et il *prit* un bon coup . . . Il *ôte* donc son bonnet, et *récite* . . .)

*II (phonétique: la diphtongaison en franco-canadien)

Rappel:

En franco-canadien, il arrive qu'on diphtongue les voyelles longues suivies d'une consonne prononcée. Comparez la prononciation des phrases suivantes dites par une Canadienne-française et une Française:

1. Mon défunt père qui est mort voulut partir.
2. Elle tourmente le pauvre monde.
3. Mon père était brave comme l'épée de son capitaine.
4. Peut-être que la pauvre femme demande des prières.
5. Des griffes d'ours lui serrent les épaules.
6. Elle était montée dans sa cage de fer.
7. Cette nation d'humeur morose utilise des jurons formidables.
8. La pauvre bête n'avait eu connaissance de rien.

*III (phonétique: diphtongaison en franco-canadien)

Identifiez l'accent des personnes qui lisent les phrases suivantes.
1. C'est une vraie misère.
2. Que faites-vous, vous autres?
3. Veux-tu fermer la fenêtre!

4. Maudite femme!
5. Peut-être qu'il verra Hubert.

*IV (phonétique: [i], [y], [u])

Lisez à haute voix les phrases suivantes. (Attention: arrondissez bien les lèvres pour [y] et [u])

1. Si vous le voulez, je vous dirai une aventure.
2. Ses amis firent tout leur possible pour le garder à coucher.
3. C'est une sournoise! Si elle ne voit pas le jour, elle sait bien trouver son chemin la nuit pour tourmenter le pauvre monde.
4. Comme il ventait beaucoup il crut que c'était le vent qui sifflait.
5. Ça le tourmentait et il prit un bon coup pour se réconforter.
6. Il entendit derrière lui tic tac, tic tac, comme si un morceau de fer eût frappé sur des cailloux.
7. Il avait une si fichue peur que l'eau lui coulait par le bout du nez.
8. Dansons à l'entour,
   Toure-Loure;
   Dansons à l'entour.
9. Il est mort entouré de tous ses parents et amis, et muni de tous les sacrements de l'Eglise.
10. Ce ne fut que quinze jours après qu'il nous raconta son aventure.

V Trouvez dans le texte les expressions utilisées pour communiquer la même idée que les mots en italique.

1. Il m'est difficile de raconter cette histoire parce que je n'ai pas la belle voix du mort.
2. Il a quitté la ville assez tard.
3. Mon père aimait boire de l'eau-de-vie.
4. La Corriveau ennuie les gens.
5. Il enlève son bonnet.
6. Tout était comme il fallait.
7. Il eut sommeil.
8. Mon père a eu une très grande peur.
9. Elle tapait sa tête sur celle de mon père.
10. L'île est secouée par ces cris.
11. Le sorcier dit, d'une voix très puissante.

12. Nous avons peu de temps avant *le lever du jour.*
13. Tu fais l'enfant pour *très peu de choses.*
14. Mon père aurait été dans un cimetière *en pleine nuit.*

VI *''Il faut lui donner un coup d'épaule''*
   (un coup de + une partie du corps)

   Imaginez une situation dans laquelle on pourrait utiliser chacune des phrases suivantes.
   1. Il m'a donné un coup de main.
   2. Allons! un dernier coup de collier.
   3. Donne-lui un coup de pied.
   4. Elle lui a donné des coups de poing au visage.
   5. Je vais jeter un coup d'oeil sur ce qu'ils font.
   6. C'est un vrai coup de tête.
   7. Son oncle lui a donné un coup de pouce.
   8. Je lui ai donné des coups de coude, mais en vain.

VII *'' . . . pour me traîner en enfer comme un hérétique!''*
   (mots liés à la religion)

   L'Eglise catholique a exercé une influence considérable dans la vie des Canadiens-français. Relevez dans le texte tous les exemples qui prouvent que la religion catholique joue un rôle très important dans la vie des personnages de ce conte. Faites également la liste de tous les mots et expressions du texte qui ont trait à la religion.

VIII *(traduction)*

   Traduisez en français.
   1. I'll tell you what happened to my father.
   2. He had spent the evening drinking with his friends.
   3. When he travelled, he always carried a bottle of brandy.
   4. His friends did their best to make him stay overnight.
   5. When he walked near the corpse, he thought he heard some noise.
   6. The old man was standing there, without moving.
   7. The witch had drunk everything.
   8. If such a thing had happened to me, I would never have travelled alone at night.
   9. ''He was right; but finish your story,''Jules said.

IX " . . . le corps nous en frissonnait comme des fiévreux . . . "
   (la comparaison)

Rappel:

La comparaison est un procédé stylistique dont on use —et abuse —souvent, tant dans la langue littéraire que dans la langue familière. La comparaison contribue souvent au style imagé des conteurs.

Complétez les phrases suivantes en utilisant des comparaisons prises dans le texte.
   1. Mon défunt père était brave_____.
   2. Il sent deux grandes mains sèches_____.
   3. Tu veux me traîner en enfer_____.
   4. Le crâne lui résonnait_____.
   5. Ils poussent trois hurlements_____.
   6. Mon père est mort_____.
   7. Mon père aurait trépassé sans confession_____.

X " . . . je vous conterais ce qui est arrivé à mon défunt père, qui est mort."
   (l'art du conte populaire)

Rappel:

Parmi les nombreux procédés utilisés par les conteurs de légendes populaires, on peut citer:

   A. Le pléonasme. *Exemple:* "mon *défunt* père *qui est mort.*"

   B. L'exagération. *Exemple:* "Mon pauvre défunt père était si saisi d'horreur, *qu'on aurait entendu l'eau qui lui coulait de la tête tomber sur la clôture.*"

   C. L'utilisation abondante d'adjectifs, de détails surajoutés, etc., pour décrire des personnages ou des faits.

   Exemple: "Il attela son cheval, *qui n'avait eu connaissance de rien, à ce qu'il paraît, la pauvre bête . . . "*

   D. La répétition à intervalles plus ou moins longs des mêmes mots ou des mêmes thèmes.

   Exemple: "Mon défunt père . . . "

A. *Trouvez dans le texte au moins quatre exemples d'exagération.*

B. *Faites la liste de tous les adjectifs (ou expressions adjectivales) utilisés pour décrire:*
   1) *le père*
   2) *la Corriveau*

Combien de fois chacune de ces expressions est-elle utilisée?

*XI *Répondez aux questions suivantes en utilisant les indications données et en imitant la réponse que vous entendrez.*
   1. Voulez-vous que je vous raconte cette histoire?
      Oui / raconter / arriver / défunt / père.
   2. Est-ce que ton père aimait boire?
      Oui / porter *(imparfait)* / quand / voyager / eau de vie / sac; / il / dire / lait / vieillards.
   3. Est-ce que ses amis l'ont laissé partir?
      Oui, mais / faire / possible / garder / coucher.
   4. Pourquoi le père a-t-il dit un *déprofundi* ?
      Il / penser *(passé composé)* / ne pas faire / bien / Corriveau / ne pas faire / mal / et / lui / trouver / mieux.
   5. Qu'est-ce que le père a pensé quand il a entendu tic tac derrière lui?
      Croire *(passé composé)* / fers / charrette / décloués.
   6. Est-ce que votre père a eu peur quand il a vu les flammes danser le long de la grève?
      Oui / père / être brave / si peur / eau / couler / nez.
   7. Que faisait la Corriveau derrière le père?
      Elle / passer *(plus-que-parfait)* / mains / travers / barreaux / cage / et / s'efforcer *(imparfait)* / monter / dos.
   8. Pourquoi est-ce que la Corriveau avait besoin de l'aide du père de José?
      Ne pas passer / Saint-Laurent / bénit / secours / chrétien.
   9. Comment est-ce que le père est mort?
      Mourir / lit / saint / entourer / parents / amis / munir / sacrements / église / manquer / un.
   10. Qu'est-ce que le père a fait à la fin de l'histoire?
      Atteler *(passé composé)* / cheval / avoir connaissance / rien / et / prendre / vite / chemin / retour.

Jeu: Célébrités féminines

Chaque étudiant apporte une photo de femme célèbre et l'épingle dans le dos d'un(e) camarade sans la lui montrer. Le jeu consiste alors à poser des questions (pas plus de trois au même étudiant) pour trouver le nom de la personne qu'on ''porte'' sur le dos. Le gagnant est celui qui trouve le premier, mais le jeu continue jusqu'à ce que chaque étudiant ait trouvé la réponse.

Quand les vautours . . .

Contenu linguistique

Suzanne Bernard est une Québécoise qui s'est mariée à un médecin habitant l'Equateur et qui est allée vivre avec son mari dans ce pays. Son mari était opposé au gouvernement du pays et réclamait des réformes sociales . . . Suzanne Bernard a été arrêtée le même jour que son mari, et elle a été envoyée en prison où elle a passé plusieurs mois.

réclamer: demander, exiger

   Dans son livre *Quand les vautours* . . elle décrit ce qui se passe dans les prisons de l'Equateur.

vautour *(m.):* *vulture*

L'interrogatoire. Soixante-douze heures de clarté artificielle.

   Cinq représentants de la "démocratie" m'examinent attentivement. Parmi eux, le directeur de la Seguridad politica, homme corpulent, avide, primaire. D'un ton glacial, il me dit: ''On va te sécher le cerveau.''

A une distance de deux mètres, un projecteur allumé est dirigé en plein sur mon visage. L'intensité de la lumière—200 watts au moins—m'empêche dès lors de distinguer mes interlocuteurs.

Je réfléchis.

Ils veulent m'intimider, c'est évident. La lumière peut à la longue affaiblir ma vue, la chaleur, me brûler la peau; mais de là à détériorer la mécanique cérébrale, il y a un pas de géant. Savent-ils que je suis infirmière? Je demeure impassible.

Faire une étude rationnelle de chaque menace entendue me paraît d'une importance capitale. Si on se laisse envahir par la crainte, l'insécurité s'installe, des erreurs s'ensuivent, un cercle vicieux s'établit.

Le régime de répression engendre la peur, puis la terreur. Ensuite, il les exploite. C'est une tactique grossière, mais psychologiquement efficace. Incapable de satisfaire par des modifications sociales appropriées les besoins naturels et immédiats des citoyens, on en fait des autruches. Affolées devant le déploiement de force et de violence, les masses illettrées s'enfouissent la tête dans les sables mouvants du régime en décomposition. Passivité, abrutissement, inconscience.

L'effet est identique sur l'individu. Durant la matinée, j'ai observé attentivement les prisonniers interrogés. Troublés par les menaces, ils perdent progressivement la vision globale de leur situation critique. La peur engendre l'erreur, et celle-ci accroît à son tour la peur. Chaque instant compte: il conduit au gouffre ou à la lumière.

On m'installe des menottes, les mains derrière le dos, puis des bandes de sparadrap sur le visage, les unes tirant les paupières supérieures vers le front, les autres les paupières inférieures vers les joues. Durant plusieurs heures, je suis abandonné au projecteur et à mes pensées. La réflexion m'incite à prévoir toutes les issues possibles à ma situation présente.

J'éprouve le besoin de me concentrer sur des thèmes mentalement sains et apaisants. J'explore ma mémoire. Il me vient à l'esprit des vers de Pablo Neruda, le grand poète chilien, dont les poèmes d'amour ont rempli toute une époque de ma vie affective . . .

Où est mon mari? Personne ne m'en parle, et je ne l'ai pas revu. Mon ignorance à son sujet me glace. Je me sens défaillir, pourtant il me faut doser mes efforts pour ne pas m'épuiser.

La chaleur du projecteur accroît ma fatigue. La lumière trop violente heurte mes pensées. Mes lèvres s'assèchent. L'immobilité de ma position m'entraîne dans des rêveries impuissantes, incohérentes. Pour en sortir, j'essaie de faire des choix appropriés. Une marche dans un parc, l'odeur d'une fleur, le vent qui agite le feuillage. Le passé offre une source inépuisable. L'avenir, par contre, se perd dans une immensité brumeuse.

Quelqu'un interrompt mon soliloque. On m'appelle la gringa. Je rectifie. Je ne suis pas une gringa. Ma langue, c'est le français. Pour eux, c'est la même chose: je suis étrangère de toute façon. Ils ne devinent pas leur bassesse. Moi, je la mesure avec précision. Cet élément agit en ma faveur.

Au bout d'un temps indéfini, les accusateurs entrent. Ils interrogent, discutent, sortent, se remplacent, s'impatientent et crachent sur le sol.

Un capitaine en uniforme me lance un coup de botte sur le pied. Parle, dit-il. Enfin, j'ouvre la bouche: ''N'avez-vous pas honte de frapper une femme attachée? Oserez-vous répéter votre geste?'' Ce n'est pas ce qu'ils attendaient de moi, mais c'est tout ce que j'ai à dire.

Un agent s'approche. Il brandit la casquette de mon mari. Ils l'ont sûrement prise sur le bureau, dans notre appartement. Il la secoue violemment, hystériquement, comme si c'était un trophée. Son comportement est une énigme et me rend inquiète à mourir.

Puis ils s'énervent. Je me réfugie en moi-même: je ne suis pas communicative de nature. A certains moments, ils sont pris de panique. Pourquoi se mettent-ils ainsi en colère? C'est pourtant moi la détenue. J'en déduis que c'est l'effet de la crainte devant la logique révolutionnaire.

Ils répètent constamment les mêmes questions. ''Où est ton mari? Quelles sont vos opinions politiques?'' On dirait qu'ils sont branchés sur la même longueur d'ondes que la Gendarmerie royale du Canada. Quelle coïncidence!

En janvier 1970, j'étais arrivée d'urgence à Québec, deux semaines après la mort de mon père. Ma mère avait été malade et venait de quitter l'hôpital. Le surlendemain de mon arrivée, au téléphone, un agent, le caporal Hubert Lamarre, m'annonce sa visite. Je lui explique mon deuil récent, l'état de santé de ma

défaillir: perdre ses forces, perdre connaissance
s'épuiser: s'affaiblir complètement
heurter: frapper

brumeux: foggy

gringa (f.): nom donné aux Américaines par les habitants de l'Amérique Centrale et de l'Amérique du Sud

brandir: agiter avec force

détenu (m.): prisonnier

branché: plugged
longueur (f.) **d'onde:** (f.): wave-length

deuil (m.): mourning

mère. Il insiste. Quelques jours plus tard, ils viennent à deux me poser, durant plus de trois heures, les mêmes questions que me poseront les policiers équatoriens. Ils me parlent alors de la liberté d'expression, de la démocratie. Pour se convaincre ou me convaincre? Je dois les interrompre pour servir le dîner à maman. Ils s'intéressent en particulier aux activités de mon mari, chez lui, en Amérique latine. Je me demande en quoi ceci peut préoccuper les autorités canadiennes. Certains appellent cela de la complicité continentale: en fait, les ordres établis sont solidaires. Une semaine plus tard, je passais deux heures au bureau de la Gendarmerie royale du Canada, sur la Grande-Allée, à Québec. Les mêmes agents avaient cette fois un énorme dossier devant eux. On m'a classée ''uncooperative'', paraît-il.

J'admets volontiers qu'ils me disaient ''vous'', que je n'avais pas de sparadrap sur les paupières et qu'ils ne crachaient pas sur le tapis. Au Québec, les méthodes policières sont encore marquées d'un certain vernis de civilisation. Mais il ne faut pas oublier que c'était au début de l'année 1970, en janvier plus précisément.

La lumière m'éblouit. La chaleur s'intensifie. Je suis affreusement lasse. Graduellement le projecteur est rapproché à environ un mètre. Ne pouvant satisfaire ni ma faim, ni ma soif, j'apprends à les ignorer.

Je voudrais pouvoir faire ma toilette. Malheureusement je n'ai pas le choix, je suis à leur merci et l'agressivité de mes bourreaux me convainc que je n'ai rien d'humain à espérer d'eux.

De l'autre côté du demi-mur, la lumière m'annonce l'approche de la nuit.

Les menottes sont changées pour d'autres, différentes. Plus lourdes, elles sont reliées par une courte chaîne. Une menotte pour les deux mains et l'autre attachée au pied du tabouret. La pression exercée sur les poignets comprime les nerfs, ce qui provoque la perte progressive de la sensibilité des doigts, puis des mains.

Pour ces gens habitués à lire la peur dans le regard des torturés, mon calme semble inadmissible. Leurs paroles dénotent la haine qu'ils éprouvent. Haine de quoi au juste? Le savent-ils seulement?

Très tard, dans la nuit, on vient me chercher. Je sors trop rapidement de la pièce, les sparadraps sur le visage. Un

cracher: *to spit*

vernis *(m.):* apparence

éblouir: *to dazzle*
las: fatigué

bourreau *(m.):* homme qui torture

tabouret *(m.):* stool

haine *(f.):* hatred

prisonnier, à l'interrogatoire dans le bureau voisin, me dévisage, visiblement impressionné par mon triste aspect. Mécontent de l'incident, l'agent me rappelle. Les témoins oculaires des mauvais traitements infligés aux prisonniers sont gênants. Néanmoins, j'ai un bleu gros comme un oeuf sur la main gauche.

A la sortie, on m'oblige à me couvrir la tête de mon poncho. "Vous pourriez prendre froid," dit quelqu'un. L'intention est peut-être bonne, mais cette soudaine délicatesse, après douze heures sous le projecteur, m'irrite beaucoup . . . Une camionnette me conduit dans la nuit silencieuse, belle et glaciale . . .

Le quartier général de la police . . . Sans autre préambule, on nous dit: "Vous êtes ici pour l'identification d'un cadavre."

Nous sommes entraînés dans la pièce voisine, la morgue de la police. Sur une des tables, mon mari repose dans son sang, inerte, les vêtements rougis, déchirés. Je suis glacée d'effroi.

Tout s'arrête en moi et je regarde sans voir. Pétrifiée, je reste là, comme une statue, la mort dans l'âme, devant cet être incomparable qui fut l'admiration de toute ma vie. Courage, dignité, austérité. Je voudrais rompre ce silence et crier "assassins", mais je n'ai même pas la force de bouger un seul doigt. Je ne peux pas me donner en spectacle à ces gens. Comme une automate, je sors en suivant le groupe. Et je répète non, non, non.

. . . Je retourne à la morgue pour l'identification. Telle une enfant qui vient de tout perdre d'un seul coup, silencieusement, je pleure toutes mes larmes.

De retour dans le bureau, assise sur un coin de canapé, je me sens perdue. Je n'attends plus rien. Un étudiant me donne des cigarettes; un agent me donne un mouchoir. Je reniflais dans mon chemisier. Gardez-le, dit-il. Jamais je n'oublierai le timbre de sa voix.

Les événements se précipitent, me bousculent. Quelqu'un lit à haute voix des formules que je signe comme une automate. On me promet d'avertir la famille: un télégramme qui ne partira jamais. Une espèce de commerçant exige 2,500 sucres pour un cercueil, sinon c'est la fosse commune, dit-il. Comment discuter? Je n'ai rien. Je suis détenue, isolée, sans un sou sur moi et sans famille dans ce pays. D'un tiroir, un agent sort une bouteille d'alcool. Le froissement des papiers est remplacé par le bruit des verres. Un toast est porté par le directeur. Fanatiques, ils fêtent une victoire. Ces salauds oublient qu'à quelques pas le corps

dévisager: *to stare at (s.o.)*

témoin *(m.)* **oculaire:** *eye witness*

bleu *(m.):* *bruise*

cadavre *(m.):* corps sans vie; mort

effroi *(m.):* grande peur

se donner en spectacle: *to make an exhibition of oneself*

renifler: *to sniff*

chemisier *(m.)* corsage, blouse de femme

timbre *(m.):* son

avertir: informer

sucre *(m.):* monnaie de l'Equateur

cercueil *(m.):* *coffin*

fosse *(f.)* **commune:** trou où l'on place les morts pauvres

froissement *(m.):* *crumpling*

salaud *(m.) (pop.):* *son of a bitch*

d'un grand homme, qui a mis toute son existence au service de sa patrie, baigne dans son sang.

Durant vingt heures, on m'a soigneusement caché la mort de mon mari. Maintenant, on vient de me la lancer au visage, brutalement, tout d'un coup. Cela fait partie de la technique tortionnaire: il s'agit de détruire, moralement, physiquement, psychologiquement. Tous les moyens sont bons.

De nouveau sous le projecteur, je m'efforce d'exister. Un gardien dans son coin somnole. Toutes mes fonctions organiques sont paralysées. Ni faim, ni soif, ni fatigue. Je suis à bout. Les menottes m'empêchent d'essuyer les larmes qui glissent sur mes joues. S'il n'y avait mes lèvres asséchées, mon nez irrité, la chaleur de cette lumière aveuglante, je douterais de mon existence. Je doute que je vis encore . . .

Je voudrais reconstituer les faits des vingt-quatre dernières heures, mais je n'y parviens même pas. Et je pense à mon amour des quatre saisons. Mon amour au goût d'éternité. Et je n'entends que les cris désespérés des suppliciés, des appels déchirants, sans écho, qui percent le silence noir, sans lune. Ils crient pour eux, pour moi, pour tous ceux qui ne reverront jamais la lumière des jours.

Toutes les nuits, j'entendrai ces mêmes appels intermittents que l'épuisement éteint progressivement. J'ai l'impression qu'on tape sur toutes mes fibres nerveuses, une à une, minutieusement. Comme tous ceux qui écoutent, incapables de trouver le sommeil, un tourbillon de questions m'enveloppe. Pourquoi ces tortures? Que leur fait-on? A quand mon tour? Comment peut-on faire tant de mal dans un bâtiment si petit? Jusqu'à quand cette infamie? De quoi les accuse-t-on? Et ces effroyables silences qui suivent. Rétractation ou évanouissement? Peut-être les deux.

Un second projecteur est introduit dans mon réduit. On l'installe à côté de l'autre, à un mètre de mon visage. Je suis assommée par tant de lumière et tant de cris . . .

Le lendemain et le surlendemain, j'ai deux heures de répit . . . Je m'assoupis un moment, mais un solide coup sur le tibia me ramène à la vie.

Des gamins effroyablement sales, en lambeaux, se font maltraiter. On les frappe avec une matraque. D'un geste sec, deux mains puissantes autour de leur cou d'enfants les soulèvent et les secouent. Ils se débattent . . . La plupart du temps, pas de domicile connu. Ils ont volé, le commerçant est là qui les accuse. Leur vie, c'est la rue et la prison, successivement.

---

tortionnaire *(m.)*: bourreau chargé de torturer les condamnés

être à bout: être extrêmement fatigué

parvenir: réussir, arriver

supplice *(f.)*: torture

épuisement *(m.)*: extrême fatigue

taper: frapper

tourbillon *(m.)*: *whirlpool*

rétractation *(f.)*: *withdrawal*

évanouissement *(m.)*: *fainting fit*

réduit *(m.)*: très petite place

assommé: *stunned*

répit: respite

s'assoupir: to doze

gamin *(m.) (fam.)*: enfant

en lambeaux *(m.)*: *in rags*

matraque *(f.)*: bâton dont se servent les policiers ou les voleurs pour assommer leur victime

Je n'en peux plus de me taire. ''Vous ne voyez pas que ce sont des enfants? C'est ici même que vous en faites des délinquants.'' Etonnés, les agents me dévisagent. Ces trafiquants de destinée sont sourds.

Suzanne Bernard, *Quand Les Vautours* . . . , Editions du Jour, 1971.

Exploitation du texte

I Répondez aux questions suivantes.
1. Décrivez en détail l'interrogatoire que subit la jeune femme.
2. Est-ce que la jeune femme se laisse intimider? Développez.
3. Comment se comportent les autres prisonniers?
4. Sur quoi la détenue essaie-t-elle de se concentrer? Pourquoi?
5. L'auteur compare la police de l'Equateur à celle d'un autre pays. Lequel, et pourquoi? Selon vous, est-ce que cette comparaison est justifiée? Développez.
6. Pourquoi est-ce qu'on est venu la chercher dans la nuit? Où est-ce qu'on l'a emmenée? Pourquoi? Développez.
7. Qu'est-ce qui s'est passé après l'identification du cadavre?
8. Quels étaient les sentiments de l'auteur pour son mari?
9. Pourquoi est-ce qu'on a amené des enfants à la prison? Comment est-ce qu'ils sont traités?
10. Quelles sont les opinions politiques de cette femme? Justifiez votre réponse à l'aide d'exemples pris dans le texte.
11. Pensez-vous que l'auteur ait décrit les événements et sa propre conduite avec objectivité? Justifiez votre réponse en donnant des exemples précis.

*II "L'interrogatoire. Soixante-douze heures de clarté artificielle."
(phonétique: [R])

Lisez à haute voix les phrases suivantes. Attention au [R].

1. L'interrogatoire. Soixante-douze heures de clarté artificielle.
2. La chaleur peut me brûler la peau mais ne peut pas détériorer la mécanique cérébrale.
3. Le régime de répression engendre la peur, puis la terreur.
4. Durant la matinée, j'ai observé attentivement les prisonniers interrogés.
5. La peur engendre l'erreur, et celle-ci accroît à son tour la peur.
6. J'explore ma mémoire. Il me vient à l'esprit des vers de Pablo Neruda, le grand poète chilien.
7. La lumière trop violente heurte mes pensées.
8. Pour essayer de m'en sortir, je pense à une marche dans un parc ou à l'odeur d'une fleur.

*III " . . . je douterais de mon existence."
(phonétique: [R] morphème du conditionnel)*

Pour un grand nombre de verbes, seul le phonème [R] distingue certaines formes de l'imparfait et celles du conditionnel.

Lisez la phrase à l'imparfait, puis redites-la au conditionnel, selon le modèle.

    Modèle: Elle devait se taire.
             Elle devait se taire. Elle devrait se taire.

Commencez:
1. Elle devait se taire.
2. L'agent attaquait les prisonniers.
3. J'entendais leurs cris.
4. Ils ne demandaient rien.
5. Elle souhaitait revoir son mari.
6. Elle osait les attaquer.
7. Elle vivait dignement.
8. Elle suivait l'exemple de son mari.

IV *"Je voudrais . . . faire ma toilette."*
   (conditionnel de quelques verbes irréguliers)

   *Complétez le dialogue suivant selon le modèle et en mettant
   les verbes au conditionnel présent.*
         Modèle: Pauline: Alors, tu veux qu'on se quitte?
                  Lucien: Oui, je voudrais qu'on se quitte.

Fin d'une amourette

Pauline: Alors, tu veux qu'on se quitte?
Lucien: Oui, . . .
Pauline: Ce n'est pas mieux d'en discuter?
Lucien: Non, . . .
Pauline: Peut-être qu'on peut se comprendre?
Lucien: Non, . . .
Pauline: Et tu veux partir tout de suite?
Lucien: Oui, . . .
Pauline: D'être seul, ça te fait rien?
Lucien: Non, . . .
Pauline: Tu sais te débrouiller sans moi?
Lucien: Oui, . . .
Pauline: Et si tu avais des remords?
Lucien: Non, . . .
Pauline: Je dois donc essayer de t'oublier?
Lucien: Oui, . . .
Pauline: Alors file! Et bon débarras!

V *"Ils s'intéressent en particulier aux activités de mon
   mari . . . "*
   (verbes pronominaux)

   *Complétez les phrases suivantes à l'aide d'un verbe de la
   colonne de droite à la forme qui convient.*

1. Je ne sais pas pourquoi il_____ toujours en colère.
2. Si vous continuez à travailler comme ça, vous allez
   _____ .
3. Leur maison a brûlé et ils ont dû _____ chez des amis.
4. Je_____ pourquoi ils répètent les mêmes choses.
5. Est-ce que tu_____ fatigué aujourd'hui?
6. Nous voulons suivre ce cours, parce que _____ aux
   sciences politiques.

se taire
s'intéresser
se réfugier
se demander
s'épuiser
se mettre
s'enfouir
se sentir
se débattre
s'assoupir

322

7. Les autruches _____ la tête dans le sable.
8. Nous _____ quelquefois en regardant la télé.
9. Les enfants _____ , mais les policiers sont plus forts qu'eux.
10. Pourquoi est-ce que tu _____? Réponds donc à ma question.

VI "Si on se laisse envahir par la crainte . . ."
(se laisser + infinitif)

Complétez les phrases suivantes à l'aide d'une expression contenant se laisser + infinitif.

1. Vous travaillez beaucoup et vous êtes très mal payé. Vous

_____ .

2. Le voleur _____ sans résister.
3. Croyez-vous que les hommes préfèrent les femmes qui _____ ?
4. Sois plus fier. Ne _____ toute ta vie.
5. Ne _____ pas _____ . Réagis à la situation.
6. Certaines femmes _____ après leur mariage, et deviennent laides.
7. Son mari ne lui offre aucune résistance. Il _____ par le bout du nez.
8. Elle _____ par son mari. Elle a toujours des bleus partout.

Suggestions:
exploiter
prendre
faire
bafouer
battre
aller
mener
abattre

VII "Des gamins . . . se font maltraiter."
(se faire + infinitif)

Traduisez les phrases suivantes en français en utilisant la structure: se faire + infinitif.

1. He got arrested last night.
2. His dog got run over by a truck.
3. Tell him to get lost!
4. He is unemployed. He got fired last week.
5. What an idiot! He got ripped off once more.
6. When I go home late, I always get yelled at.

se faire

Suggestions:
mettre à la porte
avoir
écraser
voir
engueuler
arrêter

*VIII "Son comportement . . . me rend inquiète à mourir."
(rendre + adjectif / faire + verbe / donner + nom)

Complétez les phrases suivantes à l'aide des indications données, selon le modèle.

Modèle: La crème fouettée, _____ (lui, malade)
La crème fouettée, *ça le rend malade.*

Les dessins animés, _____ (eux, rire)
Les dessins animés, *ça les fait rire.*

Manger des frites, _____ (soif)
Manger des frites, *ça donne soif.*

Commencez:
1. La crème fouettée, _____ (lui, malade)
2. Les dessins animés, _____ (eux, rire)
3. Manger des frites, _____ (soif)
4. Voir un policier, _____ (moi, nerveux)
5. Ne plus fumer, _____ (moi, manger davantage)
6. Attendre à un rendez-vous, _____ (elle, furieuse)
7. L'amour, _____ (vivre)
8. Les films tristes, _____ (eux, envie de pleurer)
9. Quand je vois les autres manger, _____ (moi, faim)
10. L'attitude des jeunes d'aujourd'hui, _____ (toi, fou)

IX "Je voudrais reconstituer les faits des vingt-quatre dernières heures . . ."
(nombres cardinaux + premier / dernier / meilleur)

Transformez les phrases suivantes à l'aide des indications données, selon le modèle.
Modèle: J'ai lu le premier chapitre de ce livre. (trois)
J'ai lu les trois premiers chapitres de ce livre.

Commencez:
1. J'ai lu le premier chapitre de ce livre. (trois)
2. Nous avons refait la dernière page. (deux)
3. Il est venu le dernier jour. (cinq)
4. C'est lui qui a chanté la meilleure chanson à ce concours. (deux)
5. Vous avez vu le dernier film? (deux)
6. Tu as entendu son premier discours? (deux)
7. J'ai acheté le meilleur livre de l'année. (trois)

X (nombres cardinaux + adjectifs)

Rappel:
La place de l'adjectif au superlatif change en français quand on utilise un nombre cardinal.

Comparez: | Ils nous ont donné les plus petites chambres de la maison.
Ils nous ont donné les deux chambres les plus petites de la maison.

Traduisez en français.

1. Which are the two most beautiful girls in your class?
2. Toronto and Montreal are the two largest cities in Canada.
3. I threw out my three oldest pairs of shoes.
4. The ten youngest children will get a consolation prize.
5. Don't forget to study the next two chapters.
6. I missed the last five shows.
7. Which are the four best movies of the year?
8. We spent the first five weeks in England.

XI (mots outils)

Complétez les phrases suivantes.

1. _____ ton glacial il me dit: ''On va _____ sécher _____ cerveau.''
2. Les masses illettrées _____ enfouissent _____ tête _____ les sables mouvants du régime _____ décomposition.
3. On _____ installe _____ menottes, _____ mains derrière _____ dos, puis _____ bandes de sparadrap _____ le visage.
4. Un capitaine _____ uniforme _____ lance _____ coup _____ botte sur _____ pied.
5. Ils _____ intéressent _____ particulier _____ activités _____ mon mari, chez lui, _____ Amérique (latin).
6. _____ l'autre côté _____ mur, _____ lumière m'annonce _____ approche _____ ___ nuit.
7. _____ la sortie, on _____ oblige _____ me couvrir _____ tête _____ mon poncho.
8. Durant vingt heures, on _____ a soigneusement caché _____ mort _____ mon mari. Maintenant, on vient me _____ lancer _____ visage.
9. On apporte _____ second projecteur et on l'installe _____ côté _____ l'autre, _____ un mètre _____ mon visage.
10. On frappe avec _____ matraque des gamins sales, _____ lambeaux. _____ plupart _____ temps, ces enfants n'ont pas _____ domicile connu.

XII *Trouvez dans le texte des mots ou expressions ayant à peu près le même sens que les mots en italique.*
1. Je *reste* impassible.
2. Il *mène* au gouffre ou à la lumière.
3. Je *ressens* le besoin de me concentrer.
4. La chaleur du projecteur *augmente* ma fatigue.
5. Son comportement me rend *terriblement* inquiète.
6. Je suis *extrêmement fatiguée.*
7. Je voudrais *briser* ce silence.
8. Ils l'ont *certainement* prise sur le bureau.
9. Je suis glacée *de peur.*
10. Je reniflais dans *ma blouse.*
11. Je *n'en peux plus.*
12. Je n'*arrive* pas à reconstituer les faits.
13. J'ai l'impression qu'on *frappe* sur toutes mes fibres nerveuses.
14. Des *petits enfants* se font maltraiter.
15. Les agents me *regardent avec insistance.*

XIII " . . . *je n'entends que les cris . . . qui percent le silence . . .* "
(expressions plus ou moins figées)

Il existe en français des expressions dont il est facile de deviner une partie quand on connaît l'autre parce qu'elles sont plus ou moins figées.

Complétez les phrases suivantes en vous aidant du texte au besoin.
1. Il m'a parlé d'un _____ glacial.
2. Cela me paraît d'une importance_____ .
3. J'éprouve le _____ de me concentrer.
4. Il me_____ à l'esprit des vers de Pablo Neruda.
5. Ils sont_____ de panique.
6. Ils se _____ en colère.
7. Ils me _____ des tas de questions.
8. Je voudrais pouvoir_____ ma toilette.
9. Couvrez-vous bien, vous pourriez _____ froid.
10. Pétrifiée, je reste là, la mort _____ .
11. Je ne peux pas me _____ en spectacle à ces gens.
12. Il lisait à haute _____ .

XIV " . . . *on vient de me la lancer au visage . . .*"
   (expressions avec une partie du corps)

A. *Relevez dans le texte tous les noms qui décrivent une partie du corps.*

B. *Complétez les phrases suivantes à l'aide d'un de ces noms.*

   1. Ce bruit me tape sur _____ .
   2. J'en ai plein_____ de vivre chez mes parents.
   3. Il m'a lancé cette insulte au_____ .
   4. Donne-moi un coup de_____ pour nettoyer la maison.
   5. Il n'a pas levé le petit_____ pour essayer de l'aider.
   6. J'ai dit des bêtises. Je m'en mords les _____ .
   7. Je ne voudrais pas être dans sa_____ pour tout l'or du monde.
   8. Je me suis creusé la _____ pour trouver une solution.
   9. Elle est de très mauvaise humeur. Elle a dû se lever du _____ gauche.
   10. Il m'a fermé la porte au_____ .
   11. Quand il a vu l'agent de police, il a pris ses jambes à son _____ .
   12. La propagande c'est du lavage de_____ .

XV " . . . *cette soudaine délicatesse . . . m'irrite . . .*"
   (mots de la même famille)

   Complétez le passage suivant en remplaçant les mots entre parenthèses par le mot approprié de la même famille, à la forme qui convient.

   1. Pendant soixante-douze heures, je n'ai eu comme lumière que (clair) artificielle des projecteurs.
   2. Mes (accuser) me parlent sur un ton (glace) et m'observent (attention).
   3. Ils veulent m'(timide).
   4. J'ai les yeux (rouge) par (chaud) des projecteurs et ce long (interroger) m'(faible).
   5. Mais je ne me laisse pas (invasion) par (craindre).
   6. Ces (représenter) de la "démocratie", inconscients de leur (bas), me montrent le cadavre de mon mari.
   7. J'en suis (pierre) d'horreur.
   8. Mais je ne m'(fou) pas et j'essaie de réagir contre l'état d'(brute) total qui me gagne.

Discussions / Compositions écrites

1. Est-ce que, d'après vous, la police d'un pays a le droit de faire une enquête sur les activités d'un homme qui vit dans un autre pays?
2. L'auteur pense que c'est la prison qui rend les enfants délinquants. Est-ce que vous êtes d'accord?
3. Qu'est-ce qui s'est passé au Québec en 1970? Qu'est-ce que vous pensez des mesures prises par le gouvernement?
4. Est-ce que vous pensez qu'on a le droit d'emprisonner quelqu'un pour des raisons politiques?
5. Est-ce que les femmes détenues méritent des conditions plus favorables que celles des hommes?
6. Est-ce que les prisons doivent exister pour punir les coupables ou pour les réformer?

Jeu: Monsieur et Madame

Un étudiant donne un mot masculin. Les autres étudiants doivent trouver un mot féminin qui s'y rattache par le sens.

> *Exemple:* Un étudiant dit: le doigt
> On peut répondre: la main

Suggestions	le pied	le nez
	le drap	le bras
	le stylo	le bouchon

La chanson de l'ouvrière

Les heurs crèvent comme une bombe;
A l'espoir notre jour qui tombe
Se mêle avec le confiant.

Pique aiguille! assez piqué, piquant!
Les heurs crèvent comme une bombe

Ici-bas tout geint, casse ou pleure;
Rien de possible ne demeure
A ce qui demeurait avant.

Pique aiguille! assez piqué, piquant!
Ici-bas tout geint, casse ou pleure.

Je suis lasse de cette vie,
Je veux dormir, ô bonne amie,
Laisse-moi reposer, assez!

Non, pique aiguille! assez piquant, piqué!
Je suis lasse de cette vie.

Hâve par ma forte journée,
Je blasphème ma destinée,
Feuille livide au mauvais vent;
Un peu de sang sur mes doigts coule
L'heure râle, pleure et s'écoule.
Ah! mon pain me rend suffocant.

N'importe, pique aiguille! piqué, piquant!
L'heure râle, pleure et s'écoule.

Pourquoi donc Dieu me rend-il malheureuse?
Je suis très pauvre et je vis presque en gueuse.
Hélas! la peine est un fardeau pesant.

N'importe, pique aiguille! piqué, piquant!
Pourquoi donc Dieu me rend-il malheureuse?

Tout dans l'abandon je le passe
Mon gagne-pain passe et repasse
Dans un seul même tournement.

N'importe, pique aiguille! piqué, piquant!
Tout dans l'abandon je le passe.

Emile Nelligan (1879-1941), *Pièces retrouvées.*

Les jeudis du groupe

Préparation à l'écoute

Les explications et les références suivantes peuvent vous être utiles pour comprendre la chanson de Clémence Desrochers: ''Les jeudis du groupe''.

Clémence Desrochers est un auteur-compositeur. Elle chante ses propres chansons et elle écrit également des poèmes. Elle est très célèbre au Canada français.

1. *à savoir:* c'est-à-dire. C'est une expression utilisée surtout en langue écrite (ou soutenue) avant une explication.
   Exemple: On a tenu compte de tous les facteurs importants, *à savoir*, la durée, la fréquence et l'intensité.
2. *le mâle:* en français, les mots ''mâle'' et ''femelle'' s'utilisent, en général, en parlant des animaux.
3. *Padam, padam, padam:* chanson française très célèbre d'Edith Piaf.
4. *le lancer:* action de lancer (to throw)
5. *l'arrière:* le postérieur
6. *la guenille:* rag
7. *une poignée:* a handful
8. *engraisser:* devenir plus gros

Ecoute-dictée

Complétez les paroles de cette chanson en écoutant la bande.

Introduction

Vous savez que je suis une femme. Je suis une femme et par ce fait même⎯⎯⎯⎯cas de la femme. Et je trouve que de plus en plus il y a une coutume⎯⎯⎯⎯parmi nous, les femmes, à savoir, n'est-ce pas (virgule), que nous aimons bien prendre parfois⎯⎯⎯⎯c'est-à-dire sortir sans homme, sans le mâle, pas d'homme, pas d'homme, pas d'homme.

> *Ensemble:* Padam, padam, padam
> la la la la

Merci, merci, aucun rapport.

Alors j'ai décrit les aventures de ces dames _____ et j'ai appelé cela: "Les jeudis du groupe".

Chanson

1-2-3-4-5-6-7

1. Il peut neiger, _____ , _____ ,
2. Tomber _____ sur la ville,
3. Armande sort _____
4. Avec _____ de boules de quilles.
5. Elle s'en va rejoindre le groupe
6. Qui l'attend _____ .
7. C'est sérieux _____ la coupe:
8. L'honneur du groupe _____ .
9. Armande a le lancer _____ ,
10. L'arrière sorti, _____ ,
11. Elle flatte la guenille humide
12. En fixant _____ .
13. Elle avance en pliant le corps,
14. La boule aux mains, prend la mesure
15. _____ et garde la posture
16. Tant que sa boule _____ .
17. _____ , les filles sont folles;
18. On saute, on rit, _____ bravo
19. Pis on s'en va toutes chez Nicole _____ .
20. Pour jouer _____ .

1-2-3-4-5-6-7

21. Il peut neiger, grêler, pleuvoir,
22. _____ ,
23. Nicole reçoit le jeudi soir
24. Le groupe qui _____ .
25. Elle a des sandwichs variés, des petits gâteaux, pis des biscuits,
26. _____
27. Ce qui compte surtout _____ .
28. C'est au tour _____ Rolande
29. A tirer les B43, G29. Bingo pour Armande:
30. Elle gagne _____ .
31. Pis on déplie la table à cartes

32. Pour jouer _____ ,
33. On dit "A quelle heure _____ ?"
34. Pis on part _____ l'temps.
35. On fume, on boit, on passe, on joue,
36. _____
37. En disant après chaque poignée:
38. "C'est ma dernière, _____ !"

1-2-3-4-5-6-7

39. Il peut neiger, grêler, pleuvoir
40. Les femmes prennent leur jeudi
41. Pour oublier _____ un soir
42. _____
43. Ni le samedi, ni le dimanche, ni le lundi, ni le mardi, ni le mercredi.
44. Vive le jeudi!

Clémence Desrochers

Questions sur l'écoute

Répondez aux questions suivantes.
1. Pourquoi Clémence Desrochers chante-t-elle tout à coup "Padam, padam, padam"? Comment est-ce qu'elle en tire un effet comique?
2. Les trois premiers vers nous préparent à la description d'une action héroïque. Donnez les détails qui le prouvent. Comment le quatrième vers détruit-il cette illusion?
3. Expliquez la différence entre: "Armande sort jeudi soir" et "Armande sort le jeudi soir".
4. Pourquoi est-ce que cette partie de quilles *(bowling)* est très importante?
5. Est-ce qu'Armande a des gestes élégants? Imitez ses mouvements.
6. Quelle est la source du comique dans la partie de Bingo?
7. Est-ce que les femmes mangent beaucoup chez Nicole? Justifiez votre réponse.
8. Expliquez les vers 40 à 42.
9. Clémence Desrochers annonce au début qu'elle va parler des femmes qui sortent sans hommes. Ces femmes sont-elles "libérées"? Justifiez votre point de vue.

10. Relevez tous les mots anglais utilisés dans la chanson. Comment sont-ils prononcés?
11. L'attitude des femmes décrites dans cette chanson est-elle typiquement canadienne-française? Justifiez votre réponse.
12. Relevez tous les détails amusants de cette chanson.

Le statut des Canadiennes

Reconnaissez-vous ces Canadiennes célèbres?

Préparation à l'écoute

I Expliquez en anglais ou en français les mots et expressions en italique.

1. Le *conseil d'administration* de cette banque comprend sept hommes et une femme.
2. Tout le *personnel* de l'école était présent à cette réunion.

3. Il a cherché du travail dans les trois usines de la ville, mais il n'y avait pas d'*embauche*.
4. Ma cousine a décidé de recommencer à travailler et de mettre à la *crèche* son fils qui a deux ans.
5. Le professeur avait fait une faute, alors il a vite *effacé* ce qu'il venait d'écrire au tableau.
6. Les étudiants luttent pour *faire valoir* leurs droits.

II Remplacez les mots en italique par une des expressions suggérées à la forme qui convient.

1. L'attitude du directeur envers ses employés révèle *sa haine des femmes*.
2. Elle nous a donné un *résumé rapide* du problème.
3. Cette loi a été *annulée*.
4. La loi canadienne de l'embauche *ne permet pas* la discrimination raciale.
5. Les femmes n'ont pas encore *obtenu ce qu'elles voulaient*.

un aperçu
abroger
interdire
avoir gain de cause
misogynie

Questions sur l'écoute

Répondez aux questions suivantes.

1. Donnez deux exemples montrant que la Canadienne ne joue pas un rôle très important dans le monde des affaires.
2. Est-ce qu'il y a beaucoup de femmes qui poursuivent leurs études? Justifiez votre réponse.
3. Quelle est l'attitude de l'université envers les femmes?
4. Les femmes jouent-elles un rôle important en politique? Développez.
5. Quelle est l'attitude du gouvernement canadien vis-à-vis de la femme? Justifiez votre réponse.
6. Est-ce que les femmes ont commencé à lutter contre la discrimination? Expliquez.
7. Qu'est-ce qu'il faudrait faire pour que la femme devienne l'égale de l'homme, dans notre société? Donnez trois ou quatre exemples.
8. Selon vous, quel rôle joue notre système scolaire dans la lutte pour la libération de la femme? Expliquez votre point de vue.
9. La libération de la femme mènera-t-elle à la désintégration du noyau familial? Commentez.
10. La situation présente est-elle la même que celle qu'on trouve dans l'écoute que vous venez d'entendre? Développez.

La Corriveau

La Corriveau. *Bronze d'Alfred Laliberté.*

Préparation à l'écoute

I Expliquez en anglais ou en français les mots ou expressions en italique.

1. Plus de cent personnes ont assisté au *procès* de ce criminel.

2. Il y a une vingtaine de chevaux dans cette *écurie*.

3. Il a *porté plainte* contre ses voisins parce qu'ils faisaient trop de bruit la nuit.

4. Mon père et ma mère n'étaient pas d'accord et ils ont eu une *querelle* violente.

5. Mme Page pensait que sa fille avait été empoisonnée: alors la police a *exhumé* le corps pour faire faire une autopsie.

6. Dis, papa, comment fait-on une route?
   Eh bien, on met de la terre et des pierres, et puis on les recouvre de *goudron*.

7. Comment est-ce que la police *s'est emparée* de ces armes?

8. Ce que j'aime le mieux dans les journaux, c'est les *faits divers*.

9. Ce dictateur met en prison tous les gens qui le *gênent*.
10. Je n'aime ni les histoires *macabres* ni les spectacles *lugubres*.

II *Déterminez le sens des mots en italique à l'aide d'un mot de la même famille.*

> *Exemple:* Il faut accepter *la réalité*.
> La réalité = ce qui est *réel*, concret.

1. Madame, votre fils est venu dans mon jardin et il a *piétiné* toutes mes fleurs!
2. Elle est morte hier et son *enterrement* aura lieu demain.
3. Qu'est-ce que tu préférerais, toi: la *pendaison* ou la guillotine?
4. L'enfant me regardait d'un air *apeuré*.
5. Mon vieux, je dois te faire un *aveu*: ce n'était pas Jean qui avait caché ta bicyclette, c'était moi!

Questions sur l'écoute

Répondez aux questions suivantes.
1. Comment peut-on expliquer que la Corriveau soit un personnage aussi célèbre au Canada français?
2. Citez deux ou trois faits qui montrent qu'autrefois il était difficile de connaître la véritable histoire de la Corriveau.
3. Pourquoi pouvons-nous aujourd'hui connaître l'histoire de la Corriveau?
4. Pourquoi le cadavre de Louis Dodier a-t-il été exhumé?
5. Pourquoi Joseph Corriveau a-t-il été condamné à mort, à la fin du premier procès?
6. Pourquoi est-ce qu'il y a eu un second procès?
7. Résumez ce qui s'est passé au cours du second procès.
8. Selon la loi de cette époque, le condamné était toujours pendu à l'endroit même où il avait commis son crime. Or la Corriveau n'a pas été pendue à Saint-Vallier, mais près de Québec. Pourquoi?
9. En français on parle de pendaison *en cage*. Est-ce qu'il s'agissait d'une véritable cage? Justifiez votre réponse.
10. Quelle langue a été utilisée au cours du procès de la Corriveau? Pourquoi cela semble-t-il bizarre à Luc Lacourcière? Quelles conclusions peut-on en tirer?
11. Est-ce que vous êtes pour ou contre la peine de mort? Justifiez votre point de vue.

L'affaire Murdoch ou: J'accuse

Madame Murdoch.

Préparation à l'écoute

I Mettez la lettre qui correspond à la traduction anglaise des mots français.

1. (   ) une mâchoire
2. (   ) une veuve
3. (   ) une allocation
4. (   ) le bétail
5. (   ) accorder
6. (   ) subvenir aux besoins

a. cattle
b. a jaw
c. a widow
d. to grant
e. to provide (for)
f. an aliowance

II Expliquez les expressions canadiennes-françaises en italique.

1. Je n'ai pas pu entrer. La porte était *barrée*.
2. Elle passe son temps à *magasiner*.
3. Il n'a jamais de vacances. Il travaille *à l'année longue*.

III Complétez les phrases suivantes à l'aide d'un mot ou d'une expression pris dans la colonne de droite (à la forme qui convient).

1. Est-ce que tu sais s'il y a une pharmacie dans _____ .
2. Nous avions si peur que nous avons _____ à la police.
3. Ils ont perdu tous leurs _____ pendant la révolution.
4. Elle a _____ que le _____ civil ne protégeait pas les femmes.
5. Ton frère travaille très bien. Tu devrais en _____ .
6. Tout le monde est _____ de respecter la loi.
7. Elle n'a jamais renoncé à ses droits. Elle a lutté _____ .
8. J'espère qu'un cas _____ ne se produira plus. _____ il faut accepter les choses comme elles sont.

jusqu'au bout
le bien
les environs
entre-temps
faire autant
tenir
faire appel
semblable
soutenir
le droit

Questions sur l'écoute

Répondez aux questions suivantes.

1. Qui est Madame Murdoch? Relevez tous les détails donnés à son sujet.
2. Lors du procès de Madame Murdoch, quelle a été la position des juges?
3. Qui est Madame Rathwell?
4. Pourquoi est-ce que les femmes qui reçoivent une pension de leur ex-mari n'ont pas intérêt à faire des économies?
5. Donnez tous les détails qui démontrent le chauvinisme des lois canadiennes relatives à la famille.
6. Quelle solution réaliste suggérez-vous au procès Murdoch?
7. Au cas où l'on admettrait l'égalité des sexes, pourrait-on demander à une femme qui gagne plus d'argent que son mari de verser une pension à celui-ci en cas de divorce? Justifiez.
8. Le titre de cette écoute fait allusion à un ''J'accuse'' célèbre dans l'histoire. Qui a écrit cette lettre? A quel sujet?
9. Peut-on justifier, historiquement, la loi canadienne telle qu'elle existait pendant l'affaire Murdoch?
10. La situation actuelle dans votre province est-elle différente? Développez.

Culture indienne et libération de la femme

Madame Bédard, l'Indienne qui a contesté le "Indian Act".

Préparation à l'écoute

Expliquez en français ou en anglais les mots et les expressions en italique.

1. Les Noirs *réclament* l'égalité des races.
2. Après leur mariage, ils *se sont installés* en Amérique du Sud.
3. Comme Colette est *fine*, elle a vite compris.
4. Les hommes *jouissent* encore *de* certains avantages qu'ils vont bientôt perdre.
5. Méfie-toi: les *galants* ne font pas toujours les meilleurs maris!
6. Les *tribus* indiennes sont en voie de disparition, n'est-ce pas?

7. On souffle une *allumette* pour l'éteindre.
8. Les hommes dits primitifs vivent souvent dans des *cases*.
9. Est-ce que vous achetez du pain *tranché* ou entier?

Questions sur l'écoute

*I Mettez V (vrai), F (faux) ou O (on ne sait pas) devant les
énoncés suivants.*

__1. Francine est contre le mouvement de libération de la
femme.
__2. Louise pense que ce qui est bon pour nous est bon pour les
Indiens.
__3. Louise raconte un incident à propos d'une Indienne de dix-
huit ans.
__4. Les Indiens n'aiment pas épouser des Blanches.
__5. Le Ministre de la Justice était en faveur du ''Indian Act''.
__6. Chez les Indiens, c'est la propriété privée qui a donné
naissance à l'exploitation de la femme.
__7. Chez les Iroquois, on appelait la famille ''la grande maison''.
__8. Les Iroquoises se mariaient en général vers l'âge de treize
ans.
__9. Les Iroquoises aimaient aller rendre visite aux galants du
village.
__10. L'homme et la femme adultères étaient sévèrement punis.

II Répondez aux questions suivantes.
1. Citez les faits qui font dire à Francine que la situation de la
femme s'est améliorée.
2. Résumez l'histoire de l'Indienne Ojibwé.
3. En quoi le ''Indian Act'' était-il discriminatoire?
4. Quelle était la position de la femme chez les Iroquois? Citez
quelques exemples.
5. Pourquoi est-ce que les femmes ne faisaient pas partie du
Conseil des Sachems?
6. Comment est-ce que les jeunes gens demandaient les
faveurs des jeunes filles? Comment est-ce que les jeunes
filles leur répondaient?
7. Comment est-ce qu'on punissait le femme adultère?
8. Les Blancs ont-ils, selon vous, le droit de modifier le ''Indian
Act'' s'ils le trouvent discriminatoire? Développez.

Une histoire à propos de moé pis mon chum Arnest

Préparation à l'écoute

Parmi les nombreux obstacles que les Canadiens-français doivent vaincre pour maintenir leur identité, les anglicismes occupent toujours une place très importante. Victor Barbeau écrit à ce sujet qu'il s'agit là de la "seconde conquête du Canada français par les Anglais". Si le problème se fait sentir au Québec, dans l'Ontario ce danger est grandement accru par l'isolement relatif de chacune des communautés francophones.

Pour illustrer le problème, (et pour s'amuser un peu!) Paulette Bourgeois, vingt et un ans, franco-ontarienne de North Bay, a composé le monologue suivant, inspiré des conversations qui se tenaient dans l'autobus qui la menait à son école secondaire.

Questions sur l'écoute
Redites cette histoire en français sans utiliser d'anglicismes.

Vive la Canadienne

2. Nous la menons aux noces,
   Vole, mon coeur, vole!
   Nous la menons aux noces,
   Dans tous ses beaux atours.
   Dans tous ses beaux atours, tours, tours,⎫
   Dans tous ses beaux atours,   ⎬ bis
                                              ⎭

3. Là, nous jasons sans gêne,
   Vole, mon coeur, vole!
   Là, nous jasons sans gêne,
   Nous nous amusons tous.
   Nous nous amusons tous, tous, tous,⎫
   Nous nous amusons tous.   ⎬ bis
                                       ⎭

4. Ainsi le temps se passe,
   Vole, mon coeur, vole
   Ainsi le temps se passe,
   Il est vraiment bien doux.
   Il est vraiment bien doux, doux, doux,⎫
   Il est vraiment bien doux.   ⎬ bis
                                          ⎭

Jeanneton prend sa faucille

1. Jeanneton prend sa faucille,
   Larirette, larirette,
   Pour aller couper le jonc.

2. En chemin elle rencontre,
   Larirette, larirette,
   Quatre jeun' et beaux garçons.

3. Le premier, un peu timide,
   Larirette, larirette,
   Lui chatouilla le menton.

4. Le deuxième, un peu moins bête,
   Larirette, larirette,
   Lui souleva son blanc jupon.

5. Le troisième, encore moins sage,
   Larirette, larirette,
   La coucha sur le gazon.

6. Ce que fit le quatrième,
   Larirette, larirette,
   N'est pas dit dans la chanson.

7. Si vous le saviez, Mesdames,
   Larirette, larirette,
   Vous iriez coupez le jonc.

8. La morale de cette histoire,
   Larirette, larirette,
   C'est qu'les hommes sont des cochons.

9. La morale de cette morale,
   Larirette, larirette,
   C'est que les femmes aiment les cochons.

Livres suggérés

Suzanne Bernard, *Quand les vautours . . . ,* Editions du jour, 1971. (difficile)

Marcelle Dolment et Marcel Barthe, *La femme au Québec,* Les Presses Libres, 1973. (moyen)

Marcel Dubé, *Florence,* Lémeac, 1970. (facile)

Claire Martin, *Dans un gant de fer,* Le Cercle du Livre de France, 1965. (difficile)

Gabrielle Roy, ''Les déserteuses'', in *De Québec à St-Boniface,* G. Bessette réd., Macmillan of Canada, 1968, pp, 196-224. (facile)

Gabrielle Roy, *La petite poule d'eau,* Editions Beauchemin, 1950. (moyen)

Gabrielle Roy, *Rue Deschambeault,* Editions Beauchemin, 1967. (moyen)

Index des contenus linguistiques